U0573128

◆ 本书为王俊秀主持的国家社科基金重大项目"社会心理建设：社会治理的心理学路径"（项目批准号：16ZDA231）的结项成果

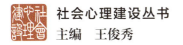

社会心理建设丛书

主编　王俊秀

国家社科基金重大项目资助

社会心理建设

社会心态培育的路径

Social Psychological
Construction

Pathways to Cultivating Social Mentality

王俊秀　等　著

社会科学文献出版社
SOCIAL SCIENCES ACADEMIC PRESS (CHINA)

"社会心理建设"丛书总序

　　2018 年是改革开放 40 周年，在这 40 年中，中国人经历了快速的现代化过程，经济高速发展，社会快速变革，城乡格局迅速变化，加上信息化、互联网、全球化的助推，中国民众的社会心态已经发生了巨大的变化。

　　在过去的 20 多年，我们中国社会科学院社会学研究所社会心理学研究室（社会心理学研究中心）一直关注中国的社会心态，社会心态研究是我们最核心的课题之一。我们进行了大量的社会心态研究，包括实验研究、问卷调查和定性研究，也在回溯社会学、社会心理学等学科经典及其进展中寻找支撑社会心态研究的理论。通过持续的研究和探索，我们基本完成了社会心态结构和指标体系的建构，初步完成了社会心态指标和测量工具的编制，初步建立了分析社会心态特点和变化的框架。这些研究成果体现在我们研究团队申请立项和完成的国家社科基金项目（一个重大项目、一个重点项目、五个一般项目和青年项目）、中国社会科学院重点项目和一系列的创新工程项目、中央和各级政府委托项目、国际合作项目等中，也体现为我们团队发表在国内外各种学术期刊上的大量研究报告和论文、国内一些报刊理论版上的理论文章，为中央和地方决策机构提供的政策建议类报告，以及我们从 2011 年开始每年连续出版的"社会心态蓝皮书"。我们的研究得到了学术界、政府部门、新闻媒体和全社会的关注和肯定。社会心态研究也逐渐发展为一种很有影响的研究范式。

　　随着社会的发展，社会心态问题越来越受到全社会的关注，已经成为社会治理中的核心问题。在"十二五"规划中就已提出、党的十八大报告又重申了要"弘扬科学精神，加强人文关怀，注重心理疏导，培育奋发进取、理性平和、开放包容的社会心态"。党的十九大报告进一步提出"加强社会心理服务体系建设，培育自尊自信、理性平和、积极向上的社会心态"，并且作为社会治理的重要内容。党的十九大的主题是"不忘初心、牢记使命"，明确了中国共产党人的初心和使命就是"为中国人民谋幸福，为中华民族谋复兴"。党的十九大报告指出，"不断满足人民日益增长的美好生活需要，促进社会公平正义，形成有效的社会治理、良好秩序，使人民获得感、幸福感、安全感更加充实、更有保障、更可持续"。需要是社会心态的核心概念和指标，人民群众需要的基本状况和满足程度一直是社会心态研究的重要内容，社会情绪管理、社会价值观的引导、社会关系的改善、社会共识的达成都是社会心态研究的核心议题，在以往的研究中我们不断提出新的问题，不断寻找答案。我们在"十三五"规划的研究课题中提出"社会心理建设"的建议（见本丛书中《社会心态理论前沿》一书的第十四章），因为我们认识到，良好社会心态的培育需要依赖社会治理才能够实现，有效的社会治理离不开对于当时社会心态的了解和理解，社会心态对于社会发展具有重要的影响力。2016年由我主持的国家社科基金重大项目"社会心理建设：社会治理的心理学路径"被批准立项，这个课题将从社会心理学角度探讨如何实现有效的社会治理。我们希望以以往的社会心态研究为基础，进一步推动社会心态研究成为研究社会发展的社会心理学，既要注重理论的探讨，也要重视社会实践，使社会心理建设成为继经济建设、法制建设、社会建设、文化建设之后社会治理体系的一个重要组成部分。

"社会心理建设丛书"的出版就是对这一探索的延续，希望这套丛书的出版能吸引更多的研究者关注这一主题，投入这一领域的研究，产生更多有影响的成果，推动社会治理体系的完善。

丛书主编　王俊秀

中国社会科学院社会学研究所社会心理学研究中心主任、研究员，中国社会科学院大学教授、博士生导师

序　言

　　时间过得真快！这个项目从 2016 年 8 月申报到 2023 年结项报告出版，整整 7 年时间过去了。借这篇序言，对这个项目的经过做一个回顾和总结，为这项工作画上一个圆满的句号。

　　当年我们申报这个项目具有很大的偶然性。以前对国家社科基金重大项目不了解，也不知道竞争那么激烈。因为一直想做的全国社会心态调查缺乏资金，在了解国家社科基金重大项目的资助额度情况后，看到《国家社科基金项目 2016 年度课题指南》（以下简称《指南》）中正好有一个选题是"社会治理中的心理学问题研究"，这正是我们在做和要做的内容，我有点心动。"要不要试试？"我征求团队其他成员的意见。大家很支持，就开始行动了。

　　现在看来，当年的申报书可以说是雄心勃勃的。团队成员都很有信心，志在必得。申报书完成后，word 文档显示有 30 多万字，这让我很吃惊，一个多月的时间团队竟然完成了如此大的工作量！在核对申报书时，我的目光停留在"最终成果字数"一栏，那里赫然写着 160 万字，我一度怀疑自己填错了字数，仔细核对后，我确认这一字数是可以完成的。

　　2016 年 11 月 7 日，国家社科基金重大项目公示，我们的项目入围，期盼成真，团队一个多月夜以继日的辛劳没有白费，更重要的是，我们这些年在社会心态和社会心理建设研究领域的努力得到了认可。

　　但短暂的兴奋后我就感到了要完成这项"工程"的巨大压力，我和团队其他成员丝毫不敢懈怠，按照项目的计划扎实推进，"功夫不负苦心人"，经过两年的努力，2018 年 10 月项目顺利通过中期考核，并获得滚动资助。

　　之后两年的研究出现了一些波折，在疫情发生后，团队将更多的精力投入相关的调查和研究中，我们因此对课题的研究方向做了一些调整。到2020年下半年整理结项成果时，我觉得我们交出了一份合格的答卷。4年时间出版了"社会心理建设丛书"一套7本、专著5部、蓝皮书6本、论文和研究报告70篇（其中权威期刊论文2篇、核心期刊论文55篇）、《要报》类政策建议35篇，全部成果总字数为744.9万多字，几乎是计划的5倍。

2021年8月，我收到了全国哲学社会科学工作办公室的结项证明书（我们的项目以"优秀"等级结项），同意我们出版结项报告。作为结项成果出版的是我们的部分研究成果，但能体现申报书中的研究结构：第一部分是社会心态引导，第二部分是场域社会治理。现在分两本书出版：第一本是《社会心理建设：社会心态培育的路径》，第二本是《社会心理建设：社会场域治理的路径》。

感谢国家社科基金重大项目的资助，也感谢中国社会科学院和中国社会科学院社会学研究所对我们项目的支持，这个项目才得以高质量完成！

回顾过去7年整个项目的进程，有遗憾，但更多的是收获，我们团队在研究中壮大、成长，更为重要的是我们在学术道路上的探索和体悟。通过这个项目，我们在未来研究方向、研究方法和研究策略上形成了自己的特色。

申报项目时，在结构设计上，我们讨论了好多次一直定不下来。按照《指南》要求，一个项目的子课题不能超过5个，我们的重点当然是社会心态研究，很难用4个子课题体现"社会治理中的心理学问题研究"。我们一边梳理和社会治理相关的研究，一边讨论如何将这些内容结构化。我把这些研究成果分类（见《社会心理建设：社会心态培育的路径》第一章第二节）后发现，已有的社会治理相关的心理学研究与社会治理的关系基本上是相关关系，我突然有了思路：把课题定位为社会治理本身的心理学研究。于是就把之前梳理过的社会心理建设的内容作为课题结构的核心，以已经完成的社会心态研究作为课题的基础，同时吸收了儒家家国天下的治理思路，把社会心理建设的社会心态培育和社会场域治理作为社会心理建设的两条路径，这个项目的框架就立起来了，我们把申报的题目改为"社会心理建设：社会治理的心理学路径"。对这个框架进行梳理的意义不仅仅在于最终确定了这个项目的架构，同时也明确了我们团队未来研究的方向，我们要把社会心态研究延伸至社会实践领域。

在项目设计初期，我们就确立了未来研究在方法上要把大样本问卷调查、实验研究和大数据研究方法相结合形成综合的研究范式的思路。

另外一个特色就是在研究中综合运用多学科的研究方法，这些年我们在理论和方法上综合运用社会学、社会心理学、传播学、政治学、地理学等学科的方法，围绕问题使用不同学科的理论和方法。如我们在2021年获批的教育部哲学社会科学研究重大课题攻关项目"新冠肺炎疫情对国民社会心态影响研究"中采用了地理空间－社会空间－心理空间相结合的研究结构，就体现了多个学科、多种研究方法的结合。

这个项目让我们更能体会到"文化自觉"的重要性，对自主知识体系有了更深的理解，在我们的研究中也体现出构建中国特色的话语体系的努力。

这个项目的成果是我们这些年探索的体现，我也深知这项研究还有很多不足，希望我们的探索经验对学界同行有借鉴意义，也希望其成为学界相关研究的基础，真诚希望得到学界同人的指导和批评。

在此，我要特别感谢课题组各位同人的努力，特别是五位子课题负责人，他们是：杨宜音（中国社会科学院社会学研究所研究员）、李原（时为中国社会科学院社会学研究所副研究员，现为中国社会科学院大学社会与民族学院副教授）、张志安（时为中山大学传播与设计学院教授，现为复旦大学新闻学院教授）、陈华珊（中国社会科学院社会发展研究院副研究员）和罗劲（首都师范大学教授）。他们为项目的立项贡献了宝贵的智慧，使我们能够在项目申报中脱颖而出。

此外，还要感谢研究室的各位同人及与我合作的博士后和博士生，他们在项目申报和项目完成过程中付出了巨大的努力，没有他们的辛勤劳动，这个项目也不可能完成，他们是：中国社会科学院社会学研究所社会心理学研究室的陈满琪副研究员、应小萍副研究员、高文珺副研究员、谭旭运副研究员、张衍博士、刘晓柳博士、刘洋洋博士、苗瑞凯博士，在读博士生周迎楠、裴福华等，以及在项目立项和完成过程中不同程度参与的朋友！感谢参与项目立项、中期审核和项目结项评审的众多专家，感谢他们的认可和肯定！

我很高兴把结项成果收入我主编的"社会心理建设丛书"，这套丛书是2018年8月开始由社会科学文献出版社出版的。当初主编这一丛书也是受这个项目立项的影响，如今增加两部以"社会心理建设"为主题的著作，也增加了这套丛书的分量。借此，感谢社会科学文献出版社，它出版了我绝大多数的著作。编辑的敬业精神让我钦佩，感谢她们的辛勤付出！

这两本书收入了本项目的部分成果，除以下所列部分章节的作者外，其余章节均由王俊秀完成。

《社会心理建设：社会心态培育的路径》部分章节的作者和单位如下：

第四章第一节"社会经济地位与主观社会阶层对幸福感的影响：基于 CGSS 2010～2015 的实证分析"（刘晓柳，北京教育学院思想政治教育与德育学院讲师；王俊秀，中国社会科学院社会学研究所研究员）

第四章第二节"不同地区中幸福取向对主观幸福感的影响"（刘晓柳，北京教育学院思想政治教育与德育学院讲师）

第五章第一节"获得感的概念内涵、结构及其对生活满意度的影响"（谭旭运，中国社会科学院社会学研究所副研究员；王俊秀，中国社会科学院社会学研究所研究员；董洪杰，内蒙古师范大学心理学院讲师；张跃，中国社会科学院社会学研究所博士后）

第五章第二节"青年人获得感现状及其影响因素"（谭旭运，中国社会科学院社会学研究所副研究员；张若玉，昌吉学院助教；董洪杰，内蒙古师范大学心理学院讲师；王俊秀，中国社会科学院社会学研究所研究员）

第五章第三节"社会阶层视角下民众获得感现状与提升对策"（谭旭运，中国社会科学院社会学研究所副研究员；豆雪姣，山东农业大学动物科技学院助教；董洪杰，内蒙古师范大学心理学院讲师）

第六章第一节"关注社会心态动向，满足民众美好生活需要"（王俊秀，中国社会科学院社会学研究所研究员；刘晓柳，北京教育学院思想政治教育与德育学院讲师；刘洋洋，滨州学院讲师）

第六章第二节"民众美好生活需要测量"（王俊秀，中国社会科学院社会学研究所研究员；刘晓柳，北京教育学院思想政治教育与德育学院讲师）

第六章第三节"美好生活需要满足的个体路径和社会路径"（王俊秀，中国社会科学院社会学研究所研究员；刘晓柳，北京教育学院思想政治教育与德育学院讲师）

第七章第一节"幸福感的变迁"（刘洋洋，滨州学院讲师）

第七章第二节"隐私安全感的变迁"（王俊秀，中国社会科学院社会学研究所研究员；刘洋洋，滨州学院讲师）

第七章第三节"'均'与'寡'阶段性变动下中国居民公平感的变迁"（王俊秀，中国社会科学院社会学研究所研究员；刘洋洋，滨州学院讲师）

《社会心理建设：社会场域治理的路径》部分章节的作者和单位如下：

第一章"个体：心理健康"（刘晓柳，北京教育学院思想政治教育与

德育学院讲师）

第二章第一节"中国家庭亲近指数报告"（肖明超，北京知萌咨询有限公司）

第二章第二节"婚姻满意度的影响因素"（李原，中国社会科学院大学社会与民族学院副教授）

第四章第二节"基于社会心理服务体系的社区治理路径"（裴福华，内蒙古师范大学心理学院博士研究生；王俊秀，中国社会科学院社会学研究所研究员）

第五章第一节"不同分级城市的城市认同感调查报告"（谭旭运，中国社会科学院社会学研究所副研究员；杨宜音，中国社会科学院社会学研究所研究员；黄智宽，凯迪数据研究中心；蒋凡，凯迪数据研究中心）

第五章第二节"新生代农民工城市适应对生活满意度的影响机制"（周迎楠，中国社会科学院大学社会学院博士研究生；王俊秀，中国社会科学院社会学研究所研究员）

第五章第三节"京张市民北京冬奥会关注度和参与度调查报告"（王俊秀，中国社会科学院社会学研究所研究员；张衍，中国社会科学院社会学研究所助理研究员）

第七章第一节"群体认同和阶层认同对国家认同的影响"（张衍，中国社会科学院社会学研究所助理研究员）

第七章第二节"后物质主义价值观及其对国家认同与社会参与的影响"（李原，中国社会科学院大学社会与民族学院副教授）

第七章第三节"社会心理服务体系建设视角下铸牢中华民族共同体意识的路径：基于共同内群体认同理论"（王俊秀，中国社会科学院社会学研究所研究员；周迎楠，中国社会科学院大学社会学院博士研究生；裴福华，内蒙古师范大学心理学院博士研究生）

第七章第四节"信息、信任与信心：风险共同体的建构机制"（王俊秀，中国社会科学院社会学研究所研究员；周迎楠，中国社会科学院大学社会学院博士研究生；刘晓柳，北京教育学院思想政治教育与德育学院讲师）

王俊秀

2023 年 7 月 28 日于北京

目 录

第一章　社会心理建设：社会治理的心理学路径 ……………… 1

　　第一节　创新社会治理与社会心理建设 ……………… 1

　　第二节　社会治理相关的心理学研究 ……………… 4

　　第三节　从社会心态到社会心理建设 ……………… 10

　　第四节　社会心理建设与社会发展 ……………… 12

　　第五节　社会心理建设的思想回溯 ……………… 14

　　第六节　社会心理建设的路径 ……………… 17

第二章　社会心理服务体系建设的理论 ……………… 27

　　第一节　政策逻辑、建构策略与基本内核：多重整合的
　　　　　　社会心理服务体系 ……………… 27

　　第二节　社会心理服务体系建设与应急管理创新 ……………… 36

第三章　社会心态现状 ……………… 44

　　第一节　社会心态研究 30 年：回顾与展望 ……………… 44

　　第二节　不同主观社会阶层的社会心态 ……………… 54

第四章　幸福感 ……………… 70

　　第一节　社会经济地位与主观社会阶层对幸福感的影响：
　　　　　　基于 CGSS 2010～2015 的实证分析 ……………… 70

　　第二节　不同地区中幸福取向对主观幸福感的影响 ……………… 87

第五章　获得感 ⋯⋯⋯⋯⋯⋯⋯⋯⋯⋯⋯⋯⋯⋯⋯⋯⋯⋯ 104

　　第一节　获得感的概念内涵、结构及其对生活满意度的
　　　　　　影响 ⋯⋯⋯⋯⋯⋯⋯⋯⋯⋯⋯⋯⋯⋯⋯⋯⋯⋯ 104

　　第二节　青年人获得感现状及其影响因素 ⋯⋯⋯⋯⋯ 123

　　第三节　社会阶层视角下民众获得感现状与提升对策 ⋯⋯⋯ 140

第六章　美好生活需要 ⋯⋯⋯⋯⋯⋯⋯⋯⋯⋯⋯⋯⋯⋯⋯ 157

　　第一节　关注社会心态动向，满足民众美好生活需要 ⋯⋯⋯ 157

　　第二节　民众美好生活需要测量 ⋯⋯⋯⋯⋯⋯⋯⋯⋯ 168

　　第三节　美好生活需要满足的个体路径和社会路径 ⋯⋯⋯ 186

第七章　基于 APC 模型的社会心态变迁研究 ⋯⋯⋯⋯⋯⋯ 202

　　第一节　幸福感的变迁 ⋯⋯⋯⋯⋯⋯⋯⋯⋯⋯⋯⋯⋯ 202

　　第二节　隐私安全感的变迁 ⋯⋯⋯⋯⋯⋯⋯⋯⋯⋯⋯ 214

　　第三节　"均"与"寡"阶段性变动下中国居民公平感的
　　　　　　变迁 ⋯⋯⋯⋯⋯⋯⋯⋯⋯⋯⋯⋯⋯⋯⋯⋯⋯ 225

参考文献 ⋯⋯⋯⋯⋯⋯⋯⋯⋯⋯⋯⋯⋯⋯⋯⋯⋯⋯⋯⋯ 247

第一章

社会心理建设：社会治理的心理学路径

第一节　创新社会治理与社会心理建设

社会治理作为一种执政理念的突出转变是强调建立全社会共同参与和行动的全民共建共享的社会治理格局，把政府治理、社会自我调节和居民自治有机结合；健全利益诉求和表达、利益协调、利益保障机制；提出心理干预、社会心理调适与疏导、危机干预等要求；也提出建立化解社会矛盾和问题的机制；还提出构建制度化、法制化和精细化社会治理体系的要求。必须通过深入全面的社会心理学、社会心态研究，了解协调全社会力量、凝聚全社会共识的心理机制，通过针对性的社会心理建设，不断创新社会治理。

一　创新社会治理

联合国全球治理委员会认为，治理是指各种公共机构、私人机构和公民个人处理其共同事务的方式总和，是调和社会利益、协调社会行动、化解社会矛盾的持续过程（俞可平，2002）。

学者们认为，社会治理的主体包括政党、政府、社会组织以及公民。如李培林（2014）认为，社会治理的核心议题是处理好政府与社会的关系，也就是要处理好政府、市场和社会三者之间的关系。"社会治理"与"社会管理"的区别体现在三个方面："社会管理"涵盖的领域过于宽泛，"社会治理"则聚焦于激发社会组织活力、预防和化解社会矛盾、健全公共安全体系等；"社会治理"更突出地强调各方面的参与，强调更好地发挥社会力量的作用，而不是政府的管控；"社会治理"更加强调制度建设，特别是要用法治思维和法治方式化解社会矛盾（王春燕，2014）。邵静野（2014）认为，社会治理应该是以政府为核心的多元社会主体为促进社会系统协调运转，通过平等合作的伙伴型关系，对社会系统的组成部分、社会生活的不同领域以及社会发展的各个环节进行组织、协调、指导、规范、监督和纠正社会失灵的过程。

对于如何推进社会治理，唐钧（2015）认为社会治理具有四大特征：一是社会治理必须强调"过程"，社会治理具有动态性、发展性和延续性；二是社会治理必须倡导"调和"，社会本身是一个有自组织能力的有机体，要让社会本身发挥其自我生存、自我发展乃至自我纠错、自我修复的功能；三是社会治理必须兼顾"多元"，社会是由各个社会阶层和社会群体构成的，不同的阶层和群体的经济利益、社会地位和政治诉求都是不一致的，社会治理必须非常重视治理主体的多元化，使其共同参与社会治理，共同分享发展成果；四是社会治理必须注重"互动"，要引导全社会达成利益共识，尤其是针对长期目标的利益共识，就要建立一个适合多元主体参与的治理框架和社会机制，使多元主体都能够提出自己的利益诉求，然后在沟通交流、相互妥协、协商一致的基础上达成社会共识。丁元竹（2013）则认为，要提升社会治理水平，就要鼓励社会各个方面参与社会事务和公共事务，通过社会治理提高组织效率、避免组织危机，保持组织、国家和社会的健康、持续和全面发展。王华杰、薛忠义（2015）认为，社会治理现代化的内涵应该包括治理主体多元化、治理方式科学化、治理过程法治化和治理机制规范化四个方面。

对于社会治理所要面对的问题，孙涛（2015）认为，我国的社会治理存在的问题主要归为五类，民生问题日益凸显、城乡差距不断拉大、贫富差距问题突出、腐败问题愈演愈烈、公共安全形势严峻等。李盛梅（2016）认为，社会治理的地区差异研究不足，社会治理问题研究分散，摸索出来的模式难以推广。赵涟漪（2014）认为，我国现有的社会治理体制仍是计划经济体制下形成的以政府为单一主体的静态的社会治理体制，其影响遍及现有的政府社会治理观念、结构、制度等方方面面。王艳艳（2015）认为，社会治理存在以下问题：忽视社会组织协同作用；社会组织发展缓慢，难以满足社会发展的需要；社会组织法规体系尚不健全，立法层次较低，政策环境还不完备，社会组织管理的体制机制与社会组织发展不相适应。张清娥（2015）认为，社会心理偏差严重影响了社会治理，增加了社会治理运行成本。

对于社会治理所要重点面对的领域，谢耘耕等（2014）认为，迅速发展的互联网新技术给世界各国的经济社会发展、社会治理带来新的挑战和问题，加强网络社会管理、提高公共管理水平成为我国各级政府的共识。陈亮（2016）认为，要探索如何在日益高度复杂性、不确定性的网络化社会背景下实现社会公共事务的有效治理。黄新华、刘长青（2016）认为，应该促进区域经济社会一体化发展，借鉴市场经济发达国家的经验，推进社会治理一体化。陈顺洪（2014）认为，应该重视基层社会治理体制创新。王可（2015）认为，城市基层社会治理是社会综合治理的基础，要认真探索符合基层社会治理的理论，指导我国基层社会平稳发展。李巧霞（2015）认为，城乡基层社会治理存在诸多碎片化问题，严重影响着基层社会治理进程的推进和治理成效的实现。

二　社会心理建设的提出

孙中山（1986）在《建国方略》中就提到"心理建设"的思想，基本的意图是启迪民智，改变民众固有的心理，凝聚民心，促进社会共同进步。在新的历史时期，启动社会心理建设具有新的意义。社会心理建设是通过全社会的努力使社会心态环境不断改善，个人和社会的心理更加健康，社会关系更加和谐，社会逐渐形成共享的价值观念，具有更高的社会和国家认同，社会凝聚力更强，社会不断发展进步的社会实践（王俊秀，2015a）。

在改革开放的进程中，我国在不同的历史时期推行了以经济建设、法制建设、社会建设和文化建设为重点的社会治理策略，取得了很好的效果。当前，经济新常态下，产业转型升级，社会结构调整，不同群体和阶层出现了新的社会冲突，社会矛盾也有不同的表现，应该把社会心态培育、社会心理建设纳入社会治理的策略中，为实现中华民族伟大复兴调动社会心理资源，形成经济建设、法制建设、社会建设、文化建设和社会心理建设协调发展的社会治理策略。

国家治理体系和治理能力现代化要以社会心理建设为基础。无论是经济建设、法制建设、社会建设还是文化建设都要以社会心理建设为基础，良好的社会心态是经济建设、法制建设、社会建设、文化建设的保证。以社会建设为例，主要包括社区、组织、环境等实体建设和社会结构调整、社会流动机制、社会利益关系协调、社会保障体制、社会安全体制等方面的制度建设，社会实体建设提供公共产品和公共服务，社会制度建设则使社会更加有序与和谐，其中的核心是制度建设。社会建设是在整体社会建设前提下促进人的全面发展，社会建设的核心是共同体的建构，是共同情感和道德规范的建构。社会建设与社会心态之间存在内在关联，社会心态反映一个时期的社会问题，当社会问题或矛盾处理失当或长期得不到化解时，就可能会渐渐固着，形成一种常态化的社会心态，成为一种影响社会的氛围。客观、准确地认识和把握一个时期的社会心态是社会建设的需要，良好的社会心态是维护社会稳定的前提，是社会治理及其创新得以有效进行的社会心理基础，不良的社会心态对社会治理起妨碍和破坏作用，社会建设需要全社会的共识与共同努力，而社会共识的形成要依靠社会心理建设。反过来，社会心理建设与社会建设是相辅相成的，社会心理建设也是社会建设的直接目的，满足社会需要，实现人的身心和谐发展，尊重公民的价值和尊严，致力于提升民众的幸福感也是社会建设的目的。

分析社会心态反映出的问题，可以发现这些问题并不是通过传统的社会治理和社会建设手段就能解决的，必须是现有社会治理模式的扩展和社会建设的扩展，必须从社会内在的、深层的社会心态层面来推动，因此，在我国经济发展进入新常态的背景下，通过社会心理建设，改善社会心态环境是当务之急。

第二节 社会治理相关的心理学研究

一 国外研究

国内外心理学界对社会治理相关的研究很少，从现有的文献看国外文献中与社会治理相关的主要集中在社会治理中的社会信任、社会认同、社会流动等问题的研究。Huo（2003）探讨了亚群体认同对基于关系的社会治理的影响，结果发现亚群体认同不会损害社会治理的关系基础，基于关系的社会治理与多元文化主义是相容的。Bader（2012）探讨了移民跨国治理的道德、种族和现实困境。Sinha 和 Suar（2003）探讨了印度森林经营中的制度治理、社会认同和民众参与的关系，研究发现三种类型的森林经营社区会对民众的社会认同和参与行为产生不同影响：原住民社区森林管理体制下，民众的社会认同和参与行为均显著高于联合社区森林管理体制；原住民社区和定制社区的居民对经营制度、管理委员会职能、好领导类型的满意度均高于联合社区的居民。Mols 和 Haslam（2008）从社会认同的视角，探讨了英国和荷兰地方官员在多水平治理情境下对欧盟的态度，结果发现，地方官员感受到国家与欧盟的消极关系时，会觉得国民政府更加强调地方对欧盟的积极情感；而当地方官员感受到国家与欧盟的积极关系时，会认为国家过于屈从于欧盟，就会更加凸显地方和欧洲的关系，而不是地方和国家的关系。

二　国内研究

国内也仅有几篇从心理学角度讨论社会治理的文章，一篇是社会治理中关于心理健康问题（张清娥，2015）的，另外几篇是笔者关于社会心态、社会心理建设与创新社会治理的，分别是发表在《光明日报》上的理论文章《社会心理建设是创新社会治理的基础》（王俊秀，2015a），收录在李培林主编的《中国社会巨变和治理》中的《社会心态变化与社会治理体制创新》（王俊秀，2014e），发表在《北京工业大学学报》上被《新华文摘》转载的《从社会心态培育到社会心理建设》（王俊秀，2015b），以及《中国社会心态研究报告（2015）》总报告《推动社会心理建设，化解风险和不确定性》（王俊秀，2015c）。

通过对现有文献分析发现，与社会治理相关的心理学研究基本可以分为两大类：一是其研究内容可以归属于社会治理的，比如公平感的研究，它有助于人们理解关于公平的心理学规律，可以为社会治理所用，但研究本身并不一定是以社会治理为目标设计的，可能只是作为学术体系内的对话；二是关于社会治理本身的心理学研究，这类研究又分为两种，一种是某一个人群或者心理特点的单一研究，另一种是关于社会治理的综合研究。前者如近年来备受关注的关于农民工歧视、留守儿童心理健康等的研究，研究问题属于社会治理中遇到的社会问题，从心理学角度来切入；后者则不是仅关注一个问题，而是采取宏观的研究策略，综合研究社会治理本身核心的心理问题，比较突出的是近年来广受关注的社会心态研究。这个分类基本上是在社会心理学范畴的归类（见表 1-1）。还有一些心理学研究是作为教育心理学、心理治疗或生理心理学等专门范畴的研究，虽然不能说与社会治理无关，但与社会治理的关联性较弱，就没有归入这个分类里。从与社会治理关联性强弱看，类型一无疑是最强的，类型三相对较弱。

表 1-1 社会治理研究类别

分类	归属于社会治理的研究	社会治理本身的研究
系统的宏观研究	无	类型一
专题的微观研究	类型二	类型三

对于与社会治理相关的心理学研究分别从表 1-1 的三种类型简要综述如下。

（一）类型一：关于社会治理的系统研究

王芳等（2012）提出社会心理学与社会重大问题的关联，包括社会公正与腐败、民众心态与主观幸福感、社会互动与人际和谐、非常规突发事件与应急管理、群际关系与民族冲突、非常规突发事件与应急管理、工作压力与员工职业心理健康、社会矛盾与网络集群行为和民众道德心理与价值观变迁。可以看出，这些所谓社会重大问题其实都属于社会治理问题，而且，这些问题并非孤立的，存在一定的内在联系，社会心理学的研究也必须进行系统研究，也就是研究社会治理的心理基础，这就必然使得关于社会治理的心理学研究的视角是系统的、宏观的。

从社会心理学的研究看，国外采用宏观视角的研究并不多，而一些社会学、政治学取向或带有社会心理学倾向的研究属于这样的综合系统研究，如英格尔哈特（2013a，2013b）20 世纪 80 年代以来的世界价值观调查等研究属于这样的研究，其出版了《现代化与后现代化》和《发达工业社会的文化转型》。

国内社会心理学研究属于这一倾向的是关于社会心态的研究。社会心态研究越来越受到学术界的重视，社会心态研究的数量持续增加。在中国知网以"社会心态"为关键词检索到的历年文献，2000～2004 年每年的数量为 64～111 篇，2005～2010 年为 111～232 篇，2011 年及以后猛增到450～500 篇。近年来出现了社会心态的著作（胡红生，2001；王俊秀，2014b；杨宜音、王俊秀等，2013）和社会心态的年度出版物（王俊秀、杨宜音，2014，2015）。社科基金和一些其他的研究基金也把社会心态作为重要的研究方向。社会心态研究的问题越来越深入，不同学科背景的研究者加入研究队伍，研究对象群体更加广泛，关注的主题更加多样化，对低收入群体、大学生群体、农民群体、下岗职工群体的社会心态研究占了较大的比重，也有研究关注构建和谐社会、社会转型背景下的社会心态问题（龙书芹，2010；毕宏音，2010），但这些研究多数还不是系统研究。社会心态系统研究的开始是 2006 年中国社会科学院社会学研究所"社会稳定心态分析与预测课题组"完成了国内最大规模的社会心态调查，对当时中国人社会心态进行了较为全面的研究。这次社会心态调查采取随机抽样的方法，在全国 28 个省（区、市）130 个区（市、县）260 个乡（镇、街道）520 个村（居）委会抽取 7100 余个家庭，获得有效问卷 7063 份。这次社会心态调查的内容以社会稳定心态为核心，调查了与社会稳定相关的社会心态内容，包括社会稳定意识、社会稳定信念和社会稳定感受，对由性别、政治身份、城乡身份、宗教、年龄、受教育程度和社会经济地位所区分的不同群体的社会稳定心态进行了分析；对与社会稳定密切相关的社会生活感受，如社会认知、社会支持感受、社会信任、社会公正感受、政府工作满意度、社会压力感受和生活目标认同等内容进行了研究；研究社会心态的深层心理根源，通过调查了解社会成员对未来的预期，对社会现象的归因，以及生活目标和生活价值观；对影响社会稳定的社会矛盾和冲突化解的行动策略进行了调查。除了上述全国性社会心态的综合调查外，2008 年社会学研究所的中国社会状况综合调查（CSS），获得了全国样本的数据。笔者所在研究团队在 2008 年北京奥运会召开前后，在北京市进行了大事件对人们心理和行为的影响研究；笔者所在团队采用构建社会心态指标体系和大规模问卷调查、大数据研究等形式对社会心态进行了全面研究。

（二）类型二：归属于社会治理范畴的专题研究

这部分研究分别归属于健康心理学、管理心理学、环境心理学、犯罪心理学、教育心理学和社会心理学等学科，可以归属于社会治理，但与社会治理本身并无直接关系，鉴于这部分研究内容庞杂不在此赘述。

（三）类型三：关于社会治理的专题研究

与社会治理相关的研究基本上集中在以下几个方面。①有关社会转型的研究，如讨论把社会转型作为社会心理学研究方向的（王俊秀，2014a；周晓虹，2014；方文，2008），探讨转型期社会心理特点和变化的（沈杰，2005；李伟民，1997；倪洪兰，2000；骆正林，2011），研究转型期社会心理失衡与调适、社会心理问题及重构的（张宇，2002；刘援朝、林刚，1999；范和生、唐惠敏，2015；闫杰，2009；夏学銮，2015；黄奕柱，

2007）。②探讨社会学面对重大社会现实问题，推动社会和谐与发展，社会心理调控，社会心理构建，社会管理创新等（王芳等，2011，2012；童正容、翟玮玮，2008；谢炜，2014；贾林祥，2010，2011；郑蕊等，2012；赵中源，2011；杨伟才，2006a，2006b；王会，2006；刘凯、许珍芳，2006；叶政，2008；张海钟、姜永志，2010）。③关注突发公共事件、灾害、危机及其干预，危机管理，群体性事件的心理机制、预警和治理（陈道明，2010；时勘，2003；戴健林，2006；岳丽霞、欧国强，2006；包晓，2008；张维平，2006；管仕廷，2010；张岩等，2011；王庆功等，2012；陈涛、王兰平，2015）。④研究价值观、核心价值体系、敬业精神、精神健康的建立，以及主流意识形态、精神文明的社会心理基础（肖汉仕，2010；杨军，2012；张湖东，2009；章剑锋，2012；张骥、吴智育，2011；沈建波，2014；杨坤艳等，2011；钟建华，2012）。⑤研究公民政治参与的社会心理分析、腐败行为的社会心理分析（王丽萍、方然，2010；吴施楠，1999；肖富群，2002）。⑥关注民族和国家凝聚力、社会融合、社会稳定、政治稳定的社会心理基础（黄靖生、黄隆生，2000；黄匡时，2008；娄成武、张平，2013；马建中，2003；殷卫滨，2010；高静文、赵璇，2010）。⑦关注农民工、新生代农民工、失地农民、"农转居"等"边缘群体"的社会心理、心理健康、社会排斥、社会融合等问题（黄雪娜、崔森，2010；周小刚、李丽清，2013；陈运遂，2007；符明秋、闫娟娟，2014；王开庆、王毅杰，2012；林晓珊，2005）。⑧研究网络流行词、网络舆情、网络集群行为、网民意见表达、受众心理引导、虚拟社会心理学等（贺白余，2007；陈志霞等，2014；彭凯平等，2011；许志红，2013；陈旭辉、柯惠新，2013；寇纪淞、荣荣，2010）。⑨社会心态研究。关注大学生对就业前景的认识、择业影响因素（张爱莲、张金华，2005）和大学生在 SARS 期间的社会心态（周瑛等，2004），对大学生中流行的"郁闷"心态的研究（周婷，2006）；生活与消费、道德价值观和态度、人际关系和情绪等方面的调查（朱新秤、邝翠清，2010）；社会转型时期农民的社会心态研究（王向东，2006；杨诚德，2006）；低收入群体的社会心态研究（冯耀明、潘峰，2005；潘峰，2006；杨在平、潘峰，2004）；少数民族文化和宗教心态研究（姚维，2003a，2003b）；不同地域居民社会心态研究（郭亚帆，2003；李蓉蓉，2005）。⑩讨论科技创新的社会心理（朱斯琴，2014）和当前社区心理学发展（杨莉萍、珀金斯，2012）等的研究。

三 社会治理相关心理学研究存在的问题

心理学，特别是社会心理学缺乏对社会治理的深入研究，或者说社会发展、社会治理本身并没有纳入社会心理学和心理学的视野。与王俊秀（2014a）讨论为什么社会心理学缺乏对转型社会研究的原因一样，主流社会心理学在其发展的历史上一直缺乏宏观研究，停留在"个体"层面或群体层面。因为社会心理学早期的创立者奥尔波特（Allport，1968：3）宣称，"社会心理学试图理解和解释个体的思想、感情和行为怎样受到他人的实际的、想象的或暗示的在场的影响"。奥尔波特认为："没有一种群体心理学在本质上和整体意义上不是个体心理学。"（Allport，1924：4）法国社会心理学家莫斯科维奇批评主流的社会心理学把社会理解为个体的相加，实质上否认了"社会"心理的存在。他认为社会心理学是"社会科学"，而不是主流社会心理学理解的"行为科学"。豪格和阿布拉姆斯（2011：16）也指出，这种把社会心理还原为个体心理的还原主义造成了社会心理学的危机。国内社会心理学受美国社会心理学影响，也很少关注宏观的社会心理学问题。社会心理学研究很少涉及社会治理本身也正是基于此。近年来国内一些社会心理学研究者开始呼吁开展社会重大问题研究（王芳等，2012），但受社会心理学学术范式的影响，这种改变难度不小，进展不大。

目前一些关注重大社会现实问题的论文也仅仅停留在论证层面（韦茂荣，1994；葛鲁嘉，1995；陈志霞，1999；王芳等，2012），论述社会心理学这类研究的必要性，以及这类研究的意义是什么，并没有真正开展这样的研究。多数研究既没有理论体系的建构，也没有把研究问题转化为实证研究。

四 社会治理心理学研究的发展方向

"十二五"规划中首次提出了培育社会心态的社会管理目标，提出要"弘扬科学精神，加强人文关怀，注重心理疏导，培育奋发进取、理性平和、开放包容的社会心态"。党的十八大报告重申了这一要求："加强和改进思想政治工作，注重人文关怀和心理疏导，培育自尊自信、理性平和、积极向上的社会心态。"把社会心态培育写入社会治理的纲领性文件，进一步深化了社会建设的主题，把社会心态作为社会治理的内容。同时，社会心态的调适又可以是社会治理的手段。党的十八届四中全会通过的《中共中央关于全面推进依法治国若干重大问题的决定》提出，"坚持依法治国和以德治国相结合"。党的十九大报告提出要"加强社会心理服务体系建设，培育自尊自信、理性平和、积极向上的社会心态"。

　　社会心态是在一定时期的社会环境和文化影响下形成的，社会中多数成员表现出的普遍的、一致的心理特点和行为模式，并成为影响每个个体成员行为的模板。社会心态并非作为一个独立体，被动受社会环境的影响。社会心态本身就是社会环境的一部分，而且就社会的心理构成来说是更大的部分，是一定社会范围内多数人的心理或占较大比例的几种心理。社会心态随着社会转型和变迁而变化，既是社会转型和变迁的推动者，同时也以其变化构成了社会转型和变迁的特征（王俊秀，2014a）。

　　社会心态的核心内容包括以社会需要为社会心态的动力基础，由社会认知、社会情绪、社会行为倾向构成。社会需要对社会认知产生影响，同时，社会认知能够感知社会需要，可以对此进行包括思维在内的认知活动。社会情绪来源于社会需要，是社会需要满足与否的直接体验，也是作为社会需要动力特征的延续，表现为情绪能量；社会情绪也会影响社会，调节社会。社会需要是社会行为倾向的动机因素，反过来，社会行为或者朝向需要的满足，或者抑制需要的满足。这些基本要素之间的关系是协同发生的，并且都受到一定的社会价值观的影响和支配。社会需要、社会认知、社会情绪、社会行为倾向和社会价值观构成了社会心态的核心。社会心态的核心也受到其边缘因素的影响，心理学、社会心理学学科的许多概念属于这样的边缘元素，如人际或群际信任、社会认同、社会认知策略等。在一定时期，社会心态的表现是由社会心态核心中占主导地位的因素构成的，这些因素分别是社会比较一致的社会认知，也就是社会共识，社会成员共享的社会主导情绪，社会团结和合作行为，以及社会核心价值观。从社会认知到社会态度、社会信念、社会价值观，再到社会规范，这是一个渐进的过程。在这一过程中已经形成的社会价值观影响着社会认知、社会态度，也产生相应的社会情绪体验。

第三节　从社会心态到社会心理建设

　　从提出社会心态培育到社会心理建设也是当前社会心态的特点决定的。根据我们多年持续的研究，我国社会心态存在一些突出的问题，这些问题需要从社会心理建设的思路寻找解决途径（王俊秀，2015b）。

一是社会需要方面。我国经济进入新常态后，将长期面对民众需求不断提高、不断丰富，而社会发展与阶层差距拉大的矛盾局面。表现为民众需求层次多、标准高、问题多。首先，民众基本生理需要标准提高：洁净的空气、无污染的水、改善的住房、高水平的医疗、宜居的自然环境、顺畅的交通等成为迫切的需要；民众对安全的食品、安全的交通、安全的生产环境、有效的灾害防范等也有更高的要求。其次，社会性需要也更高：家庭养老育幼的负担和难度增大，生育意愿减弱，家庭的稳定性降低；原本家庭所具有的化解冲突、提供支持的功能被转移到社会和政府；从熟人社会向生人社会转变的过程中，人们的归属需要、社会支持需要得不到满足；市场经济需要的生人社会的契约诚信规则还未建立；民众的社会参与需要增加，民主意识、权利意识、政治参与意识不断增强；社会转型中社会越来越分化和更加多元，不同群体的需要表现出很大的差别。

二是社会价值观方面。随着现代化进程的推进，个人的价值观念发生了明显的变化：强调物质拥有的物质主义价值观趋于增强；青年人传统的性观念和传宗接代观念淡化；家庭中以传统的亲情为核心的价值观念变得更加多元，表现为突出的利益权衡的趋向；民众的权利观念增强，权力监督意识和公共参与意愿增强，不满于权力等级区分造成权力距离拉大；现实社会中由于人与人的隔膜越来越深，更迫切地需要仁爱友善的人际关系；人们的公平正义观表现出自我中心和自我服务的特点。在经历了"文化大革命"对传统文化的解构、改革开放带来的外来文化和价值观念的冲击、市场经济转型和互联网时代带来的多元文化的影响后，中国人的道德观念已经发生了重构，传统的道德观念影响越来越弱，难以形成有影响力的主流道德观。社会法治体系的建立虽然成效显著，但作为法治社会核心的公民法律意识和法治观念远没有形成，在社会缺乏公德意识的情境下，公民的法律行为很难养成。社会价值观更加多元，多元价值观背后也存在缺乏共享价值观念、社会互信无法建立、社会共识无法达成、社会合作困难等问题。

三是社会情绪方面。社会转型中社会矛盾和冲突不断凸显，社会情绪是矛盾和冲突的核心。一方面，社会矛盾的表现是爆发激烈的社会情绪；另一方面，社会情绪又成为这些矛盾、冲突的动力成分。在影响比较大的社会事件中都有激烈的情绪反应。大量负向情绪积累成为一种社会情绪气氛，在不发生任何事件时已经处于较高水平，一旦出现诱发因素，情绪强度将迅速攀升，成为助推社会事件发生的情绪能量，使得事件升级，导致事件失控。

四是社会关系方面。社会不信任的扩大化、固化成为群际冲突、社会矛盾的温床。社会一般信任水平下降；群体间的不信任程度加深，表现为医患、民商等群体之间社会关系的不信任，也表现为不同阶层群体之间的不信任。社会不信任导致社会群体之间的负面刻板印象加深，冲突增加；社会冲突又进一步强化了社会的不信任，社会信任陷入恶性循环的困境中。民众存在一定的底层认同、弱势群体认同。自认为处于底层的民众感到更不安全、更不公平，社会信任程度更低，感到获得的社会支持也更少。底层认同和弱势群体认同成为一个社会隐患，社会阶层认同直接影响社会情绪反应。一些社会事件引发了异常的社会情绪反应，出现了本该同情的事却有很多人表现出欣喜，本该是人所鄙夷的事情却有人在赞美和钦佩，本该谴责却反应冷漠，这种反向社会情绪源于社会存在的底层怨恨。近年来很多社会冲突是不同群体间利益、观念、身份差异或对立引起的。社会的分化使得不同利益、观念、身份的群体间的摩擦、冲突增加。我国正经历着快速的城镇化进程，大量农村人口将进入城市生活和工作，这需要农村居民对城市的认同和城市居民对农村居民的宽容与接纳，随着进入人口的增加，利益分配、生活方式等方面的矛盾会不断出现。

五是经济新常态下的新挑战。在经历了较长时期经济快速增长、人口快速城镇化、空间快速扩张、产品快速生产、财富快速积累、财富分配快速极化后，进入所谓经济新常态，经济增速放缓，伴随着改革开放初期由慢而快的社会不适应和所谓改革"阵痛"，又要经历由快到慢的反向社会不适应。仍然属于发展中国家的中国与西方发达国家在发展上的时间差和人们的预期也是今后社会心态需要关注的重要内容。

第四节　社会心理建设与社会发展

一　从发展的角度研究社会治理

发展，无疑是人类社会最重要的主题之一，也是社会科学的核心研究议题，社会发展被视为提升人类福祉的一种途径（米奇利，2009：1），社会治理只是社会发展的一种途径。社会学始终关注社会变迁、社会转型、社会发展、社会进步等议题，也不断丰富着发展社会学和发展研究，关于社会发展的观念也在不断得到修正和发展，在发展的理论演进中作为个体的人在社会发展和变迁中的作用不断凸显。

古典社会学的三大家马克思、韦伯和涂尔干都各自论述过关于个人对社会变迁和发展的作用，从多个角度探讨了个体创新对历史的推动。波兰社会学家什托姆普卡（2011：50～51）认为，马克思的历史唯物主义包含了三个层面的内容：一是世界历史，二是社会结构，三是个体行动。而马克思把社会变迁看作在三个层面逐步展开的过程，开始于最低层面的个体行动。他把人类行动的属性看作理解人类本质的钥匙。他认为行动具有以下六种特性：①行动是有意识有目的的；②行动中的行动者具有一定限度的自我意识和批判性自我意识；③行动以计划和预期为先导；④行动具有一定程度的连续性和持续性；⑤行动具有创新性；⑥行动是集体的。他强调的行动创新性是指行动者积极面对环境，以自然界或他人为取向，设法去改造、改变它。马克思的个体行动其实更多是指个体参与的集体行动。在韦伯看来，社会学研究的是社会行动，也就是朝向他人和体现他们实际或期望的反应的有意义行动。在他的著名著作《新教伦理与资本主义精神》中他探讨了资本主义产生的根源，认为新兴企业家和新型工人是资本主义起源的基本先决条件，而新兴企业家和新型工人具有一种特殊的心态，一种他称之为"资本主义精神"的特质。这种特质是利润动机和天职观念的混合物，他认为"资本主义精神"体现在新教徒身上。涂尔干强调社会道德对于社会秩序的影响，他认为道德规范具有强制性的特点，个体违反道德规范就会受到惩罚。同时，道德规范是由社会整体产生的，个体基于自我意识的道德行为维持了整个社会的运作，他认为这是社会的常态，而社会急剧变迁时，原有的社会准则可能被瓦解，常态就失去了标准，个体对于社会的要求可能变得不确定，涂尔干把这种对于常态的偏离叫作"失范"。因此，对涂尔干来说，社会就是一个"道德共同体"，社会的变迁就是以新的社会整合为基础，社会整合的基础就是社会道德。他认为从传统社会到工业社会变迁的内在机制是劳动的分工，分工造成了个体差异性降低，集体意识变得越来越弱，社会互动变得松散，新的个人主义体系对社会进行整合，形成"有机团结"的社会（参见普雷斯顿，2011）。

二　社会心态与社会发展

从以上社会学经典作家的思想中可以看出，个体与社会发展是以个体心理为基础的，但又是在形成社会心态的基础上起作用的。什托姆普卡（2011：50～51）认为，发展的关键问题时间的社会学讨论起于涂尔干，时间不仅表达了集体行动的节奏，还会反过来调节这些行动。社会转型中的社会心态必然是发生在这种集体节奏中，并调节其他人的节奏。社会心态研究关注个体与社会之间的互动，关注个体如何推动社会变迁和社会转型。

在社会环境中，社会心态中既有变动较快、较明显的部分，如社会态度等，也有在一个时期内较为稳定的、具有阶段性特点的内容，如社会情绪和社会信任等，还有较长时期内表现稳定、变化缓慢的部分，如社会价值观。社会心态中最为稳定的是社会人格部分，也就是英格尔斯（2012：14）所讲的国民性或民族性（沙莲香，1992：2～3）。根据社会转型和变迁中表现出的稳定性和变动性特点，可以把社会心态的结构分为超稳定的社会心态、稳定的社会心态、阶段性社会心态和变动性社会心态四个层次。这四个层次是一个相互影响的过程，从最外层的变动性社会心态到最内层的超稳定的社会心态是一个逐渐内化的过程，社会心态的一些相对稳定的成分，逐渐积淀为下一层的社会心态，进入最内层的超稳定的社会心态，成为民族性格。最内层的文化和民族性对于稳定的社会心态具有支配和控制作用，稳定的社会心态如价值观等也会影响阶段性社会心态，而最外层的变动性社会心态也会受到最深层社会心态的影响，但更多会受到最接近的阶段性社会心态的影响（王俊秀，2014b：31～32）。社会心态的结构与社会变迁密切相关，不同的内容在社会时间维度上具有不同体现。

社会治理研究实质上是一种发展的研究，而社会治理必须以社会心态为基础，因此，社会心态研究必须是一种发展的社会心理学研究范式，这是由社会心态的结构、社会心态的研究方法和社会心态研究的现实问题的特点所决定的。

第五节　社会心理建设的思想回溯

从社会心态培育、社会心理建设角度推进社会改良和发展的并非新的思想，这一思想有着悠久的历史。儒家传统文化中有许多社会心理建设的思想，比较典型的是《大学》中所讲的"三纲""八目"，也就是"明明德，亲民，止于至善"和"格物、致知、诚意、正心、修身、齐家、治国、平天下"。《大学》开宗明义，"大学之道，在明明德，在亲民，在止于至善"。尽管对"三纲"有众多解读，但大致含义是弘扬光明正大的品德，使人弃旧图新，达到最完善的境界，这是《大学》提出的教育纲领和培养目标。由主持西南联大常务工作的清华大学校长梅贻琦列出要点，清华教务长潘光旦先生代拟的《大学一解》一文，发表于1941年4月的《清华学报》第十三卷第一期。文中指出，"格物""致知""诚意""正心""修身"这五条属于"明明德"，而"齐家""治国""平天下"三条属于"新民"。"八目"的关系是，"古之欲明明德于天下者，先治其国；欲治其国者，先齐其家；欲齐其家者，先修其身；欲修其身者，先正其心；欲正其心者，先诚其意；欲诚其意者，先致其知，致知在格物"，"物格而后知至，知至而后意诚，意诚而后心正，心正而后身修，身修而后家齐，家齐而后国治，国治而后天下平"。这一论述一个清晰的逻辑就是把修身作为治国的基础，修身则以"格物致知""诚意""正心"为基础，用我们现在的话说，社会建设、社会治理要以心理教育、行为养成为基础，这也就是我们所讲的心理建设的核心内涵。

受儒家传统思想影响，也受西方心理学思想的影响，中国近代一些思想家、教育家、政治家也在尝试社会心理建设的实践。国民心理建设是孙中山救国、建国思想的重要内容，被他放在《建国方略》的首位。他不仅从革命、立国、建国诸方面强调了国民心理建设的重要性，而且从多方面论述了国民心理建设的基本内容。他从中国现实出发，把国民心理建设作为精神文明建设的核心，与国家的物质文明建设相并列、相对应。孙中山（1986）的《建国方略》写于1917~1920年，包括《孙文学说》《实业计划》《民权初步》三本。《孙文学说》又名《知难行易的学说》，后编为《建国方略之一：心理建设》，在这本书中孙中山指出，"夫国者，人之积也。人者，心之器也。国家政治者，一人群心理之现象也。是以建国之基，当发端于心理"。他认为，民国之所以建立，是建于国民之心，人心就是立国的根本；国家要巩固，也要用人心做基础。孙中山在推动社会变革的实践中体会到社会心态的核心作用，在社会转型和变迁中，社会心态依然是一个动力因素。

20 世纪初，梁启超受法国群体心理学者勒庞（Gustave Le Bon）等人社会心理理论的影响，认识到社会心理在历史进程中的作用，提出必须探求时代的社会心理的状况，考察其如何蕴积、发动和变化。他指出，"由人类心理之本身，有突变的可能性。心理之发动，极自由不可方物。无论若何固定之社会，殊不能预料或制限其中之任何时任何人忽然起一奇异之感想，此感想一度爆发，视其人心力之强度如何，可以蔓延及于全社会"。加之，"由于环境之本质为蓄变的，而人类不能不求与之顺应。无论若何固定之社会，其内界之物质的基件终不能不有所蜕变，变焉而影响遂必波及于心理"。梁启超从心理史学的角度涉及了我们现在社会心态研究的内容，他认为社会心理是由特定时代、特定人群中个人的需要、意志、感情等心理状况汇积而成，是"个人心理之扩大化合品"，同时这种社会心理的特点又会在个人心理上表现出来，两者互相依存，他说："吾以为历史之一大秘密，乃在一个人之个性何以能扩充为一时代一集团之共性？与夫一时代一集团之共性何以能寄现于一个人之个性？申言之，则有所谓民族心理或社会心理者，其物实为个人心理之扩大化合品，而复借个人之行动以为之表现。"（梁启超，1999）这样的论述非常明确地道出了社会心态的内在机制，个体心理如何成为一种社会心态，这种社会心态又如何影响每个个体。

中国近代教育家蔡元培是现代实验心理学创始人德国的威廉·冯特唯一的中国学生，他曾两次去德国留学。1908 年 10 月至 1911 年 11 月在莱比锡大学先后选修哲学、文学、文明史、心理学、美学、美术史、民族学等近 40 门课程。蔡元培对国民教育的发展提出了重要的观点并做出了巨大的贡献，他一生都致力于使学生身心全面发展，他提出的"五育"思想就是其思想核心。他指出，"军国民主义者（体育），筋骨也，用以自卫；实利主义者（智育），胃肠也，用以营养；公民道德者（德育），呼吸机循环机也，周贯全身；美育者（美育），神经系也，所以传导；世界观者，心理作用也，附丽于神经系，而无迹象之可求。此即五者不可偏废之理也"。他认为，"以心理学各方面衡之，军国民主义毗于意志；实利主义毗于知识；德育兼意志情感二方面；美育毗于情感；而世界观则统三者而一之"。他是中国教育史上完整使用"人格"一词的第一人，他提出"所谓健全人格，分为德育、体育、知（智）育、美育四项"，并强调人格培育的重要性，"陶养吾人之感情，使有高尚纯洁之习惯，而使人我之见、利己损人之思念，以渐消沮者也"（蔡元培，1980）。蔡元培的这种思想不仅适用于学校教育，也适用于社会教育；不仅适用于 20 世纪的早期，也适用于当前社会。在学校教育应试化问题突出的今天，他的这些思想依然有现实意义。

梁漱溟在中国传统哲学的基础上，以形而上学的方法，由人生探求人心，涉及心理学的学科性质、心理的实质及人类心理的基本特征等心理学的基础理论问题，在研究对象及方法论上给我国心理学的研究以启示，是中国传统意义上的哲学心理学。梁漱溟不止于哲学、心理学的探讨，还亲身致力于乡村教育，注重乡村建设中的民众教育。他提出了农民自觉自省以及知识分子要在其中发挥作用的观点，认为乡村作为我们中国传统文化之根，其破坏正是因为我们对西方思想的全盘接受或全部否定，以及传统文化的丢失。要想重新正确地建设中国人的心理、恢复社会的秩序，需要以中国的传统文化，尤其是儒家文化为基础，结合西方的先进思想，把握好这两者的关系并融会贯通，对国民进行重新教育，对社会进行重新整顿。他指出，"认识古人的道理，让他已失去的合理观念恢复起来，把传统的观念变为自觉的观念；让他安定，让他看见前途"（梁漱溟，1990a，1990b）。在我国大力发展城镇化的今天，城乡二元结构不仅体现在社会层面，也体现在社会心理层面，乡村建设和农村居民的城市化都突出体现在教育和心理培育上，这是真正消除城乡二元结构的关键。

第六节　社会心理建设的路径

本章从两个方面探讨社会心理建设的路径：一是从社会心态视角看社会心理建设的路径就是实现较为理想的社会心态目标，具体地从社会心态的五个方面入手，也就是在社会需要、社会认知、社会情绪、社会价值观和社会行动上分别实现怎样的目标，以及在综合的视角上达到什么样的目标；二是从社会场域的角度把社会心理建设的路径分为个体、家庭、职场、社会、国家和天下六个不同的社会范畴，分别探究不同范畴下社会心理建设遇到的现实问题和内容，以及这个连续体内在的关联性，在此基础上思考不同社会场域下社会心理建设的目标和实现途径，如图 1－1 所示。这两个不同视角的维度之间不是孤立的，这两个视角的结合可以从类型上思考不同社会场域下社会心理建设的具体内容。

社会心理建设的第二条路径是狭义的社会心理建设，也就是从社会心态培育逐渐深化为社会心理建设。个体心理是群体心理的基础，但个体心

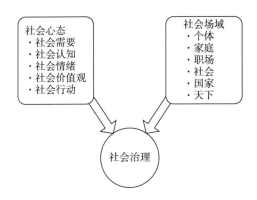

图 1 - 1　社会心理建设的路径

理建设并不必然会产生我们希望的社会心态环境，个体心理成为一种社会心态受很多因素约束，因此，心理建设并不能代替社会心态的培育和社会心理建设。社会心态与社会转型、社会发展和变迁是密切相关的，其中，文化对人的行为和社会的发展有着深刻的影响。从社会心态的视角看，社会心理建设包含社会环境、社会稳定、心理健康、社会凝聚力、社会共识、社会价值观、社会情绪等方面的建设。社会心理建设可以有力地促进社会治理水平的提高。

社会心态研究的主要目标就是确立一个好的社会，一个健康向上的社会，一个具有集体思维和不断进步的社会应该具有怎样的社会心态。社会心理建设就是实现这样的社会心态的系统性实践。

一　社会心态培育的视角

概括起来，社会心理建设的核心内容应该包括以下五个方面。

（一）切实的基本社会需要

人的需求是多样的，也是无止境的，因此，社会需要的满足不能是无限度的，而应是符合社会客观现实的基本需求。多亚尔、高夫（2008）提出任何社会中都要满足三个基本需求，"第一，任何社会都必须生产足够的满足物以确保最低水平的生存和健康需要，同时还有其他工艺品和具有文化意义的服务。第二，社会必须保证一个适当的繁衍和儿童社会化的水平。第三，社会必须保证生产和繁衍所必需的技能和价值观能够在足够份额的人口之间传播。必须建立某种权力制度以保证遵守规则"。个体的基本需求要放在社会和全人类的背景下，需求的满足不仅是满足个体的利益，也必须维护社会的利益。

（二）客观的社会认知

社会心理建设总的目标和方向是社会整合、社会和谐、社会成长和社会进步。社会认知是影响这一目标和方向的重要内容，一个社会个体的认知是多样的，也是难以做到人人都客观的，但作为一个良性的社会，一个健康的社会心态的标志是群体思维，是社会思维，也就是一个社会是否具有理性思维的机制，社会只有具有理性思维才能形成社会共识，用莫斯科维奇的概念就是"思维社会"。"发展心理学把思维的发展看作个体成长的重要标志，社会心态理论把社会的思考能力、反思能力看作社会成长和成熟的标志，思维社会是健康社会应该具有的心态。"（王俊秀，2016）

（三）健康的社会情绪

社会情绪是社会心态核心的组成要素，构成社会心态的动力机制和社会运行的调控与凝聚机制。社会情绪是多样化的，随着社会事件的发生，群体性的、外显的社会情绪会随时发生变化。在成熟、健康的社会中主导的情绪是积极、正向的。社会情绪对社会行为具有调节作用，积极的社会情绪有助于调节社会心态；同时，社会情绪是社会运行状况的指征，是晴雨表；更为重要的是社会情绪还具有动力机制，是把人们联系在一起的"黏合剂"。社会情绪是一个群体和社会中多数成员共享的情绪体验，是社会团结和社会凝聚的力量，能够避免"社会疏离"，实现"社会整合"，推动社会发展和进步。

（四）积极的社会价值观

社会价值观也是多元的，很难出现某一种价值观的垄断局面。多元的价值观被不同的个体所接受，在社会中产生着不同的影响，社会核心价值观是这些价值观中被更多人所接受的价值观。随着社会的发展，社会核心价值观会具有一定的趋向性，社会的良性发展会使得社会共识更容易达成，社会倾向于出现共享情绪，这些构成了社会核心价值观形成的基础。不断形成的社会核心价值观又会推动社会需要的满足、社会共识的达成和社会共享情绪的形成，进而促进社会核心价值观的不断稳定和成形。

（五）更高的社会凝聚力

一定时期会形成一定的切实的社会需要、社会共识、积极的社会情绪和社会核心价值观，这些核心要素构成的体系就决定着社会行为，也在一定程度上决定着这个时期个体的行为。对于一个健康社会来说，其社会心态应该是基本社会需要得到满足，社会具有普遍共识，社会具有共享的价值观念和社会情绪，这样才能使社会从整体上团结、合作，具有更高的社会凝聚力，使社会不断成长和进步。

二　社会场域的治理路径

法国社会学家布迪厄（1999）有一个著名的概念"场域"，"我将一个场域定义为位置间客观关系的一网络或一个形构，这些位置是经过客观限定的"。本章用"场域"强调家庭、职场、社会、国家和天下这些不同的社会范畴。这些从小到大的社会场域是从自我出发的家国天下连续体（许纪霖，2015），这是讨论社会治理不可避免的路径，也是我们研究社会心理建设必须借鉴的思路。

（一）家国天下

社会心态关注的是个体心理如何成为一种社会心态，强调的是个体与社会的关联，也就是一种个体与社会视角的心理学研究。上面提到的社会心理建设也是从个体与社会的视角来讨论社会心理建设的目标和内容。社会治理也一样要关注个体与社会的视角，不同的是现代社会治理来源于西方传统中公私观念，而中国传统中个体与社会有着不一样的思想脉络，也就是从个体到天下的"家国天下"思想，这与西方的个体、国家与社会的关系是不同的。

家国天下的思想是中国历史传统中最重要的思想，也是中国传统政治统治、国家治理、社会治理的家国天下，作为传统中国意义框架的连续体，其出发点是自我。许章润（2015）指出"家国"连用，导源于中国文化复杂的家国架构，积淀为中国文明亿万子民文化心理上的家国情怀。孟子说，"天下之本在国，国之本在家，家之本在身"（《孟子·离娄上》），"竭言个体修持的基础意义，由此连缀起自身家、王朝而至普天之下的意境，造成了近儒梁漱溟先生所说的'近则身家，远则天下'的阔达宏远而又伸缩自如的时空"。

许纪霖（2015）认为，在古代，中国乃是一个家国天下连续体，个体的行动和生活的意义，只有置于这样的框架之中才能得到理解并获得价值的正当性，但在清末民初发生了"大脱嵌"，自我摆脱了家国天下的共同体框架，成为独立的个体。家国作为自我与天下的中介物是相对的，而自我与天下在精神形态上可以直接沟通，但在其现实形态中必须经过家国。使得自我与天下在现实形态中也有了直接沟通的可能，但造成了孤立的、原子化的个体。而国家的崛起，又使得家与天下失去了对其的规约。家国天下连续体的断裂，给中国的政治生活、伦理生活和日常生活带来了巨大影响：一是由于失去了社会和天下的制约，国家权威至高无上；二是由于从家国天下共同体"脱嵌"，现代的自我成为一个无所依傍的原子化个体，失去了其存在的意义。"大脱嵌"之后，家国天下的秩序与现代人的自我，都面临一个"再嵌"：自我要置于新的家国天下秩序中得以重新理解，而家国天下也在自我的形塑过程中得以重新建构。这个交互性的"再嵌"，是一个走向理想世界的能动过程（许纪霖，2015）。

（二）差序格局与逆差序格局的治理

从自我出发的家国天下连续体最核心的无疑是自我和家庭，对于中国传统社会来说，家具有最为核心的地位和最为丰富的内涵。翟学伟（2009）认为，家是中国人的生存方式与生活单位，中国社会的最小单位不是个体，而是扩大的家庭。对家庭的世代关系而言，个体往往是其中的一个环节；对现实的家庭成员而言，个体往往是其中的贡献者，同时也是依附者。从自我、家庭出发的社会关系特征被费孝通先生描述为"差序格局"，"西洋的社会有些像我们在田里捆柴，几根稻草束成一把，几把束成一扎，几扎束成一捆，几捆束成一挑。每一根柴在整个挑里都是属于一定的捆、扎、把。每一根柴也可以找到同把、同扎、同捆的柴，分扎得清楚不会乱的。在社会，这些单位就是团体……我们不妨称之作团体格局。……我们的社会结构本身和西洋的格局是不相同的，我们的格局不是一捆一捆扎清楚的柴，而是好像把一块石头丢在水面上所发生的一圈圈推出去的波纹。每个人都是他社会影响所推出去的圈子的中心"（费孝通，2008）。

柴玲、包智明（2010）认为，费孝通的"差序格局"主要体现在感情、利益与伦理三个维度上。伦理的基础是道德，表现在相互关系上，强调的是"应该"如何，是彼此能在权利之间保持一种平衡关系。感情的基础是"情愿"或"愿意"。"关系"的另外一个维度是利益。相对于伦理和感情，这里的利益是指各种现实、世俗、功利上的"好处"，包括权力、地位、金钱、物质等种种有形无形、被生活中的人们称作"实惠"的东西。人们利用既有的和新开发的"差序格局"去获得利益。杨善华、侯红蕊（1999）则称之为"差序格局"的理性化趋势。李沛良（1993）更是以"工具性差序格局"的概念来说明这一特征：①社会联系是自我中心式的，即围绕着个人而建立起来；②人们建立关系时考虑的主要是有实利可图，所以，亲属和非亲属都可以被纳入格局之中；③从中心的格局向外，格局中成员的工具性价值逐级递减；④中心成员常要加强与其他成员的亲密关系；⑤关系越亲密，就越有可能被中心成员用来实现其实利目标。

传统的差序格局是从自我、扩展的家庭我出发向外推的过程，由于这一过程以血缘关系、亲缘关系、地域关系等远近亲疏来决定，是以伦理道德为基础的，这样一个外推的过程与"修齐治平"、家国天下的社会治理方向是相反的。牟宗三（2007）认为，儒家思想中对仁、智、诚的表现是一个向外推扩的过程，正因为向外推扩，才出现远近亲疏的层次观，由家庭的父母兄弟，推至家庭外的亲戚朋友，以至于无生命的一瓦一石，由亲及疏的层次井然不乱，依顺人情而不须矫饰。费孝通（1998）认为，《大学》中所说的修身、齐家、治国、平天下，讲的也是差序格局，差序格局与"修齐治平"在条理上是相通的，不同的只是内向和外向的路线，正面和反面的说法，在这种差序的推浪形式中，群己的界限是相对的、模棱两可的。同样，传统的差序格局在社会变迁中一定程度上被解构（章辉美、何芳芳，2007），或者经历了理性化过程（杨善华、侯红蕊，1999），工具性差序格局变化（李沛良，1993），现代社会的再生产（肖瑛，2014），都是在个体"脱嵌"这一特征下的表现，对于从个体向家庭延伸，进而迈向家国天下也是逆向的。

近年来，学者们对"差序格局"的讨论更加细致，不仅从社会心理的"差"的角度进入，而且从社会结构和社会秩序之建构即等级制传统"序"的角度进入，甚至"序"是形塑"差序人格"的结构性基础（肖瑛，2014）。吴飞（2011）认为，差序格局是个平面结构，只有一层层外推的波纹，人的每重关系，都在或远或近的一个圈上有它的位置。而要给国和天下一个位置，它们当然是很外面的圈。但《大学》中的"身、家、国、天下"不是一个平面结构，而是一个立体结构，比差序格局有更丰富的维度。

这样，从差序格局及其现代社会变迁后的社会关系形式出发，加上"身、家、国、天下"的儒家传统和礼治思想，如何进入有序的"个体、家庭、职场、社会、国家和天下"完整体系，如何真正以以人为本为基础探索与个体发展一致的社会发展途径，以民族认同、国家认同为基础，实现具有高度凝聚力的"个体－天下"连续体体系（见图1－2）是一个难题。社会心理建设就是寻找核心的认同和凝聚力机制，来作为一条实现社会治理的路径，分别从个体、家庭、学校、职场、社区、社会、国家和天下等不同社会场域着手，探究社会治理的问题和难点，探索心理学解决这些现实问题的方法，实现不同社会场域下社会心态的改善，达到社会治理的目的（王俊秀，2019）。图1－3为各场域开展社会心理建设的一些重要内容，社会心理建设的实践当然不限于这些，但这些内容是目前社会治理创新的重点工作。

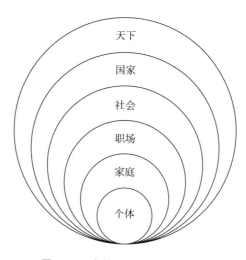

图1－2　个体－天下连续体体系

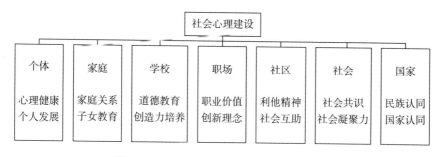

图1－3　各场域社会心理建设的重要内容

1. 个体的心理健康

社会心理建设从个体层面关注民众的心理健康及其影响因素，例如，美好生活需要对心理健康的影响。研究发现，国家社会和家庭关系的生活需要负向预测心理健康的消极方面，这说明，个体越重视国家社会的稳定、家庭关系的和谐，自身感受到的消极情绪越低。但是，个人物质的丰富，可能让个体感受到消极的情绪状态，因为丰富自己所拥有的物质生活，需要更加努力的奋斗、更好的工作机会，这些并不是轻易可以获得的，因此会使个体产生更加消极的情绪感受，会感到无望、对未来略带恐惧甚至有压力感。因而，可以通过帮助个体树立更宏大的人生目标，使其将焦点从个人物质需要转移到国家社会和家庭关系的需要上，从而改善个体的心理健康状况。

2. 家庭的亲密关系

家庭也是影响个体心理健康和社会心态的一个重要因素。然而，随着社会经济的发展，家庭结构呈现小型化的趋势，社会压力加大，手机等科技产品挤占着家庭成员相处的时间，改变了其沟通的方式，中国家庭关系受到越来越多因素的挑战，家人之间的"关系疏离"成了备受关注的社会问题。笔者调查了民众家庭亲近指数和婚姻满意度等指标，结果发现，可以通过有意识的亲近表达、提升家居空间的亲近感、强调重视家庭的价值观而非物质追求的价值观、家长以身作则等方式来增进家庭成员的亲密关系，并以家庭和家长为纽带减少道德推脱现象，提高个人内在品行。

3. 学校

学校是场域治理的重要途径。中小学的功能是"教书育人"，也就是通过教育手段使学生能够掌握基本的知识和技能，但是目前应试导向的教育在对学生创造力的培养上存在严重不足，不能适应新时期社会建设的需要。此外，学校教育也存在严重的只重视"教书"而不重视"育人"的倾向，忽视学生的意志、品德培养，造成一些学生在心理健康、思想道德、行为规范上存在问题。而且，教育的问题不光出现在中小学，高等教育也同样存在问题，在场域治理中要重视大学生的道德教育和价值观教育，培育社会需要的建设人才。

4. 创业心态

重点考察职场中人的创业心态，结果发现，创业者所占比例不高，但潜在创业者约占三成，主动创业者的比例为四成多，不同性别的创业者比例接近，年龄越大的创业者比例越高，不同受教育程度的被调查者中创业者和非创业者的比例除博士研究生外都很接近，博士研究生中创业者比例高达42.4%，外地户口、农村户口在创业者中所占比例高，创业者自认为成功的约占三成，非创业者认为成功的机会约有两成，影响创业成功的因素是个人能力和人脉经验，创新能力越强创业越成功，创业环境评价较低。

据此，政府应激发更多"新型创业者"，培育创业环境，激发创业动机，建立创业保障平台，降低创业风险，以万众创新作为大众创业的坚实基础，并培育良好的创业心态。

5. 社区建设

以北京市 A 区为例，考察社区的文明创建等建设对社会心态及其指标的影响。通过实例分析，认为相关部门可以通过如下方式从社区建设入手，进行社会治理。例如，积极组织和动员，依靠民间和社会组织的力量，不断提高民众参与比例，形成良好的社会互助氛围；通过提高生活满意度、提高社会认同来促进居民的社会参与；着力增强公益广告的宣传效果，用艺术的手法、丰富多彩的形式提高民众对公益和广告的关注度，避免单纯口号式、说教式的宣传，以情动人，以理服人，真正起到宣传的作用；在努力缩小贫富差距的同时，也要努力促进社会公平，降低那些认为自己属于底层或弱势阶层居民的比例等。

6. 城市认同

以城市为视角，重点考察民众的城市认同，结果发现，城市认同感的高低与城市的经济发展水平并不完全一致；老年人群体的城市认同感偏低；高学历居民城市认同感偏低；中等偏上收入水平居民有更高的城市认同感；城市的本地人口与外来人口在城市认同感上存在显著差异，本地人口的城市认同感更高。因此，城镇化进程中需要重视群体及文化的内部融合，城市的内宣工作不容忽视；人口红利逐渐消逝，须重视养老服务的基础设施建设及产业链规划运作；经济发展不应以市民幸福感为代价，须重视城市居住者的心理常态及匹配度。

7. 社会凝聚力

社会凝聚力也是影响社会心理建设和社会治理的一个重要因素，凝聚力高的社会成员间冲突更少，社会更和谐稳定，共同体意识更强，也更有利于社会发展。有研究从理论上分析了社会凝聚力的概念、构成与实现途径，认为社会凝聚力（或具有一定合作程度的社会）需要有多样的投入，政府政策只是一种投入。市民社会和支撑它的社会资本也是该系统的重要组成部分，同样的还有社会的制度、价值观念和文化资本。在实践和研究中，研究发现在社会凝聚力指标上体制内群体和体制外群体并无显著差异。无论体制内还是体制外，技术人员均高于管理者，个体工商户和自由职业者居中，且差异均不显著。这些结果显示，体制内外群体在对于社会状况好坏评价上和社会凝聚力指标上并无显著差异，这无疑非常有利于社会团结和社会凝聚，也有利于统战工作。

8. 国家认同

国家认同无疑也会影响社会心理建设和社会治理。研究发现，主观阶层与国家认同呈倒 U 形关系，主观阶层较低或较高的民众，国家认同较低。主观阶层通过社会支持感、获得感和流动感知的中介间接作用于国家认同。更高的自主表达、民主参与，人性化的后物质主义价值观对国家认同有弱化作用，但它促使人们更多采取一种基于理性的爱国行为，它通过救助他人的行为、对不良社会问题进行干预的方式，来表达自己的爱国情感和对国家的认同。因此，提高国家认同，政府应努力让民众感到有所依、有所得、有所获和有进一步上升的希望，引导民众加强社会参与，通过救助他人、帮助社会，来表达爱国情感和国家认同。

第二章

———◆———❦———◆———

社会心理服务体系建设的理论

第一节　政策逻辑、建构策略与基本内核：
多重整合的社会心理服务体系

一　政策逻辑与发展逻辑

　　党的十九大报告提出要"加强社会心理服务体系建设，培育自尊自信、理性平和、积极向上的社会心态"，由此，社会心理服务体系建设正式成为国家战略（吕小康、汪新建，2018a）。社会心理服务体系建设作为中央新的社会政策被纳入社会治理体系，但这一政策并没有得到进一步的阐释和解读。心理学界热烈欢迎这一政策的提出，但心理学界与政府相关部门对"社会心理服务体系"内涵的理解存在分歧，主要表现在对社会心理服务的定位的理解上。在字面上的疑问就是，"社会心理服务"是"社会的心理服务"，还是"社会心理的服务"，是面向社会的广泛的心理服务还是局限于社会心理学科方面的服务。辛自强（2018a）认为目前社会心理服务体系有三种不同的看法：一是"社会的心理健康服务体系"，二是"社会心理的服务体系"，三是"社会的心理服务体系"。第一种实质也归属于第三种，只是把心理服务理解为更狭义的心理健康服务。吕小康、汪新建（2018b）根据党的十九大报告英文版将"社会心理服务体系"翻译为 public psychological services，提出社会心理服务体系应该理解为"公共心理服务体系"，是政府提供的公共服务的一部分。

　　学者们从政策演变的脉络来寻找社会心理服务的定位（陈雪峰，2018；辛自强，2018a；王俊秀，2019），但目前中央文件中与社会心理服务相关的表述有两个脉络，一个是"社会心态"的脉络，另一个是"心理健康"的脉络，正是由于存在这两个脉络，人们对于社会心理服务体系产生了不同的理解。党的十八大报告和十九大报告强调社会心态培育，从"十五"计划开始，政府五年规划中连续出现"心理健康"的内容，到2016年的"十三五"规划，同时出现了"心理健康服务"和"健全社会心理服务体系"。2016年12月30日，国家卫计委等22个部门联合印发的《关于加强心理健康服务的指导意见》提出了"加强心理健康服务、健全社会心理服务体系"，这两种表述同时出现。2018年11月16日，国家卫健委、中央政法委、中宣部等十部委联合下发了《关于印发全国社会心理服务体系建设试点工作方案的通知》，要求试点地区建设社会心理服务模式和工作机制，要求到2021年底，试点地区逐步建立健全社会心理服务体系，但该文件中提出的具体工作指标全部是心理健康的内容。目前，全国社会心理服务体系建设实践工作也基本上是在心理健康层面展开，开展的是心理咨询、心理治疗、心理健康教育等活动。因此，一些学者认为，社会心理服务体系建设不应该局限于心理健康层面，而应该回到社会治理的层面，认为"社会心理服务"不等同于"治病救人"（辛自强，2018b，2019），应该运用心理学方法和技术解决社会治理难题（辛自强，2019），要突破个体心理的小视角而从社会心理的综合性视角（吕小康，2019）建设社会心理服务体系，这一体系"不仅仅包括心理健康服务，至少还应包括社会心态培育、共同体认同建设等应用社会心理的相关主题，形成'大心理'、'大应用'、'大服务'的生态链"（吕小康、汪新建，2018a），我们所要建设的社会心理服务体系不仅是心理健康服务体系，还是一种社会治理体系（王俊秀，2019）。

　　从以上的讨论可以看到，社会心理服务体系建设的两个脉络是以社会心态为主线，以心理健康为副线，虽然政府文件的表述强调了社会心态这条主线的重要性，强调了社会心理服务体系建设在社会治理中的重要地位，但是，目前的社会心理服务体系实践基本上是在副线展开的，原因在于社会心理服务体系建设是一个全新的课题，没有可资借鉴的先例和理论。

　　社会心理服务体系建设提出了四个核心问题：社会心理服务体系服务的目标是什么？服务的对象是谁？服务的内容是什么？如何服务？要回答

这些问题，仅分析政策演变的脉络是不够的，必须深入领会背后的政策逻辑和与之相一致的社会发展逻辑。党的十九大报告在不同部分的表述有着内在的逻辑关系，应该以这种逻辑关系为背景来理解和领会社会心理服务体系建设的定位。党的十九大报告的主题中提到"不忘初心，牢记使命"，并指出"中国共产党人的初心和使命，就是为中国人民谋幸福，为中华民族谋复兴"，"永远把人民对美好生活的向往作为奋斗目标"，这些表述明确了中国社会发展的目标，而这一目标也与世界范围内兴起的幸福发展观相一致，代表发展观念的回归，幸福作为人类的终极目标成为社会发展的目标达成共识（王俊秀，2011b），也就是说，民众的幸福就是社会心理服务体系建设的目标。党的十九大报告指出，"中国特色社会主义进入新时代，我国社会主要矛盾已经转化为人民日益增长的美好生活需要和不平衡不充分的发展之间的矛盾"，这一论述明确了社会治理的核心任务，通过充分的社会发展来满足全面建成小康社会后人民日益增长的美好生活需要，而人民对于美好生活的想象和需要的内容以及迫切程度存在相当的主观性和个体差异。通过社会心理服务体系建设可以更好地达成这一社会治理的目标，社会心理服务体系的服务对象就是广大的人民群众。党的十九大报告指出"使人民获得感、幸福感、安全感更加充实、更有保障、更可持续"，这可以理解为社会治理目标的实现路径，通过不断提高安全感、获得感和幸福感来满足人民美好生活的需要，而安全感、获得感和幸福感是心理学长期关注的研究课题（傅小兰，2017），这些研究也进入经济学、社会学、政治学和公共管理等领域，成为政府社会治理工作的重要参照。但在新时代如何提高安全感、获得感和幸福感依然是一个需要持续探索的课题，使人民群众具有较高的安全感是社会平稳运行的基础，安全感是个底线，是提升获得感和幸福感的基础，幸福感在一定程度上是不断积累的获得感，持续的获得感会带来幸福感的提升，是持续幸福感的保证（王俊秀、刘晓柳，2019）。心理学界可以在这一定位下在社会心理服务体系建设实践中发挥积极作用，心理学界必须回答如何建构社会心理服务体系，如何完善社会心理服务体系，如何实现社会的善治。

二 多重整合的社会心理服务体系建构策略

社会心理服务体系建设是心理学面临的从未有过的挑战。首先，这一挑战是对心理学化约主义的挑战，心理学的原子化过程使得心理学丧失了面对整体性社会问题的能力（格兰诺维特，2019），需要在方法论上进行调整。其次，虽然心理学已经逐渐发展出数不清的学科门类和应用领域，心理学与社会治理相关的研究成果不胜枚举，但心理学的这些成果是碎片化的，缺乏对社会治理本身的整体性研究，这是摆在心理学界面前的难题。最后，心理学的研究主要关注的是个人特质和情境因素（Ross & Nisbett，2011），而社会心理服务所要面对的是更为宏观的社会层面，这基本上是超越心理学或者社会心理学的分析层次（王俊秀，2014b），亟须突破。虽然心理学分为基础心理学和应用心理学，但是应用心理学面对的是一个专门的领域，作为社会治理的社会心理服务体系需要提供的是综合的解决方案。因此，社会心理服务体系建构的策略必然是从个体到社会的研究视角、从基础到应用的学科体系和从理论到实践的多重整合。

（一）研究视角的整合

社会心理服务体系建设的目标是人民的幸福，这里的幸福与心理学中个体性、主观性的幸福的意义不完全相同，更强调客观的、社会层面的幸福，社会学、经济学和公共管理领域多采用幸福指数来测度人民的幸福，幸福指数测量的指标体系中既包括客观的指标，也包括主观的指标（王俊秀，2011a），因此社会幸福的测量其实是对于社会环境的测量，社会幸福的实现思路就是不断改善社会环境。按照桑德斯（2005）的观点，"社会制度不能使人们幸福，无论何种社会制度，所能做的只是提供一些条件，在这些条件下，个体能够追求幸福"。但是，国内外的经验发现，社会经济状况的改善并不必然带来幸福社会，心理学所关注的个体主观的幸福具有重要意义（王俊秀，2011b）。

心理学研究的幸福是个体层面的，最常见的是主观幸福感，常常通过情绪和社会认知来对个体幸福感进行测量。要提升个体幸福感就要涉及影响个体幸福的因素，现代科学心理学被定义为对行为的研究（津巴多等，2016），而影响行为的是情境还是性情因素一直存在争议，分属于情境论和性情论，分别强调情境因素和性情因素对行为的影响（Ross & Nisbett，2011；霍顿，2013）。按照情境论的观点，个体的幸福完全是由环境决定的，而按照性情论的观点则不同意将个体看作一块白板，强调人的遗传、生物因素和人类进化过程中的先天性情（predisposition）的作用，对于个体幸福更强调个体因素的影响（霍顿，2013）。尽管许多心理学家意识到情境论和性情论的局限性，人的心理和行为是由这二者共同决定的，但心理学家的研究视角很少是整合的，或者倾向于情境论，或者倾向于性情论。而心理学研究中的情境虽然经常被作为社会环境来提及，但一般都是局部性的环境，时间上是阶段性的，并不是真正意义上的社会环境。因此，心理学研究和应用不仅要整合个体、情境的研究视角，还要把研究的视角延伸到社会的层面。

一些社会心理学家也试图从个体、情境和社会整合的视角来研究社会心理和行为。英国学者波尔（Burr，2002）提出了两种模型，一种认为人是个体性存在的"内在心理模型"，另一种认为人是关系性存在的"人际与社会模型"。前者认为人具有自足性、先在性、整合性、一贯性，也就是认为人是先于社会而存在的，其心理与行为倾向通常具有一致性，是动机与认知综合的存在；后者认为人具有人际互依性、社会嵌入性、情境依存性。他认为由"内在心理模型"转向"人际与社会模型"是社会心理学发展的趋势，应该打破个体与社会二分的思维模式，辩证地理解和把握个体与社会的关系，既要看到个体积极参与建构社会的能动性，又要看到个体为社会所制约的被动性（张曙光，2019）。这种人际与社会模型强调人际的相互影响，强调人受情境的影响，强调人的行为的社会嵌入性，实质上波尔所讲的社会并不是社会心理学研究的内容，其依然是作为社会心理的环境和背景存在的，并没有真正实现社会层面的整合。

面对社会心理服务体系建设，心理学要面对更加宏观的社会问题，即使是心理学体系中最为宏观的社会心理学，也需要把传统的学科边界扩展到更为宏观的社会现实（王俊秀，2018c）。社会心理学家威廉·杜瓦斯（2011）把社会心理学研究分为个体内、人际和情境、群体内和群际四种分析水平，其中，个体内水平主要关注个体认知和对社会环境的评价；人际和情境水平关注特定情境中的人际过程；群体内水平关注不同社会位置对特定情境产生的影响；群际水平是意识形态水平，关注社会成员的信念、价值观和规范。社会学的分析水平要比社会心理学更为宏观，社会学家乔纳森·特纳（2009）把社会现实分成三个水平，分别是微观水平、中观水平和宏观水平，微观水平是指人际互动；中观水平是社团单元和范畴单元，社团又分为组织、社区和群体，范畴则是指年龄、性别、种族等社会区分；宏观水平则分为体制领域和分层系统，以及更为宏观的国家及国家系统。对比这两个学科的分析水平，社会心理学的群际水平对应社会学宏观水平的体制领域和分层系统，在社会心理学的分析水平中即使最为宏观的群际水平也无法对应社会治理的层面，面对作为社会治理的社会心理服务体系建设，应该把传统社会心理学的学科边界扩展到国家层面，实现微观、中观和宏观三个分析水平的整合。斯达纽斯和普拉图（2010）的社会支配理论把理论分为从微观到宏观的心理学模型、社会心理学模型、结构社会学模型和进化论模型。心理学模型和社会心理学模型是通过人格变量、认知过程或具体社会情境来解释现象；结构社会学模型则是从现实群体对物质资源和符号资源争夺的角度来解释社会现象；进化论模型则从群际竞争、内群合作和协调等行为来解释人类现象。这一理论的主张也是希望通过从微观到宏观的理论整合来全面深入理解从个人、人际、群体到整个人类社会的运行，是值得借鉴的思路。

（二）基础学科和应用学科的整合

经过 100 多年的发展，心理学已经形成一个庞大的学科体系，心理学可以分为基础心理学与应用心理学两大部分，这两大部分又各自分化、衍生出许多分支学科。通过《中国图书馆分类法》心理学文献的分类可以粗略看出心理学的基本轮廓。主要的基础心理学包括：理论心理学、普通心理学、实验心理学、认知心理学、生理心理学、人格心理学、发生心理学、发展心理学、社会心理学等。主要的应用心理学包括：教育心理学、医学心理学、工业心理学、商业心理学、法律心理学、军事心理学、咨询心理学、环境心理学等。以工业心理学为例，包括管理心理学、工程心理学、劳动心理学、人事心理学和安全心理学等；法律心理学则包括立法心理、普法教育心理、司法心理、矫正心理、民事诉讼心理、侦查心理、预审心理、审判心理、犯罪心理、证人心理等（张琴，2009）。心理学应用领域广泛，这是社会心理服务体系建设重要的基础，也是目前社会心理服务体系中最为成熟的部分（王俊秀，2019）。如果考察现有心理学研究文献与社会治理的关系，基本可以分为两大类：第一类的内容可以归属于社会治理范畴，如公平感的研究；第二类是关于社会治理本身的研究，这类研究又分为对某一人群或者某种心理特点的研究和社会治理的综合研究（王俊秀，2017a）。心理学分支学科中，相对比较成熟，可以应用于社会心理服务的很多，包括一些形成较为完善的体系的学科，如心理健康相关学科、法律心理学相关学科、发展和教育相关学科、商业管理相关学科等。也包括近些年发展迅速的分支学科，如社区心理学、军事心理学、航空心理学、运动心理学、环境心理学、传播心理学等。加上社会心理学、人格心理学等基础学科，这三类学科可以对社会心理服务体系建设起到有力的支撑，在个体心理健康、人际和家庭关系和谐、组织和群体管理、青少年教育和成长、社会安全防范、社区和环境营造等领域都发挥着重要作用，构成了社会心理服务体系的重要内容（王俊秀，2019）。虽然心理学庞大的学科体系可以作为社会心理服务体系建设的基础，但是面对更为广阔的社会治理实践需求，心理学需要以服务社会治理为目标，整合基础学科和应用学科的成果，逐渐满足社会心理服务体系建设要求（王俊秀，2019）。

（三）研究和实践的整合

社会心理服务体系建设的重心在社会实践。社会心理服务体系建设的实践可以分为微观、中观和宏观三个层面，微观层面的社会心理服务体系建设是依据现有心理学体系，不断扩展心理服务内容和心理服务对象；中观层面则是社会心态培育和社会治理；宏观层面是实现幸福社会（王俊秀，2019）。在微观层面上，应用心理学领域有许多实践性很强的学科，如临床心理学和心理咨询，但心理学更多的分支学科实践性并不强，这与长期以来心理学界重学术研究轻社会实践有关。与中观层面的社会治理相关的心理学领域更是如此，其中一个原因就是心理学的研究主题和理论追随西方学者，失去了与中国社会现实的关联性（俞国良、谢天，2015），很少有人从国内社会现实问题中提出问题、提炼概念、发展理论，并面对和解决现实问题（王俊秀，2014a）。因此，要改变心理学各学科普遍存在的重学术研究轻成果应用和知识普及的局面，在鼓励学术研究的同时也要注重学科知识的普及和成果的应用，培育应用人才，不断提高各心理学分支学科服务社会大众及服务行业、领域的能力（王俊秀，2019）。中观层面的社会心理服务体系建设实践有两条路径，第一条路径是社会心态培育，通过心理服务努力培育健康的社会心态，结合我们以往社会心态研究的五个方面，分别从社会需要、社会认知、社会情绪、社会价值观和社会行动（王俊秀，2014a）上分析和解决社会问题，借助于心理学方法和措施达到社会心态培育的目的。第二条路径是社会场域治理，分别从个体、家庭、学校、职场、社区、社会、国家和天下等不同社会场域着手，探究社会治理的问题和难点，探索心理学解决这些现实问题的方法，实现不同社会场域下社会心态的改善，达到社会治理的目的（王俊秀，2019）。

宏观层面上的社会治理实践首要的就是参与社会治理政策的制定。党的十九大报告提出社会心理服务体系建设，以及之前反复提到的关于社会心态培育的要求，这意味着心理学进入国家核心社会政策，心理学与经济学、法学、社会学、公共管理等学科一样参与综合社会治理工作。随着学科门类和研究领域的不断发展，心理学已经深入社会的各个领域和人们生活的方方面面，心理学的研究成果可以为改善人们的生活和改善社会环境做出贡献。任何社会政策的出台都会影响到人们的生活，影响到人们的心理和行为。政策能否满足公众的心理需要，是否具有合理性，是否能够顺利执行，能否产生预期的社会效果都需要心理学的参与（罗清旭、杨鑫辉，2001）。美国心理学协会很重视将心理学引入社会政策等重大社会问题，1988 年首次颁发每年一度的公共政策研究杰出贡献奖，心理学家参与政府政策制定的呼声便越来越高（李晓明等，2014）。心理学在经济、教育、医学、环境、健康和幸福等方面发挥着越来越重要的作用（杜丹，2017）。将心理学的成果转变为政策问题是心理学政策研究中最为活跃的领域，通过心理学的研究发现社会政策的死角，揭示心理学研究的公共政策含义，唤起社会政策制定者、决策者及社会各方面对政策现象心理层面问题的重视，把心理学研究与公共政策的制定结合起来，促进公共政策的发展，美国心理学家在心理学与公共健康政策、心理学与司法政策、心理学与环境保护政策、心理学与社会保障政策等方面都已进行了大量的工作（罗清旭、杨鑫辉，2001），国内心理学界也应该努力去做。

三 社会心理服务体系的内核

在宏观层面上，社会心理服务体系建设的目标是探索与个体发展相适应的社会发展途径，通过社会心理服务体系建设探索社会认同和社会凝聚机制，建设健康社会、幸福社会（王俊秀，2019）。这一过程是从满足个体需要出发最终实现社会需要的满足，从追求个体幸福出发最终实现幸福社会，从个体发展出发最终实现社会发展，这一从个体到社会的路径应该以社会心理学为核心，通过社会心理学来整合心理学学科体系。虽然社会心理服务体系不是"社会心理"的服务体系，但在其中社会心理学无疑居于最核心地位，是整合心理学科与社会治理实践的重要"内核"。社会心理学的内核作用是由社会心理学在心理学学科体系中的地位决定的。有研究者（Boyack et al.，2005）通过文献分析发现心理学处于科学体系的枢纽位置（hub science）（Cacioppo，2007）。之后，有心理学家对 1970～2009 年 40 年间美国心理学协会 17 个心理学分支学科的学术期刊进行多维尺度分析，结果发现社会心理学处在心理学两个维度的中心（heart of psychological knowledge），这两个维度分别是基础和应用，以及特定人群和一般人群（Yang & Chiu，2009）。社会心理学在整个心理学知识体系中起着整合、包容的作用，既重视理论抽象与普适性，同时又离不开具体现象与特殊性（俞国良、谢天，2015）。社会心理学也是社会学领域和心理学领域的桥梁，有学者主张回到社会学的社会心理学，把社会学的研究取向带入社会心理学（罗哈尔等，2015）。这一主张对于丰富社会心理学的研究内容，扩展社会心理学的学科边界具有重要的意义，也是发挥心理学社会治理作用的必然途径。

与心理学的社会心理学（Psychological Social Psychology）强调个体与情境不同，社会学的社会心理学（Sociological Social Psychology）强调社会力量对个体生活的影响。社会学的社会心理学通过三个视角来看社会力量对个体生活的影响，第一个视角是符号互动论，第二个视角是社会结构和个性，第三个视角是群体过程。符号互动论的观点认为在社会建构中个体是主动参与者，人们通过与他人的互动创造意义并指导自己的行为，不断创造社会。社会结构和个性强调较大社会结构如何影响个体的过程，地位、角色、社会规范和社会网络等是社会结构的组成部分。群体过程视角关注群体环境下社会进程如何运行，关注的核心内容包括权力、地位、公平和合法性等。社会心理学要真正成为社会心理服务体系中的内核就一定要进行学科自身的完善，也就是要进行多重整合，包括社会学的社会心理学和心理学的社会心理学的整合。心理学的社会心理学的学科体系无论在分析层次上还是在关注的问题上都无法满足这一要求，在分析层次上，心理学的社会心理学还没有达到社会治理的宏观层面。社会学的社会心理学强调个体在社会建构中的作用，强调人际互动的意义，强调社会结构对个体的影响，强调群体过程，更利于理解社会治理的机制和过程，从个体能动性、人际互动到群体过程的综合研究直接关系到从个体到社会的社会建构过程，更容易理解从个体需要满足到社会需要满足，从个体幸福到社会幸福，从个体发展到社会发展的过程。

社会心理服务体系建设作为社会治理的环节，是一个社会建构的过程，也是社会发展的过程。而发展是社会科学的核心研究议题，许多学科很重视这一议题，关于发展的分支学科有发展社会学、发展经济学、发展理论等，但心理学中很少有关于社会发展的研究和讨论（王俊秀，2016）。社会发展与社会心理有着密切的关系，由社会学的社会心理学思想可以看到，个体不仅受社会发展的影响，也推动着社会发展。发展心理学重要奠基者皮亚杰和维果茨基都认为心理学也要面对现代性问题、人的发展问题，不能仅从个体角度去思考和研究，要关注从"原始"精神生活到"文明"精神生活，从前理性和集体思维到个体与科学思维（王俊秀，2016）。社会学家韦伯在《新教伦理与资本主义精神》中探讨了资本主义产生的根源，认为资本主义起源的先决条件是新兴企业家和新型工人的"资本主义精神"的产生，在韦伯这种观念和意识对社会和历史演进作用思想的影响下产生了后来的两种发展研究路径，分别是文化路径和心理路径，英克尔斯（Alex Inkeles）的"人的现代化"理论、麦克莱兰的"成就需求"理论和哈根（Everett Hagen）的"创新性人格"理论都是这一心理路径的产物（王俊秀，2016）。英克尔斯和史密斯（1992）认为"当现代性深入大多数国民的性格中去时，现代的态度、舆论、行为就会变成一种巨大的内在推动力"。麦克莱兰认为，人类的需要不是生理性的而是社会性的，在生存需要基本得到满足的条件下，人的最基本的需要是成就需要、亲和需要和权力需要，其中成就需要的高低不仅对人的成长和发展起到特别重要的作用，而且对于社会来说，经济发展总是起源于成就动机的前期扩散（McLelland，1967）。经济学家哈根认为创新性人格是经济增长、企业精神扩散和资本形成的先决条件（什托姆普卡，2011）。作为社会治理实践的社会心理服务体系建设就是在引导和建构这样的影响社会发展的心理环境，从这个意义上讲，社会心理服务体系的建构需要在社会心理学的基础上逐渐形成新的学科思想——社会发展心理学（Psychology of Social Development）的思想和学科体系建构，来实现多重整合学科体系和社会治理实践的使命。

第二节　社会心理服务体系建设与应急管理创新

一　应急管理的发展

应急管理工作是指中央及地方政府，以及相关的公共机构在预防突发事件的发生，应对和处置突发事件过程中，和突发事件处理的善后过程中，动员各方力量所采取的一系列必要措施，在这一过程中采取科学的、合理的管理方法，达到减少事件消极影响，保护人民生命和财产的安全，维护社会稳定，促进社会和谐发展的各种活动。我国的应急管理不断发展，应急管理能力不断增强，特别是经历了2003年"非典"后，政府应急管理工作的理念发生了较大的变化，系统推进应急管理预案，加快了应急管理的法制化进程，加强了应急管理的体制和机制建设。2008年国家开始启动以"一案三制"为核心的应急管理体系，这一体系在应对2008年汶川地震、南方雪灾和2013年雅安地震等重大灾害事件中发挥了重要作用，得到了实践的检验。

二 新时代综合应急管理体制的建立

党的十九届三中全会通过的《中共中央关于深化党和国家机构改革的决定》提出了国家应急管理体制的新构想，提出了要加强、优化和统筹国家应急能力建设的目标，确定了要建立统一领导，权力和责任明确一致的，高效应对突发事件的，具有更高权威、更高应急能力的国家应急管理体制。明确了建立新的应急管理体制的目标是防范和化解重大、特大风险，健全国家公共安全体系，从而提高安全生产保障能力和公共安全维护能力，提高防灾、减灾、救灾能力，实现维护人民群众生命和财产安全及维护社会稳定的根本目标。中华人民共和国应急管理部的组建，按照"9+4"模式，整合了13个部门的应急管理职责，新成立的应急管理部将原来分散在不同部门的地质灾害防治、抗震救灾、防汛抗旱、安全生产管理、消防救援等职能整合，构建统一领导、权责一致、权威高效的防范和化解重特大安全风险的国家应急管理体系。

三 社会治理格局中的应急管理体系

应急管理体制的改革体现了党的十九大报告中"打造共建共治共享的社会治理格局"的思想，党的十九大报告中关于"共建共治共享的社会治理格局"从五个方面进行了阐述，第一个方面是关于社会治理的制度建设，强调了以"党委领导""政府负责""社会协同""公众参与""法治保障"为要点的社会治理体制，以提高社会治理的社会化、法治化、智能化、专业化为目的；第二个方面是预防和化解社会矛盾及处理人民内部矛盾，强调了安全发展理念的重要性，提出生命至上、安全第一的社会治理思想，重点工作包括公共安全、安全生产和遏制重特大安全事故，提高防灾、减灾、救灾的能力；第三个方面是社会治安防控，提出要依法打击"黄""赌""毒""黑""拐骗"等对社会危害性强的违法犯罪活动，保护人民群众的人身、财产、人格权利；第四个方面是社会心理服务体系，强调培育良好社会心态的重要性；第五个方面是社区治理，强调要做好基层的社会治理工作，要重视发挥社会组织的作用，真正实现政府治理与社会调节、居民自治的良性互动。应急管理体制和体系与社会治理的五个方面都有着内在的联系，应急管理体系的核心工作隶属第二个方面的预防和化解社会矛盾及处理人民内部矛盾，也与第三个方面中的社会治安防控密切相关，这些社会治理的核心工作对新时期的应急管理工作提出了很高的要求，因此，在新时代国家安全战略和风险社会治理的大背景下，应急管理体系是社会治理格局下的社会治理体系。

四 面向社会需要满足的新时代应急管理机制

应急管理创新体现在应急管理的体制和体系上，要从社会治理的整体性和系统性出发，关注新时期社会治理面对的基本矛盾和问题，体现"共建共治共享"的社会治理思想。也就是要从国家层面整合公共资源和社会力量，来完善应急管理体制。"共建共治共享"思想中"共"的核心是社会参与，应急管理体系的建设和有效运行离不开社会的参与，其目标是服务于社会。要调动社会力量的参与就应该理顺应急管理机制，发挥民众的主动性和积极性。党的十九大报告指出，中国特色社会主义进入新时代，我国社会主要矛盾已经转化为人民日益增长的美好生活需要和不平衡不充分的发展之间的矛盾。伴随着经济社会的转型，新的社会矛盾和问题不断涌现，其中，民众的风险意识增强，民众的安全需要日益增长，这对社会治理及应急管理提出了新的、更高的要求；同时，民众的需要也会成为民众参与的动力。应急管理机制的建立就要发挥民众参与的积极性，应急管理工作要与"加强社区治理体系建设"相结合，发挥社会组织的积极作用，鼓励居民参与应急管理工作，特别是应急管理的预防环节更要调动社会力量的参与。在风险社会下，人们的风险意识不断增强，表现为人们对于安全的焦虑感上升、安全感下降，在满足民众安全需要的同时，提高民众安全感也应该纳入新时代应急管理工作。也就是既要积极创造条件改善民众的生活环境，改善公共安全状况，也要满足民众基本的心理需求，因此应急管理机制的建立也要与"加强社会心理服务体系建设"相结合，培育良好社会心态。

由此可以看到，应急管理创新就是社会治理的创新，应急管理是社会治理体系中的重要内容，与社会治理的各个方面密切相关，应急管理工作不能与社会治理工作相割裂，要理顺各方面的关系；理顺应急管理体系的关键是建立应急管理机制，调动公共资源、专业队伍和社会力量，协调自然、社会和心理层面的因素，保障应急管理体系的高效运行。

五　社会心理服务体系建设与应急管理工作相结合

（一）应急管理与安全感提升

应急管理部整合原分散在 13 个部门的应急管理职能，实现应急管理职能的静态和动态的统一，完成自然灾害、事故和突发事件应急管理职能的统一。应急管理由原来的协同管理形式，改变为包含了议事协调、办事机构等的综合管理职能，使得政府应急管理职能实现了从应急状态进入常态的动态职能转变。因此，社会治理格局下综合应急管理不仅要做好传统应急管理中的减灾和救灾、地质灾害防治、抗震救灾、防汛抗旱、安全生产管理和消防救援等非常态时期的、专业的应急管理工作，也要做好非常态的社会安全和风险治理工作。民众安全感也将是衡量应急管理工作的重要指标。这就与社会心理服务体系建设的目标统一起来了。

安全感是社会心态的重要指标，是社会大众在一定社会环境下对于不确定性和不安全的感受，因此安全感更多的是在强调不安全感。维尔（Vail，1999）认为，安全感或不安全感可以从个人、经济、社会、政治和环境等几个方面来描述，每个方面都像光谱的两极，分别代表安全和不安全。个人安全感是对健康、充足的食物、家庭、工作场所和社区等环境的安全感受；经济安全感包括金融安全、工作安全、个人财产权利、土地使用和个人投资方面是否受到保护；社会安全感强调的是对政府提供的最低生活保障等社会保障水平的感受；政治安全感包括公共秩序是否得到保障、政治组织的合法性是否能得到保护、国家安全与否等；环境安全感主要是指社会成员与自然环境之间相互作用产生的安全或不安全的感受。

根据中国社会科学院社会学研究所"中国社会状况综合调查"2006年、2008 年、2013 年和 2015 年获得的安全感数据，许多研究表明，影响民众安全感的是那些日常生活中的风险。分析历年各项安全感得分发现，食品安全感是各项安全感中得分最低的，信息与隐私安全感在 2006 年是得分最高的，但到了2013年就已经下降明显，和交通安全感接近，排在第三低的位置。人身安全感和财产安全感在历年的调查中都处在较高的水平，自2013年开始调查的环境安全感得分不高。最近10多年，反映社会治安状况的人身安全感和财产安全感得分较高，这是政府部门强力推进社会治安综合治理、网格化管理取得的成效。总体来说，全国的医疗安全感和劳动安全感得分有所提高，但不时发生的医患纠纷和医疗卫生事件使人们的安全焦虑难以消除，安全感的进一步提升较难，甚至会出现反复。应该以风险事件处理为契机，完善医疗卫生制度，提高医疗卫生管理的信息化、智能化水平，确保各环节的有效监督和可回溯，明确管理责任，重视舆论监督和其他社会监督，防范可能的风险，通过信息的公开透明消除群众的不安全感。多年来，食品安全问题使民众的食品安全感不断下降，空气污染使人们的环境安全感下降。关注社会安全感的特点和变化，研究社会安全感低的原因，并通过社会治理来解决社会安全感反映出的社会问题，努力提升安全感，这是社会心理服务体系建设的内容，也是应急管理的常规工作。

（二）应急管理与风险治理

灾害预防、突发事件预防、灾害救援、事故救援、公共安全事故预防及处置和社会稳定等工作都属于风险治理，风险治理需要面对风险认知、风险管理、风险沟通等方面的问题。社会上存在不当的风险认知，这是许多社会风险的根源，也是风险治理必须首先要面对和解决的问题。我们进行的一项风险认知调查发现，人们认为最危险的五种风险源的危险程度由高到低排序分别是核泄漏、毒气泄漏、战争、燃气爆炸、核武器，排在之后的分别是传染病、恐怖袭击、地震、癌症和交通事故等。这表明，人们对那些对群体生命伤害大，但发生概率并不高的风险源更加关注，反而会忽视那些频繁发生的、对个体生命威胁更大的风险源。人们会本能地躲避危险，但却常常忽略风险，而风险不同于危险，风险是危险发生的可能性，每个人受教育程度不同，所拥有的与风险相关的知识和经验不同，接触道德风险信息不同，都会影响个体对风险的判断，使得许多高风险被忽略。在公共管理上也存在忽视风险的情况，重视灾害救援、事故应急，在这些方面政府可以紧急拨出专款，但在防范风险方面常规预算常常不足。在风险治理上要转变观念，真正做到"防患于未然"，以小的风险防范经费支出来节约大的事故应急经费。

在现代社会中，人们对许多风险认知不足，其中一个原因是风险事件是通过不同媒介传播的，这个过程被称为"风险媒介化"。在传统社会中，人们的风险意识主要来自个人或周围人的经验，但现代社会中人们的风险认知、风险判断和对风险的焦虑主要来自大众媒介。风险媒介化的过程中会出现风险信息的失真，表现为风险媒介化过程中释放了错误的风险信息或知识，或者风险媒介化过程中的风险信息不足或某些风险信息缺失，这样就会产生新的风险。上海外滩踩踏事故就是由风险媒介化过程中信息不足造成的，同样的还有北京"7·21"特大暴雨引发的灾难。这些重大灾难之后，应急管理部门开始吸取教训，如今在特殊气象条件下，市民会收到风险预警信息提示短信，在一些重要活动举办前也会提前通过各种媒介发布公告，充分的风险信息起到了预防事故发生的有效作用。人们的风险认知过程是非常主观化的，不同的个体对相同的风险信息会表现出不同的态度和行为。风险知识和经验决定了人们对于风险的应对能力，许多人对新的风险缺乏了解、没有经验，面对新的风险时就没有正确的判断能力，可能出现两种情况，或者把风险放大，或者低估风险。对此，德国社会学家、风险社会理论的提出者贝克（2004）指出，风险社会是知识依赖的。因此，应急管理的常规工作应该是通过专业机构来排查风险，编制风险认知地图，指导民众进行风险防范，提高社会的风险认知及风险防范和应对能力。

（三）应急管理相关的心理学应用

心理学经过一百多年的发展已经发展出众多的门类，应用于众多领域，也有许多与应急管理相关的研究成果，这些也是社会心理服务体系的重要内容。

风险感知（risk perception）是风险研究中重要的一个视角，与风险社会理论、风险文化理论一起成为风险研究的核心内容。风险感知是人们对特定风险的特点和风险的严重性做出的主观判断，是公众心理恐慌的重要测量指标。保罗·斯洛维奇（2007）发现人们对风险发生概率的估计与实际事故率只有中等程度的相关，而不同群体估计风险呈现高度一致性。斯洛维奇把心理测量的范式运用于风险感知的测量，获得了大量的测量数据，对于认识人们的风险感知状况起到非常重要的作用。斯洛维奇的多维度风险特征测量方法是一种创新，对心理测量原理的发展做出了贡献，同时开辟了风险认知研究的新领域。多维度风险特征评价是基于各类不同风险的特异性而设计的，对于界定和分析不同种类风险事件的特性具有独特的作用。斯洛维奇对风险特征维度的测量使用了二级指标的评价，要求被调查者在各个风险特征项目上给出多个风险因素的评价，在大家的评价基础上建构出风险认知地图。依靠风险认知地图就能够比较直观地看出不同风险因素的位置和性质，为风险研究和政策制定者提供了一个有效的风险认知评价工具。风险感知的心理学研究揭示了影响个体对风险预测和评估的背景因素，如可怕性、事件的自愿性、控制风险的个人能力、对风险的熟悉程度、伴随的恐惧和毁灭性潜能等。而风险感知的社会学分析对影响风险的社会、文化和组织因素进行了揭示，例如，风险承担行为或技术的态度的形成和变化，风险收益分配的公正性，风险解释的社会建构中知识获取、文化价值、社会利益等因素，对科学和政治精英的信任等。

国内心理学界利用心理学既有的学科体系提出安全心理学的框架，希望从工业心理学、管理心理学、环境心理学和工程心理学相结合的角度进行安全心理的研究和应用，重点研究事故发生过程中人的心理活动特点和规律，研究意外事故发生时人为因素如疲劳、情绪波动、注意力不集中、判断错误、人事关系等的作用，探讨减少和避免事故的心理学方法。

灾难的心理学研究出现比较早，最早可以追溯到 20 世纪 50 年代后期，芝加哥大学全国民意研究中心和美国国家科学院灾害研究中心先后对受灾者的个体反应、群体反应、心理卫生进行了大规模的调查分析。1963 年，俄亥俄大学的美国灾害研究中心成立，其研究领域逐渐扩及角色调整、群体组织、避难行为、救灾士气、救灾决策等方面。70 年代后，科罗拉多大学行为科学研究所又着手对灾害预警系统、社会保险、社区反应、适应策略、高危技术的社会反应、心身影响和灾害预测等进行了大量的实验研究。美国国家心理卫生署从 20 世纪中期开始制订针对灾难受害者的服务方案，资助重大灾难社会心理方面的研究。到 20 世纪 70 年代末完成了《灾难援助心理辅导手册》，这是对灾难的心理援助的指导性文件。英国 1987 年的翻船事件发生后也出现了心理援助组织，对灾难经历者进行面对面的心理咨询和电话咨询，以及长期的心理辅导。1986 年新加坡发生了新世纪酒店倒塌事故，心理学专业人员对幸存者进行了心理救援和危机干预，之后，1994 年新加坡建立了国家应急管理系统，为灾难受害人群提供心理服务。如今，国际上对灾后心理援助越来越重视，许多国家建立了国家级的灾难心理干预中心，或灾难心理研究中心。灾难心理学逐渐形成一门心理学的分支学科，其是由灾害学、社会心理学、组织行为学和临床心理学等学科交叉形成的新兴学科。灾难心理学产生的一个重要标志是 2006 年一些心理学家共同出版了《国际灾难心理学手册》。2008 年汶川地震发生后，许多心理学家赶赴灾区进行心理援助，这一灾难推动了国内灾难心理学的发展，国内心理学家也出版了《灾难心理学》。《灾难心理学》不仅介绍国外灾难心理学研究的起源、发展和趋势，也介绍了灾难心理学的基本理论、研究方法和实践。几十年来，国内外心理学界致力于推动灾难和重大突发事件的心理救援。面对地震、台风、海啸等自然灾难，以及恐怖袭击、战争等人为灾难，一些发达国家在灾难和突发事件应对中的心理援助体系日渐完善，在国家预防灾害的法律法规中明确规定了灾难中心理援助的内容，把应急管理的心理援助列入应急预案，不仅开展应急状况下的心理援助，也开展灾后持续的心理援助。

建设社会心理服务体系是目前政府部门、学术界、社会各界需要共同探索的课题。社会心理服务体系是社会治理体系中的核心内容之一，是联结心理学学科体系与社会治理体系的中介和桥梁，是百年来心理学成果在社会治理中的应用，要做到应用心理学的体系和社会治理实践的双向完美契合。把社会治理体系与心理学的体系相结合，把心理学的原理、方法，创造性地运用于社会治理实践在中外学术史上没有太多可借鉴的经验，需要进行社会治理理论、实践和心理学理论、应用相结合的探索。同样地，社会心理服务体系如何服务于应急管理工作也需要心理学界和政府部门进一步探索。

第三章

社会心态现状

第一节 社会心态研究 30 年：回顾与展望

从 20 世纪 70 年代改革开放开始，中国社会经历了快速的发展和变迁，社会科学研究也始终伴随这一历史进程，中国的社会心理学在经历着心理学重建的同时也开始逐渐贴近这一社会的转型和变革，突出的反映就是 1986 年前后社会心态研究开始出现，经历了 30 年的发展，到 2016 年社会心态研究已经初步形成一种社会心理学研究的范式，并在理论和实践应用上不断积累，取得了较大的成就。本节将对中国社会心态研究 30 年的发展历程进行简要回溯，对中国社会心态研究范式进行分析，也将基于以上分析对中国社会心态研究的未来走向做出判断。

一 社会心态研究的进程

2016 年 10 月，笔者以"社会心态"为关键词在中国知网进行检索，共得到相关文献 4648 篇，从图 3-1 可以看出，这些文献从 1986 年开始出现，开始的阶段每年仅有几篇，慢慢增加到每年几十篇，经过 20 年的时间，上升到了 100 多篇，之后开始快速增加，到高峰时每年社会心态研究增加到了 500 多篇。如果加上其他形式的出版物，30 年间社会心态研究已经积累了大量的研究成果，有必要对这一研究领域的文献进行回溯和梳理，从而进一步理解社会心态研究的发生、发展，总结社会心态研究范式的得失，以利于社会心态研究的深入。从 1986 年社会心态研究的出现到 2016

年，社会心态研究基本上经历了三个阶段（每 10 年为一个阶段）：第一个阶段是 1986～1995 年，是社会心态研究的起步阶段；第二个阶段是 1996～2005 年，是社会心态研究的积累阶段；第三个阶段是 2006～2016 年，是社会心态研究的崛起阶段。三个阶段的划分，一方面是依据社会心态相关研究的数量，另一方面是依据社会心态研究重要成果的出现，以下具体说明。

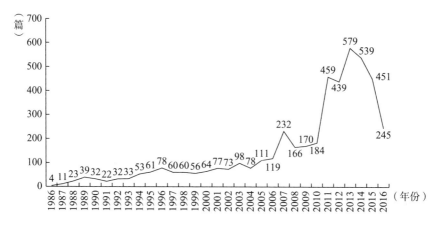

图 3-1　以"社会心态"为关键词中国知网历年的文献数量

（检索时间为 2016 年 10 月）

（一）社会心态研究的起步阶段

1986～1995 年是社会心态研究的起步阶段。在中国知网检索到的第一篇以"社会心态"为关键词的文献是古江（1986）的《试论改革与社会心理环境》，这篇文章中提出我国的经济体制改革不仅需要有良好的经济、政治和文化环境，而且需要有一个良好的社会心理环境。第一篇以"社会心态"为题的文献是左方（1987）的《收入差距和社会心态》，这位单位署名为中央书记处研究室的作者探讨的是"建立社会主义商品经济"初期，"打破大锅饭"和平均主义的背景下，收入差距拉大带来的社会心态问题，从个人的投入和产出角度讨论了公平感的问题。而这一时期更多的"社会心态"文献来自文学研究领域，如关于文学反映社会心态的讨论，和文学现象中的社会心态。也有来自心态史学的研究，如乐正（1988a）的《清末上海通商与社会心态变异》等。社会心态研究的起步阶段多数的研究关注的是改革开放、经济改革为代表的社会转型下的社会心态特点和规律。这一时期也出现了社会心态调查，以及探讨社会心态机制和研究范畴的文章。这个阶段出现的比较"规范"的社会心态研究是叶小文（1989）的《变革社会中的社会心理：转换、失调与调适》，这个研究中既探讨了社会心态的机制，也提出了社会心态的问题，并试图提出调适手段；这个研究的视角是跨学科的，综合了政治学、社会学、心理学和马克思主义经典理论等，虽然在一个研究中作者试图提出和解决社会心态中的几乎全部问题，显得"野心太大"，但作者的问题意识和研究策略至今依然具有启发性。

（二）社会心态研究的积累阶段

1996～2005 年是社会心态研究的第二个阶段，这个阶段延续了第一个阶段社会心态研究的特点，在研究成果的数量上比第一个阶段有所增加，研究的领域不断扩大，但整体上看，这个阶段并没有突破性的研究成果，还处在一个研究成果不断积累的时期。这一时期探讨社会心态研究理论的成果不多，有几篇讨论社会心态研究意义和本质的论文，包括张二芳（1996）的《社会心态的研究及其意义》、丁水木（1996）的《社会心态研究的理论意义及其启示》、龙宣萍（2000）的《论研究社会心态问题的意义与方法》和李静等（2003）的《论社会心态的本质、表现形式及其作用》。开始出现对于社会心态干预的论述，如胡红生（2001）的《试论社会心态调控的基本目标及其实现途径》、张二芳（2000）的《倡导健康的社会心态　迎接新世纪的挑战》、刘燕（2004）的《转型时期社会心态的主要趋势及调适目标》和揭扬（1997）的《转型期的社会心态问题及其有效疏导》。这一时期主要的研究依然集中在社会转型与社会心态的探讨上，有比较多的论文围绕着这一主题，如李布（2000）的《对转型期社会心态问题的探讨》、徐璐（2003）的《论社会转型时期执法者心态变迁及其对执法活动的影响》、刘扬（2002）的《转型时期的社会心态与价值观调节》、任德军（1999）的《转型期国民文化心态的嬗变》、郑仓元（1996）的《转型时期社会心态变化的主要趋势》等，还出现了社会转型与社会心态的专题研讨会，以及与社会心态有关的著作。这个时期社会心态研究开始关注特定社会群体的心态，如刘霁雯（2005）的《当前我国农民的社会心态初探》、姚维（2004）的《新疆少数民族女性社会心态调查研究》、郭亚帆（2003）的《内蒙古城乡居民基本社会心态调查与分析》、王晓丹（2002）的《中国知识分子社会心态嬗变对近代思潮的影响》等。仅从发表的这些文献看，无论是社会心态研究的起步阶段还是社会心态研究的积累阶段，这两个阶段的社会心态研究都存在一些问题，突出的表现是以主观分析和现象描述为主，大样本的调查比较少，仅有的一些调查还停留在对于社会现象和问题的态度层面，很少触及深层的心态，表现为研究方法和研究深度不足。另外，对社会心态本身的概念缺乏探讨，也没有分析社会心态的有效理论，这就使得这一时期的社会心态研究在学术方面存在很大的不足。

（三）社会心态研究的崛起阶段

从 2006 年开始，社会心态研究进入快速发展期，不仅表现在每年社会心态相关研究的数量出现了成倍增加，也表现在社会心态研究的理论探索的深入和研究领域的日益广泛，以及研究队伍的不断壮大。

社会心态研究经历了 20 年左右的发展，不同研究者在社会心态概念的使用上存在较大的差异，正如笔者在对这一时期社会心态研究综述的文章中指出的那样，"以往的社会心理学研究中没有明确的社会心态概念，以及建立在这一概念上的社会心态理论，但在解释社会现实问题时，'社会心态'这一概念又被广泛应用，因此，目前的社会心态研究很大程度上概念比较混乱，缺少学科或理论讨论的平台，致使不同学科对于社会心态的解读难有交叉，沟通和交流困难"。针对当时社会心态研究存在的问题，笔者提出，"因此，从社会心态概念出发，梳理社会心态的相关概念和理论，探讨社会心态研究的策略和方法对于整合社会心态研究，推进社会心态研究的深入都具有重大的意义"。这个时期的社会心态研究的突出特点就是在社会心态概念界定、社会心态机制、社会心态结构、社会心态测量和社会心态的理论基础等方面进行了探索。

社会心态概念的讨论源于杨宜音等三人的一组讨论文章。杨宜音（2006）把自己写的《个体与宏观社会的心理关系：社会心态概念的界定》作为靶子论文发表在 2006 年《社会心理研究》第 1 期，同期还刊登了两篇评论文章，一篇是刘力（2006）的《社会形态与社会心态——评杨宜音的〈个体与宏观社会的心理关系：社会心态概念的界定〉》，另一篇是陈午晴（2006）的《汇合与融合：社会心态的两种个体超越方式》，这几篇文章提出了社会心态最为核心的一些问题，如杨宜音（2006）分析了群体中的个体和个体中的群体两个不同的视角，从社会心态产生的机制来界定社会心态的概念。刘力（2006）认为，虽然心理学对于社会心态没有界定，但在心理学的历史上不乏相关的理论和研究，他梳理了心理学史上与社会心态相关的理论和研究，回答了为什么社会心理学成为强调个体而忽视群体的学科。他还在文中重点论述了社会心态研究可以借鉴社会表征理论这一关注社会现实问题的社会心理学研究范式。陈午晴（2006）则在文中对个体心态如何成为社会心态这一社会心态的核心问题进行讨论，认为个体心态成为社会心态可能存在两种方式，即汇合和融合。杨宜音（2006）对社会心态概念的界定引出了社会心理学对社会心态概念的讨论，其中比较有影响的是马广海（2008）的《论社会心态：概念辨析及其操作化》一文，文中指出，社会心态研究属于社会学的社会心理学范畴，并对社会心态概念提出了操作化的想法。之后，相继出现了一系列关于社会心态理论的探讨性文章，包括社会心态学科基础、社会心态形成机制、社会心态的结构和指标体系，以及社会心态学科的定位，也出现了关于社会心态研究的理论和实证研究的专著。

这个阶段社会心态研究的崛起很大的原因是国家社会政策的需要，2006 年 10 月，《中共中央关于构建社会主义和谐社会若干重大问题的决定》中提出，要塑造"自尊自信、理性平和、积极向上的社会心态"。"十二五"规划纲要提出"弘扬科学精神，加强人文关怀，注重心理疏导，培育奋发进取、理性平和、开放包容的社会心态"，把培育和引导社会心态纳入国家政府执政纲领。相应地，社会心态也出现在一些国家级、省部级科研基金课题目录中，一些政府部门开始对社会心态研究提出新要求，这也激励了许多研究者进入这一领域，进一步促进了社会心态研究的繁荣。

社会心态研究成为为国家社会政策服务的重要内容。从 2010 年开始，王俊秀、杨宜音一起筹备出版"中国社会心态研究报告"，也就是"社会心态蓝皮书"，2011 年 5 月第一本"社会心态蓝皮书"出版，引起了国内外媒体的广泛关注，"社会信任"等主题一时成为媒体传播和讨论的热点，之后，"社会心态蓝皮书"每年出版一部。这个关于社会心态的年度报告受到了中央到地方各级党政部门的关注和重视，成为中央和地方各级党政部门了解民情民意、治国理政的参考文献。杨宜音、王俊秀还参与了中央财经领导小组组织的国家"十三五"规划前期研究，完成《"十三五"时期社会心理和舆论引导研究》研究报告。

二　社会心态研究的范式

经历了 30 年的探索，社会心态研究虽然还远未成熟，存在许多空白的领域有待填补，现有研究也存在许多问题，但社会心态研究作为一种研究范式已经初步确立，这种研究范式包括社会心态研究的定位、社会心态研究的理论基础、社会心态的结构和形成机制等。

（一）社会心态研究的定位

社会心态研究是一种关注社会转型和社会变迁的研究范式。由上文对社会心态研究历史的回溯可以知道，社会心态研究的产生背景是改革开放和社会转型，在社会心态研究30年的历程中，社会转型下人们的心态特点和变化始终是研究的核心，这也就成为社会心态研究的定位，换言之，社会心态研究是中国社会心理学的一种研究范式，这种研究范式关注中国社会转型和社会变迁背景下人们的心态特点和变化。王俊秀（2014a）曾批评中国社会心理学缺乏对社会转型的研究，认为在一定意义上，社会心态研究范式的出现是对传统社会心理学研究的批判，是对传统社会心理学研究边界的扩展，因为社会心态不仅包括一个时期的相对静态的社会心理特点，而且包括在历史长时段中社会心理的演变；社会心态不仅是社会转型的反映，而且是影响社会转型的力量。周晓虹（2014）通过将以法国大革命为代表的"群氓时代""群体"如何推动社会转型，与美国移民社会个人主义文化下"个体"如何推动社会转型进行对比，来分析为什么以美国为代表的主流社会心理学缺乏对"社会心态"的研究。周晓虹认为，近几年的中国社会心理学领域有许多人开始意识到社会转型既是对中国社会心理学的挑战，也是前所未有的良机。

社会心态研究是一种宏观的研究。因为关注社会转型和社会变迁的社会心态研究必然是一种宏观的研究，这样才可能对社会转型和社会变迁有整体的把握。周晓虹（2014）在综述几篇主要介绍社会心态概念和理论的文章后，认为将宏观性和动态性界定为社会心态的基本特征自然恰如其分。王俊秀（2014a）对比了社会心理学的分析水平和社会学的分析水平，认为社会心态要关注从个体、群体、社会到国家层面完整的社会转型和社会变迁过程，研究其中的社会心态、社会结构和文化的相互影响，因此，社会心态研究的分析水平处于中观水平到宏观水平之间的国家层面。具体地，社会心态研究要在社会学的宏观结构和社会心理学的微观个体之间寻找内在的关联，形成一个时期社会心理特点的全貌和不同时期社会心理的特点和变化。

（二）社会心态研究的理论基础

社会心态研究不应该只是进行一些类似态度的调查，而应该有其坚实的理论基础和丰富的研究方法。社会心态研究作为一种跨学科的综合性研究，其理论基础也应该来自多方面。王俊秀（2014b）分析了社会心理学、社会学和历史学中个体与社会的不同视角，认为社会心理学发展历程中的一些宏观研究是社会心态研究可以继承和使用的理论资源之一。此外，心态史学、社会学也是社会心态研究的主要理论基础。

社会心态研究的理论基础可以分为经典理论和现代理论，经典理论来自社会学和社会心理学的经典作家。杨宜音（2006）考察了社会学和社会心理学关于"个体中的群体"的思想，发现欧洲社会心理学家秉承了涂尔干、塔尔德、勒庞、列维－布留尔、冯特等学者的传统，让社会心理学始终具有社会的性质，这是社会心态重要的理论资源。刘力（2006）认为，社会心态研究的理论基础可以追溯到法国哲学家孔德，他认为孔德的人既是所在社会的产物，又是这一社会的创造者的观点提出了社会心理学的中心议题和两难问题：个体如何既是社会的成因，又是社会的结果？孔德之后塔尔德（Tarde）提出"社会就是模仿"的命题，认为所有的社会现象都源于发明和模仿，发明是在个人与社会的互动过程中产生的，模仿是发明的现实化途径。刘力认为塔尔德的发明实质上是社会心态的缘起，他的模仿实质上是社会心态的传播与扩散。刘力（2006）进一步认为勒庞（Le Bon）发展了塔尔德的模仿律，在对法国大革命时期社会心态研究的基础上，勒庞指出，个体聚合成的群体具有完全不同于组成他的个体的特征。刘力（2006）还认为涂尔干的"集体表征"涉及信念、宗教、风俗、时尚、道德、语言和科学等，蕴含着社会心态；黑格尔的《精神现象学》是一部关于社会心态的重要理论著作；冯特学术生涯后半期的社会心理学也是社会心态研究的学理基础。成伯清（2016）也指出，德国的民族心理学和法国的群众心理学都强调社会群体共有的心理现象——不同社会层面或整个社会的心理，前者成为"民族精神"这一文化性概念。除冯特、塔尔德、勒庞等学者外，马广海（2008）指出，施坦达尔、拉扎鲁斯的"民族精神"强调的是一个民族的所有个体都在各自的身体和灵魂上留下了特殊的民族本性的痕迹，表现出个体身上相同的爱好、倾向、素质和精神属性。周晓虹（2014）认为欧洲学者中不仅涂尔干、列维－布留尔等法国社会学年鉴学派关注社会心态，德国社会学家卡尔·曼海姆的"乌托邦心态"、荣格的"集体无意识"等关注的也都是集体心理。成伯清（2016）认为社会心态一直是经典社会理论的重要主题，包括马克思的异化或阶级意识、韦伯的资本主义精神、涂尔干的集体意识。

　　除了经典的社会学、社会心理学理论外，当代理论中比较重要的理论资源还包括来自欧洲的社会表征理论、社会认同理论和共享现实理论等。尽管这些理论在分析层面上不一定能够达到社会心态研究所希望的宏观层面，但这些理论对于理解和解释个体与群体之间的关系以及社会心态的形成机制无疑具有极为重要的意义。关注群体的社会心理学传统经过行为主义和认知思潮的冲荡和改造后，衍生出社会认同理论等，这些理论基于人际互动的视角从不同侧面揭示了社会心态形成的相关机制，但并未触及社会心态形成的宏大社会结构背景。成伯清（2016）认为，在现代社会学中，社会心态成为社会分层、社会结构、社会组织等"核心范畴"之外的"剩余范畴"或"附带现象"，但随着情感社会学的发展，社会心态再次成为社会学的关键课题。特纳等的情感社会学、柯林斯的互动仪式链理论等都成为社会心态研究中不可或缺的社会情绪与情感研究的重要理论支撑。

（三）社会心态的结构和形成机制

　　社会心态的结构和形成机制是社会心态研究最为核心的内容，也就是社会心态中个体与社会的关系和相互建构与影响的问题。社会心态的结构和形成机制二者又是难以分割的，是社会心态的不同面向。

　　关于社会心态的基本构成，马广海（2008）认为应该包含社会情绪、社会认知、社会价值观和社会行为意向四个方面；成伯清（2016）认为意义和情感是社会心态的两个关键维度；杨宜音（2006）认为社会心态是由社会情绪基调、社会共识和社会价值观构成的。王俊秀（2014a，2014b）把社会心态的结构分为超稳定的社会心态、稳定的社会心态、阶段性社会心态和变动性社会心态四个层次，在具体构成上分为社会需要、社会认知、社会情绪、社会价值和社会行为五个方面。杨宜音（2006）从"群体中的个体"视角来分析社会心态的结构，而从"个体中的群体"视角来分析社会心态的机制，从个体与社会相互建构来讨论社会心态的结构和形成机制。杨宜音（2012）还提出了个体与社会互构形成社会心态机制的向上模型、向下模型和互动模型。吴莹、杨宜音（2013）根据共享现实理论、主体间共识理论和社会表征理论进一步分别探讨他人态度被个人"社会心态"建构的影响，个体眼中他人的观念对个人价值观与社群认同的影响，以及不同社群因其不同的社会历史文化背景对同一理论或观念的表征的差异。王俊秀（2014a）根据社会心态的五个构成要素，分别从微观、中观和宏观层面分析了社会心态的形成机制，强调了社会表征和社会情绪、情感在宏观层面对社会心态形成的作用。周晓虹（2014）以社会表征理论、社会认同理论、社会比较理论等来解释社会心态的形成机制。高文珺（2016）指出Morris等人提出的规范学概念将不同领域的社会规范结构整合在一个模型当中，并分析了规范如何传递和影响人的思想和行为，来理解文化动态性，对于理解社会心态的形成机制也具有参考价值。

社会心态是一个复杂的社会心理事实，社会心态的结构和形成机制必然是复杂的，因此，对于社会心态结构和形成机制的分析在一定意义上是一种操作化的策略，社会心态结构的内容选取具有很大的主观性，社会心态的形成机制也有待于今后长期的研究和探索。

三 社会心态研究的走向

中国社会心态研究走过了30年，这一时期伴随着改革开放和经济快速发展，经济转型、社会转型必然带来个体心理的变化和社会心态的变化，也就是存在一个心理转型的过程。社会科学研究者和社会管理者对于社会转型过程中的社会心态研究经历了自发阶段和激励阶段，前20年基本是一个自发的过程，从不同学科出发共同关注社会心态这一主题；而接下来的10年则存在社会问题激发和社会政策激励的作用。中国社会转型过程中的不同时期通过经济建设、法制建设和社会建设等手段的推动，社会快速发展。但近10年，社会矛盾和社会问题不断显现，许多社会矛盾和社会问题表现出社会心理特征。因此，政府管理部门开始关注社会心态，提出社会心态干预的要求。这一要求极大地推动了社会心态研究，但是这一时期的社会心态研究还是以对社会心态特点的调查、分析和理解为主，很少能回应政府管理部门对于社会心态引导和干预的要求。经过10年的准备，未来的社会心态研究将开始转向，也就是在理论探索、现象描述的基础上开始进入实践，直接参与社会治理，未来的社会心态理论和实践将成为社会发展理论的重要组成部分。

（一）社会心态与社会治理

近年来，心理学，特别是社会心理学开始关注社会现实和社会问题。辛自强（2017）提出，心理学必须在方法论层面进行必要的调整和变革，研究理念要突出应用导向，提高改变现实的能力，要回应国家和社会发展的现实需求，承担起理解、改善现实的使命。王芳等（2012）提出对中国社会发展进程中重大社会现实问题的研究是中国社会心理学面临的机遇和挑战，也是中国社会心理学家的历史使命，社会心理学必须关注当代社会具有重大理论和现实意义的现实问题。杨玉芳、郭永玉（2017）考察了国外心理学对社会价值的观点，发现心理学研究更多的是对一些微小的社会问题给出一套完整的答案，而很少对一个宏大社会问题给出不甚完善但却可能很有前景的参考性建议，关注后者才应该是心理学未来重要的创新性思路。他们提出社会治理离不开心理学，心理学在社会治理相关的多元主体、协商民主、消解矛盾和精细治理等方面可以发挥作用，心理学要为社会治理服务。王俊秀（2015a）提出社会心理建设是创新社会治理的基础，未来社会心态研究应该"从社会心态培育到社会心理建设"转向，并系统阐释了孙中山的"心理建设"思想，提出通过"社会心理建设"解决社会治理中的心理学问题，通过社会心理建设来推动社会治理，把社会心理建设作为社会治理的心理学路径。

国内心理学界直接研究和讨论社会治理的文章并不多，从现有文献来看，心理学与社会治理相关的研究基本可以分为两大类。一类是研究内容可以归属于社会治理范畴，如公平感的研究，它有助于人们理解关于公平的心理学规律，可以为社会治理所用，但这类研究本身并不一定是以社会治理为目标设计的。另一类是关于社会治理本身的研究，这类研究又分为两种，一种是对某个人群或者某种心理特点的单一研究，如关于农民工歧视、留守儿童心理健康等的研究，研究的问题属于从心理学角度切入社会治理中遇到的社会问题；另一种是关于社会治理的综合研究，这类研究不是关注一个问题，而是采取宏观的研究策略，综合研究社会治理本身核心的心理问题，社会心态研究就属于这类研究。换句话说，以往的社会心理学研究或多或少是与社会治理相关的研究——尽管相关程度不同，社会心态研究的未来走向是不仅要研究与社会治理相关的社会问题和现实，而且更重要的是对社会治理问题和社会治理机制的研究，社会心态研究应该成为社会治理的重要支撑。

（二）社会心态与社会发展

我们把社会心态研究定位为转型社会的社会心理学研究，这是从研究的问题视角出发的。韦伯认为资本主义产生的根源是新兴企业家和新型工人具有的特殊心态，是一种"资本主义精神"；涂尔干强调社会道德对于社会秩序的影响，强调社会就是一个"道德共同体"；英克尔斯（Alex Inke-les）认为现代化的转型首先是"人的现代化"；麦克莱兰（David McLel-land）认为推动资本主义发展的是人们的"成就需求"；哈根（Everett

Hagen）认为社会的发展需要"创新性人格"（王俊秀，2016）……这些理论都说明，社会心态一直是社会转型、社会变迁和社会发展的推动因素。社会转型是许多学科共同关注的问题，以往的社会心理学在这个问题上是缺位的，未来的社会心理学，特别是社会心态研究将聚焦这一问题，但仅此是不够的。社会心态研究的未来走向应该具有独特的学科贡献，不同于传统社会心理学也不同于传统社会学，但又脱胎于社会心理学和社会学，成为一个新的学科的有机组成部分。因此，从这个意义上说，社会心态的实践路径应该是迈向一种发展的社会心理学。但主流的社会心理学一直缺乏一个发展的维度，笔者指出，以往的社会心理学至多把社会的发展看作影响个人、群体的背景变量，心理学的时间维度并没有超越发展心理学中的生理时间，缺乏对社会时间的理解和研究，很少去关注社会变迁、社会转型与人们心理之间的内在联系。当前的社会心态研究需要置于社会时间之中，只有把社会时间维度引入，才可以帮助社会心态研究理解社会转型和社会变迁。社会心态研究应该着眼于人类社会的未来，不满足于被动地描述、分析社会转型对社会心态的影响，更要关注社会转型和社会变迁的走向，思考如何使社会向更好的方向发展，引导社会形成积极的共享价值观念，促进社会共识的达成，使社会心态越来越健康，社会越来越健全。

第二节　不同主观社会阶层的社会心态

社会阶层是社会学关注的核心问题，通过研究社会阶层的构成来考察社会结构的变化。改革开放以后，我国社会阶层结构与社会利益群体发生了很大变化，社会分层越来越向多元化方向发展和演变（杨家宁，2011）。过去30多年中国经历了快速的社会转型，社会结构发生较大的改变，社会心态也随之发生了改变。主观社会阶层的变化与客观社会阶层的变化有关，但二者之间并非简单的同步或对应关系，存在很大的差异。以职业地位测量的社会阶层结构在持续的分化中呈现向上发展的态势，下层、中下层的群体规模缩小，中层、中上层、上层的群体规模有所扩大（陈光金，2013），而人们主观社会地位认同却呈现一种不同的变化趋势，2001～2011年的十年中，前期明显下沉，然后不稳定上扬。社会结构的变化在社会心态上的表现是主观社会阶层的变化，这种客观社会阶层与主观社会阶层的不一致，源于客观地位变量对主观阶层的解释力不高（吴青熹、陈云松，

2015）。社会学和社会心理学的许多研究者开始关注主观社会阶层的分布和变化。有研究者（冯仕政，2011）发现，下层认同有强化的趋势。也有研究者（张翼，2011）发现，2006～2008年，中国人中层及以上层次的认同比例都在增加。吴青熹、陈云松（2015）分析了 CSS 和 CGSS 2005～2012 年中6个年度的9期调查数据中的主观阶层分布发现，基于五点量表主观阶层平均值约为 2.30，标准差为 0.91，每次调查的中下层和下层的比例基本保持在 50% 左右，都超过中层认同。主观社会阶层是"个人对自己在社会阶层结构中所占据位置的感知"（Jackman & Jackman，1973），那么，当前人们主观感知的分布是否发生了变化？主观社会阶层对社会心态的各项指标产生了怎样的影响？这是本研究关注的主要问题。

一　当前社会心态的基本特点

（一）社会心态的测量方法

1. 数据来源

本节使用的数据库是中国社会科学院－数相科技联合发布的 2017 年社会心态调查（CASS-Matview Social Mentality Survey 2017）。该调查由中国社会科学院社会学研究所社会心理学研究中心编制，于 2016 年 8 月到 2017 年 4 月，通过凯迪数据研究中心研发的问卷调研 App "问卷宝"，向在线样本库的全国用户（共约 110 万人，覆盖全国 346 个地级城市）推送问卷，再通过用户分享问卷的方式进行滚雪球式发放。目前问卷宝在问卷质量控制方面能够实现定制化调查和精准的问卷推送，依照调查目的向特定的用户群推送问卷，参与调查者需要经过系统认证，系统能够检测用户在问卷填写过程中的特征，对乱填乱写的用户进行剔除并列入黑名单，从而确保数据的可靠性。问卷收回后，课题组进一步依据陷阱题、答题完成情况、逻辑检验等对问卷进行筛选。CASS-Matview Social Mentality Survey 2017 数据库覆盖全国 31 个省（区、市）（不含港澳台），调查最初共收回全部作答问卷 24364 份，经筛选最终得到有效成人问卷 22669 份，问卷有效率为 93.04%。数据库中，男性样本11840 人，占 52.2%，女性样本 10829 人，占 47.8%，性别比例与第六次全国人口普查数据（男性人口占 51.27%，女性人口占 48.73%）相比，男性比例略高，但没有显著差异。年龄范围是 18～70 岁，平均年龄为 27.38 ± 8.28 岁。受到互联网用户年龄分布特点的影响，样本库中青年人（18～45 岁）比例相对较大，受教育程度也比第六次全国人口普查情况更高。

2. 社会心态的测量

本次调查全面使用中国社会科学院社会学研究所社会心理学研究中心多年来研发的"社会心态测量和指标体系"框架和测量工具，基本的指标体系为：一级指标，包括社会需要和动机、社会认知、社会情绪、社会价值观和社会行动五个方面，每个一级指标下包含若干二级指标（王俊秀，2014b：51）。由于指标众多，限于篇幅，本节仅使用部分测量指标。

（二）主观社会阶层分布

本次调查的主观社会阶层采用国内外研究中常用的阶梯量表，给调查对象呈现具有从 1 到 10 数字标注的阶梯图案，1 代表处于社会的最下层，10 代表处于社会的最上层，让调查对象报告自己目前处于哪个等级。结果如图 3-2 所示，自认为属于中等阶层的比例最高，属于上层的比例最低，如果从 1~10 的阶梯中线上下等分，下半部分比例更高，统计发现，被调查者主观社会阶层的平均值为 4.46，在 10 级阶梯上处于中等偏下水平。整体上看，认为自己处于下层的比例为 11.9%，认为自己处于中等偏下的比例为 37.7%，二者相加接近半数；认为自己处于中层的比例为 40.5%；认为自己处于中上层或上层的比例分别是 7.9% 和 2.1%，相加占一成。

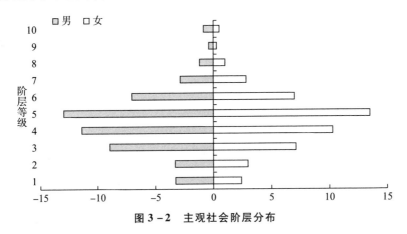

图 3-2 主观社会阶层分布

（三）社会需要和动机

社会指标常被用来衡量社会的发展，也被作为社会需要满足程度的衡量标准。社会指标研究关注对社会生活质量的衡量，关注的核心是人们的生活水平和改善情况，或者社会是否进步。而生活质量的评价分为主观和客观两个方面，客观方面主要是依靠生活状况的一些指标，如收入、安全、教育和健康状况等标准；主观方面是指人们对于收入、安全、教育和健康等状况的个人感受（王俊秀，2014b：56）。

根据自我决定理论（Ryan & Deci，2000；Kasser & Ryan，1996），人生的目标可以分为内在目标和外在目标，内在目标是个人原有的目标，包括个人发展成长、有意义的人际关系、对社会的贡献和自身的健康四个方面；而外在目标包括财富的积累、有吸引力的被人羡慕的外表和名誉三个方面。内在目标满足人的基本心理需要，如果人们的基本需要不能得到满足，为了获得价值感，人们会追求外在的财富、外表和名誉来显示个人价值。这样可以把人群分为内在目标强或外在目标强两类。调查结果显示，不同社会阶层的人内在价值和外在价值倾向得分有显著差异。被调查者的内在目标重要性的得分高于外在目标重要性的得分，内在目标重要性的总平均分为5.14，标准差为0.91；外在目标重要性的总平均分为4.21，标准差为0.93。而且，分别计算不同阶层群体的内在目标重要性和外在目标重要性的得分，如图3-3所示，各个阶层内在目标重要性得分也高于外在目标重要性得分。此外，无论是内在目标还是外在目标的重要性，主观社会阶层属于上层的群体的得分都是各组中最低的，主观社会阶层属于中层的得分较高。

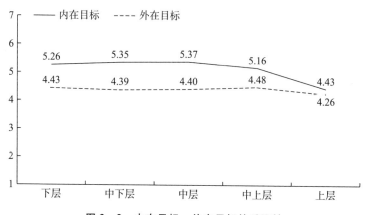

图3-3 内在目标、外在目标的重要性

调查发现，内在目标实现可能性高于外在目标实现可能性，内在目标实现可能性的总平均分为5.13，标准差为0.88；外在目标实现可能性的总平均分为3.35，标准差为0.81。对比不同主观社会阶层各组之间在内在目标和外在目标实现可能性上的得分发现，内在目标实现可能性都高于外在目标实现可能性。主观社会阶层属于上层的群体内在目标实现可能性得分最低，中层和中下层群体内在目标实现可能性得分更高。而外在目标实现可能性整体上有随阶层上升而上升的趋势，主观社会阶层属于中上层和上层的得分较高（见图3-4）。

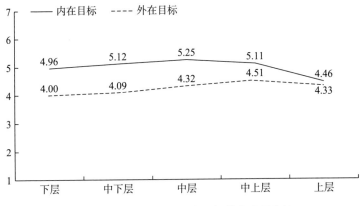

图3-4 内在目标、外在目标的实现可能性

（四）社会认知

1. 幸福感

主观幸福感的测量采用了 Diener 等（1985）编制的生活满意度量表（Satisfaction With Life Scale，SWLS），该量表采用5道题目来测量个体对其生活满意度的整体评价。测量采用李克特7点计分，要求被试根据自己的感受评价（1 = "非常不同意"，7 = "非常同意"）。调查结果显示，被调查者总体平均数为4.05，处于中等水平。对比不同主观社会阶层各组主观幸福感得分发现，主观幸福感得分随着主观社会阶层的上升增加，到中上层达到了最高值，主观社会阶层属于上层的得分处于第二位（见图3-5）。

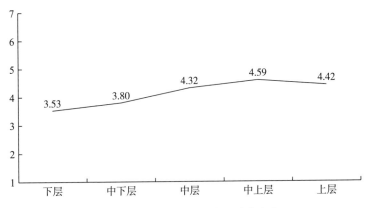

图3-5 不同阶层居民的生活满意度

2. 安全感

安全感的调查分为总体安全感和不同方面的安全感，调查发现在 7 点量表上，安全感的平均分为 4.31，标准差为 1.28，安全感水平略高于中值。分析不同主观社会阶层被调查者的安全感得分发现，中上层的安全感得分最高，其次是中层，阶层处于上层和下层两端的被调查者得分均较低，其中自认为处于下层的居民总体安全感最低（见图 3-6）。

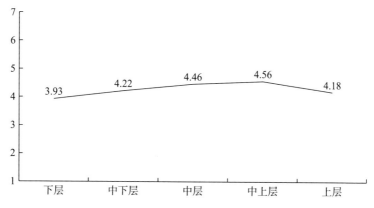

图 3-6　不同阶层居民的总体安全感状况

分别分析人身安全、财产安全、信息安全、医疗安全、食品安全、交通安全、环境安全和劳动安全发现（见图 3-7），居民的财产安全得分最高，为 4.63，接近比较安全水平，其次是人身安全和劳动安全；安全感最低的是食品安全，其次是信息安全和环境安全，平均数分别为 3.46、3.51

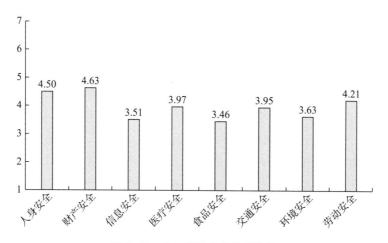

图 3-7　各方面安全感的平均值

和3.63，低于中值，接近不太安全，医疗安全和交通安全略低于中值4。

继续对不同阶层居民在生活各方面涉及的安全感分析发现，人身安全、财产安全和劳动安全表现为一种形式，从下层到中上层，随着主观社会阶层的提高，安全感也上升，但属于上层的被调查者安全感并没有继续升高，人身安全仅高于下层，处于第二低的程度，财产安全则最低，劳动安全处于中位。其余的信息安全、医疗安全、食品安全、交通安全和环境安全都表现为一种模式，就是随着社会阶层的上升，安全感也上升（见图3－8）。

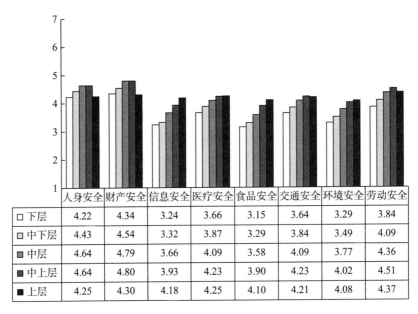

	人身安全	财产安全	信息安全	医疗安全	食品安全	交通安全	环境安全	劳动安全
□ 下层	4.22	4.34	3.24	3.66	3.15	3.64	3.29	3.84
□ 中下层	4.43	4.54	3.32	3.87	3.29	3.84	3.49	4.09
▨ 中层	4.64	4.79	3.66	4.09	3.58	4.09	3.77	4.36
■ 中上层	4.64	4.80	3.93	4.23	3.90	4.23	4.02	4.51
■ 上层	4.25	4.30	4.18	4.25	4.10	4.21	4.08	4.37

图3－8　不同阶层居民各方面的安全感

3. 社会公平感

社会公平感是社会心态的重要指标之一，本次调查的社会公平感使用"总的来说，你觉得当今的社会是否公平"来提问。调查结果显示，居民社会公平感的平均得分为4.06，标准差为1.16，居民社会公平感略高于中值，社会公平感评价并不高。分析不同主观社会阶层居民的社会公平感发现（见图3－9），下层、中下层居民的社会公平感得分较低，中上层的社会公平感最高，上层和中层处于中间水平。

4. 社会支持

社会支持是居民社会资本的测量，本次调查是询问当被调查者遇到困

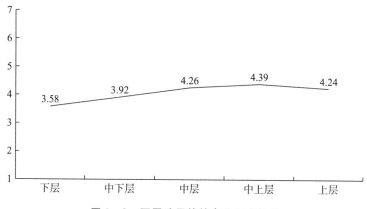

图 3-9 不同阶层的社会公平感得分

难时从各方面可以获得帮助和支持的程度，调查问卷列举了党组织、居委会、工作单位、政府部门、公检法、家庭、朋友、慈善机构、新闻媒体等可能的社会支持来源，最后以这些社会支持来源评价的平均分来衡量社会支持的程度，在 7 点量表中，1 表示非常不支持，7 表示非常支持。最后的总平均分为 4.58，标准差为 0.84，平均分处于中立和比较支持之间。对不同主观社会阶层各组进行分析发现（见图 3-10），随着主观社会阶层的上升，社会支持的得分也上升，但到中上层时达到最高，上层的社会支持得分仅高于下层。

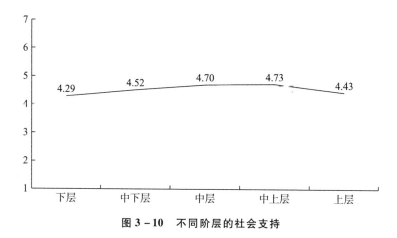

图 3-10 不同阶层的社会支持

5. 社会信任

本次社会信任的调查分为一般信任和陌生人信任，一般信任由 3 个题目构成，以 7 点量表计分，以 3 个题目的平均分来计算。陌生人信任只有一个题目，即"社会上大多数人信任陌生人"，采用 7 点量表计分，1 表示非常不同意，7 表示非常同意。最后得到一般信任平均分为 4.44，标准差为 1.14，陌生人信任的平均分为 3.45，标准差为 1.18，一般信任处于中等略高水平，倾向于比较信任水平，陌生人信任得分低于中值，倾向于不太信任。对不同主观社会阶层的居民两项信任进行分析发现，不论是一般信任还是陌生人信任，低社会阶层表现为低信任，一般信任表现出随着阶层上升而上升的趋势，但上层例外，处于中间水平，陌生人信任随着阶层上升而上升，但上层略低于中上层，如图 3-11 所示。

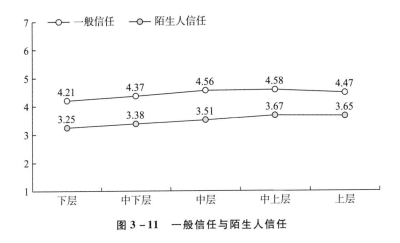

图 3-11　一般信任与陌生人信任

6. 国家认同

本次调查的国家认同量表有 4 个题目，结果显示，国家认同量表 4 个题目的平均分为 5.37，标准差为 1.20，国家认同的得分较高。图 3-12 为

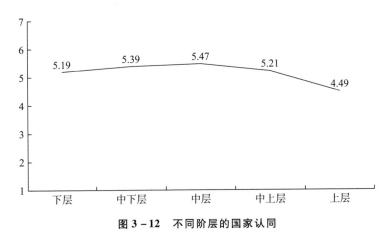

图 3-12　不同阶层的国家认同

不同主观社会阶层居民的国家认同得分,可以看到,国家认同得分最高的是中层,其次是中下层,中上层和下层得分接近,下层略低,得分最低的是上层,和最高的中层差距接近一个计分等级。

(五) 社会情绪

社会情绪是社会心态的核心指标,本次调查的社会情绪关注的是居民日常生活中的情绪,也就是一般情况下个人喜怒哀乐这些基本情绪出现的频率,由于我们采取的是一次性调查,很难真实记录人们的日常情绪,问卷中要求被调查者估计一年中一些基本情绪出现的多少,调查的社会情绪分为两种类型,在家和上班或上学两种情况,如图 3-13 所示,在上班或上学的情境下人们的正向情绪比负向情绪出现的频率更高,不同主观社会阶层者的正向情绪和负向情绪的频率有显著差别,中上层正向情绪的频率最高,其次是中层,下层和中下层的正向情绪最低。中层和中下层的负向情绪最低,其次是中上层,上层的负向情绪最高,其次是下层。从用正向情绪减去负向情绪得到的净情绪来看,中层和中上层的净情绪较高,上层和下层的净情绪较低,中下层处于中间。

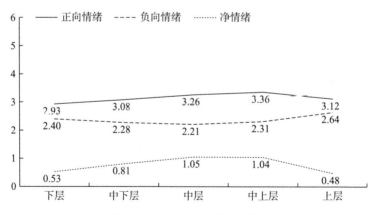

图 3-13 上班或上学时的情绪

在家时的正向情绪出现的频率高于上班或上学时,负向情绪的出现也高于上班或上学时。在家时中层正向情绪出现最多,其次是中上层和中下层,上层正向情绪出现最少。不同阶层在家时的负向情绪出现频率比较接近,上层和下层略高。同样用正向情绪减去负向情绪得到净情绪,结果发现不同主观社会阶层净情绪的分布呈倒 U 形,中层最高,两端较低,上层最低,中上层和中下层处于中间(见图 3-14)。

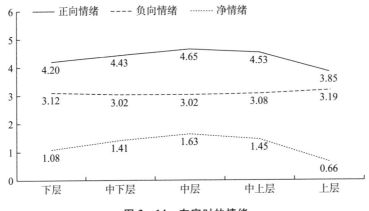

图 3 – 14　在家时的情绪

（六）社会价值观

英格尔哈特（2013b）用两个基本的维度来考察工业化带来的社会转型，一个维度是世俗与理性，也就是从传统价值观向世俗理性价值观的转变，传统价值观包括宗教信仰、国家自豪感和以让父母荣耀为奋斗目标等；另一个维度是自我表现价值观的维度，这个维度与经济高度繁荣和知识社会有关，是从生存价值观向自我表现的价值观转变。他把强调经济和人身安全的价值观称为"物质主义"，强调自主和自我表现的价值观称为"后物质主义"。英格尔哈特（2013a）认为中国还处于发展较为早期的阶段，不会马上变成后物质主义国家，他甚至认为中国近十年内可能不会发生价值观的转型。本次的一项价值观调查就是后物质主义，是以英格尔哈特世界价值观调查的后物质主义价值观量表进行的。如图 3 – 15

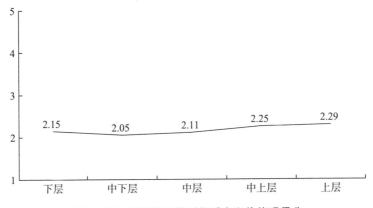

图 3 – 15　不同阶层的后物质主义价值观得分

所示，被调查者在后物质主义价值观上的得分都较低，平均分为 2.10，标准差为 1.12，不同主观社会阶层被调查者在后物质主义价值观上的得分有明显差异，其中上层的后物质主义得分最高，其次是中上层。

（七）社会行动

社会行动是人们作为社会成员所进行的社会性行动，这些行动具有明确意识和目的地。本次调查中的社会行动是了解被调查者在过去一年内几种类型的行动，包括帮助受灾的人的捐款捐物行为，参与志愿者活动的行为，参与网上社会问题的讨论，以及帮助陌生人、举报腐败等行为。图 3-16 和图 3-17 分别属于利他型和公共参与型的社会行动。在利他型的社会行动中，从整体得分看，居民的社会行动得分介于 2.68 和 4.29 之间，也就是在有时参加的程度上。从三种类型行动来看，帮助陌生人得分最高，其次是捐助，志愿服务得分最低。不同主观社会阶层的社会行动参与情况有明显差异，表现出一定的趋势，不论是哪种类型的社会行动，随着阶层的上升，社会行动的参与程度也上升。

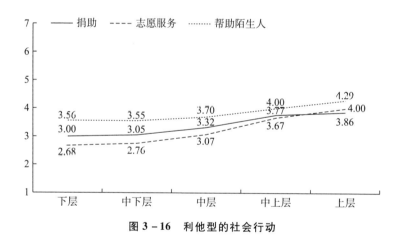

图 3-16　利他型的社会行动

图 3-17 为公共参与型的社会行动，在三种类型中，环保行动得分最高，向政府机构和媒体等反映意见得分次之，举报腐败得分最低。与利他型的社会行动相似，公共参与型的社会行动的得分也随着主观社会阶层的上升而增加。

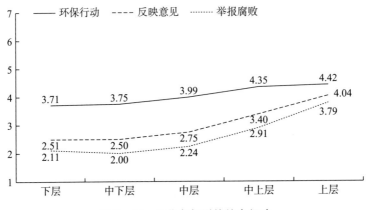

图 3 - 17　公共参与型的社会行动

（八）获得感

习近平总书记在参加十二届全国人大四次会议湖南代表团审议时首次提出"让广大人民群众有更多获得感"后，中央文件和主要领导人多次强调了获得感，党的十九大报告再次重申"保证全体人民在共建共享发展中有更多获得感"。但是，如何衡量民众获得感、民众获得感的影响因素有哪些、民众对获得的要求程度等，都是社会心态研究需要关注的新问题。本次调查中对于获得需求、获得感进行了考察。

1. 获得需求

获得需求是人们对于自己生活状况改善的需求，直接关系到人们的获得感和幸福感，也是影响人们未来预期和信心、社会公平感等社会心态的重要因素之一。

本次调查为了了解居民的获得需求，使用 3 个项目的 7 点量表来测量，题目如"我要求最好的东西""我觉得各个方面我都应当获得更多"。被调查居民总体获得需求的平均分为 4.10，处于量表的中间位置。分别查看不同主观社会阶层者获得需求的得分，结果如图 3 - 18 所示，主观社会阶层属于中上层或上层的获得需求得分较高，主观社会阶层认同为中层和下层的居民获得需求较低，中下层的获得需求最低。

2. 获得感

本次研究把获得感作为社会心态的一个指标来测量，使用的题目是"直到现在为止，我都能够得到我在生活上希望拥有的重要东西"，被调查者在 7 点量表上的平均得分为 4.07，标准差为 1.51，获得感属于中等略

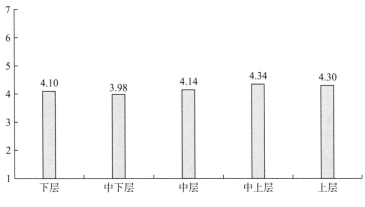

图 3 – 18　不同阶层的获得需求

高。图 3 – 19 为不同主观社会阶层者在获得感上的得分，除上层外，随着主观社会阶层的上升，获得感得分增加，但上层的获得感得分低于中上层，处于第二位，也就是总体趋势上获得感是随着阶层上升的。

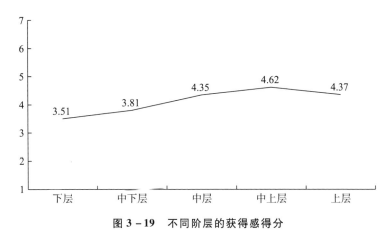

图 3 – 19　不同阶层的获得感得分

二　基于社会心态特点的政策建议

这次大规模的社会心态调查使我们对于当前民众的社会心态有了较为全面的了解，限于篇幅，以上对社会心态特点的分析仅仅选取了主观社会阶层这样一个视角，但反映出的社会心态问题很值得关注，现就上面提到的社会心态研究的发现提出以下建议。

（一）阶层心态

改革开放以来，我国的社会结构发生了很大的变化，阶层分化明显，阶层问题关系到很多社会问题，也体现在社会心态中。以往社会阶层研究更多关注收入水平、受教育程度、职业声望等社会地位的客观因素，但是，从社会心态的研究发现，主观社会阶层虽然是影响社会心态的因素之一，但是，在幸福感、公平感等指标上并非社会阶层等级越高幸福感或公平感越高。在我们的许多研究中发现个人主观社会阶层认同显著影响社会心态，社会心态的调查结果显示，主观社会阶层从趋于自我更低层级的归类（也就是底层认同）逐渐上移，这给社会带来了积极意义。研究发现，主观社会阶层中层和中上层成为积极社会心态的核心，他们的幸福感更高，安全感更高，公平感更高，社会支持感更高，社会信任更高，积极情绪更高，消极情绪更低，社会参与程度更高……也就是主观认同的中间阶层（中层、中上层）各项社会心态指标更优，是社会建设和治理需要依靠的核心力量，也是社会团结和社会凝聚的核心，起着引导和引领的作用。更要关注下层、中下层的社会心态，了解当前社会的主要矛盾和问题。解决社会矛盾的关键是解决好下层、中下层的问题。贫富分化、阶层分化的极端表现都体现在"下"与"上"这两个阶层，要避免这两个阶层类别化而产生的对立和敌意，消解差异性较大的类别化可能产生或加深群际矛盾和冲突，这也是社会心理服务体系建设需要研究和面对的问题。

（二）社会需要

党的十九大报告提出，当前社会的主要矛盾是"人民日益增长的美好生活需要和不平衡不充分的发展之间的矛盾"，这就是说社会发展的目的就是满足社会成员日益增长的美好生活的基本需要。但如何满足社会需要，以及如何判断社会需要满足程度并不容易。而且，人民日益增长的美好生活需要与对这种需要满足的努力之间始终存在一定的距离和时间的滞后，通过社会发展来解决这个矛盾是一个长期的艰巨任务。因此，关注不同社会阶层的差异化需求，通过社会保障和社会网络建设来满足中下层、下层的基本生活保障，加强社会支持体系建设，不断改善他们的生活条件，提高获得感，降低不公平感。也要关注中上层和上层群体对更高生活水平的追求，尊重他们更高的获得需求，为他们提供通过合法努力可以实现更高目标的条件。引导他们积极的社会动机，为社会建设和社会整体状况改善而努力。

（三）社会凝聚力

社会心态的认知方面包括幸福感、安全感、公平感、社会支持这些从个人角度对社会现状的评价，也包括对人际关系、地方或城市的认同和国家认同等内容。民众的社会认知包含了许多社会现状和社会问题的重要信息，是社会治理需要了解的重要内容。政府部门和全社会都要重视民众的社会认知方面。从这次社会心态调查来看，民众的主观幸福感现状并不乐观，而幸福感是一个与获得感相关度很高的因素，党的十九大报告重申了幸福发展观，应引导积极的幸福观，避免消费主义、物质主义倾向下"虚假需求"引导的外在目标无限不满足。食品安全、信息安全、环境安全依然是安全感最低的几个方面，这是人们美好生活需要的基本方面，衣食住行的基本生活需求需要在新的需求下来努力满足。从这次调查来看，民众的国家认同程度很高，这是社会心态的积极力量，也是社会凝聚力的重要内容。社会心理服务体系建设不仅是心理学专业工作者的专业服务，更需要全社会的努力，不断提高社会信任水平、社会公平感，不断积累社会资源、凝聚社会力量，社会才能不断进步。

（四）社会情绪

不同时代都有各个时代的情绪表现和情感表达。通过调查发现，积极社会情绪是主流，但也表现出一定的消极社会情绪。从历史发展的角度看，任何历史时期都不可避免会有消极情绪，我们应该关注的是消极情绪的表现和消极情感的走向，以及如何合理疏解消极情绪。消极情绪具有一定的信号意义，是社会治理需要关注的。关注阶层心态中不同群体的社会情绪，特别是要关注阶层之间消极情感的产生，要避免阶层间消极情绪的扩大化和升级为消极情感，如对贫富的不满上升为敌意或仇恨。

（五）社会矛盾与获得感

当前我国社会的主要矛盾是"人民日益增长的美好生活需要和不平衡不充分的发展之间的矛盾"，不平衡不充分的发展带来了阶层分化、贫富差距等，也带来了社会不公。社会治理必须重视这些社会心态问题，这关系到社会的和谐和稳定。当前，社会信任长期处于较低水平，社会信任困境依然没有出现扭转的迹象。党的十九大报告提出，"要坚持在发展中保障和改善民生，在幼有所育、学有所教、劳有所得、病有所医、老有所养、住有所居、弱有所扶上不断取得新进展，保证全体人民在共建共享发展中有更多获得感"。除了提出具体的人生不同阶段的养育、教育、分配、医疗、养老外，也关注了弱有所扶的社会问题，这里的"扶"不仅仅是针对社会上一度讨论的"老人跌倒要不要扶"的社会信任问题，也是关注社会支持体系建设，更是作为社会心理服务体系建设的重要内容。

第四章

幸福感

第一节　社会经济地位与主观社会阶层对幸福感的影响：基于 CGSS 2010～2015 的实证分析

一　引言

幸福感一直都是心理学，尤其是积极心理学关注的重要变量之一（Seligman & Csikszentmihalyi，2000）。研究者认为个体的幸福感可以反映个体对政府、对社会的满意度，它既受到社会现状的影响，也影响着社会的和谐与稳定（陈哲熙、林凯，2013）。从 2006 年开始，国家统计局与中央电视台等联合主办的《中国经济生活大调查》评选每年都评选出"中国最具幸福感的十大城市"。在党的十八大报告中，"多谋民生之利、多解民生之忧"等民生问题一直贯穿始终。习近平总书记在党的十九大报告中，从社会治理的角度谈及，要"加强社会心理服务体系建设，培育自尊自信、理性平和、积极向上的社会心态"。因此，学术界对幸福感的关注，不应仅仅停留在个体层面，更应该上升到地区层面、社会层面，从更加宏观的视角了解社会整体民众的幸福感情况。

（一）幸福感

到底什么是幸福？对于幸福的探讨是一个古老而又新兴的话题。古代先哲苏格拉底认为幸福和智慧是联系在一起的，追求知识和智慧就是幸福的。而柏拉图认为除了追求真理，还要摆脱肉体的愚蠢，追求纯洁的至善和光明才是幸福。伊壁鸠鲁对幸福的阐述则更加强调快乐的体验，他认为追求快乐就是追求幸福。

在心理学上，幸福是指人类个体认识到自己需要得到满足以及理想得到实现时产生的一种情绪状态，是由需要（包括动机、欲望、兴趣）、认知、情感等心理因素与外部诱因的交互作用形成的一种复杂的、多层次的心理状态，而主观幸福感则是专指评价者根据自定的标准对其生活质量的整体性评估，它是衡量个人生活质量的重要综合性心理指标（陈哲熙、林凯，2013；吴亦伦，2020）。可以说，幸福的感觉是需要的满足，而需要则包括认知、情感等多个方面。Diener 和 Fujita（1997）认为主观幸福感有三个特点：首先，幸福感是主观的，它的评定主要依赖于个体内定的标准，而不是他人或外界的标准；其次，幸福感是相对稳定的，虽然在评定主观幸福感时可能会受到情境和情绪状态的影响，但研究证实它是一个相对稳定的值；最后，幸福感的评定是整体性的，它是一种综合评价，包括对情感反应的评估和认知的判断。因此，在本研究中认为，主观幸福感指的是个体主观对其客观生活的整体评估（Diener & Fujita, 1997），是衡量个体生活质量的重要指标。

（二）个体社会经济地位对幸福感的影响

社会经济地位主要通过三个指标来衡量，包括收入、受教育程度和职业。收入对幸福感的影响最早开始于"伊斯特林悖论"（Easterlin, 1974），该研究者发现，从国家宏观经济的角度出发，人均收入的增加并不一定会带来幸福感的增加。Graham（2005）补充认为，收入和幸福感的关系在某国家内部和跨国家的研究中是存在差异的，在某个国家内部来讲，确实存在富人的幸福感高于穷人的幸福感这个现象，但是跨国家的研究不支持这个结论，即人均 GDP 和幸福感之间的关系非常弱。国内的一些研究也支持这样的观点。邢占军（2011）的研究发现，收入与我国城市居民幸福感之间具有较低的正相关，高收入居民的幸福感显著高于低收入居民，但是考察一段时期内的结果时，地区居民幸福感并没有随国民整体收入的增长而同步增长，并且地区富裕程度与该地区居民幸福感之间相关不明显。该研究基本支持了 Graham（2005）的假说。除此之外，还有其他研究者在中国的不同地区也都得到了类似的结果（龚丽媛、朱玉婵，2020；孙良顺，2016；张学志、才国伟，2011）。

而社会经济地位的后两个变量受教育程度和职业对幸福感的影响，则在很大程度上被认为其效应不如收入来得直接。在没有加入收入这个变量的时候，受教育程度对幸福感的效应是显著正向的，这是因为良好的教育能够帮助人们得到更好的工作、获得更高的社会地位和尊重、掌握更多更有效的社会资源，从而增强其主观幸福感，但加入收入之后，受教育程度对幸福感的影响明显下降很多（Ross & Van Willigen，1997）。在受教育程度对个体幸福感的影响中，还存在 U 形的影响机制，在余红伟等（2016）的研究中发现，学历处于义务教育阶段的人群幸福感最高，处于高中与高职高专的人群幸福感最低，本科学历的幸福感基本为平均水平，研究生学历的则明显有更高的幸福感，研究者认为，不同受教育程度的个体所处的环境不同，学历较低的个体可能更多分布在农村，生活成本低容易得到满足，而其他学历者则可能多在城市，则明显呈现了学历越高幸福感越高的趋势。胡宏兵、高娜娜（2019）通过对 CHIP 2013 数据库的分析也得到类似结论，受教育程度的提高可以促进幸福感的提升。

在对职业的研究中，陆学艺（2002）将中国的社会阶层根据不同职业进行了划分，他认为，以职业为基础，当代中国社会已分化为由十个社会阶层组成的社会阶层结构，这些不同的职业阶层所拥有的组织资源、经济资源和文化资源各有不同。十个社会阶层分别为：国家与社会管理者阶层、经理人员阶层、私营企业主阶层、专业技术人员阶层、办事人员阶层、个体工商户阶层、商业服务人员阶层、产业工人阶层、农业劳动者阶层和城乡无业/失业/半失业阶层。张云武（2015）将十个阶层简化为基础阶层、中间阶层和优势阶层，并考察不同阶层个体的幸福感，结果发现相比优势阶层，中间阶层的幸福感有所下降，基础阶层的幸福感更为下降，即使在控制了性别、年龄、学历、婚姻状况后该效应依旧显著。而在曹大宇（2009）的研究中，在"二元精英"模式的基础上将职业阶层扩展为国家干部与企业经营管理者、专业技术人员、下层办公室人员、城市体力劳动者、城市无职业者和农民六个阶层，考察其主观幸福感时发现，幸福感水平最高的是国家干部与企业经营管理者、下层办公室人员，幸福感水平比较低的是专业技术人员和农民。由此可以看出，不同职业所代表的阶层，其主观幸福感存在显著差异，基本上职业阶层越高，其幸福感越高。

本研究将继续通过收入、受教育程度和职业三个指标，考察客观社会经济地位对幸福感的影响。

（三）个体主观社会阶层对幸福感的影响

尽管居民的幸福感与个人的社会经济地位相关，但在中国，幸福感更多的是通过与他人的比较获得的，也就是说，这里影响幸福感的不是绝对的社会经济地位，而是相对的社会经济地位，个体如果认为自己的社会经济地位显著高于周围的熟人或同龄人，其幸福感可能就更强（孙良顺，2016）。这种"自己对自己社会经济地位的认知"，就是主观社会阶层。主观社会阶层与社会经济地位有相似之处，但又不完全相同。主观社会阶层是个体根据自己对自己的认知，主观评定的个人所处社会阶层（Easterlin et al.，2010）。社会经济地位由客观的指标（如个体或家庭的收入、受教育程度以及职业）决定，将个体按照一定标准划分为不同等级。而主观社会阶层除了能够在一定程度上反映个体的客观社会经济地位之外，还包含个体在社会比较之后的结果。研究发现，个体主观评定的社会阶层越高，其幸福感就越高（刘欣，2007），并且在收入等客观社会经济地位指标的基础上，主观社会阶层仍然能够显著地影响个体的幸福感（刘同山、孔祥智，2015；闰丙金、陈奕，2011）。

本研究将对比主观社会阶层和客观社会阶层对个体幸福感的影响，并考察在控制了客观社会阶层之后，主观社会阶层的影响效应。

（四）社会变迁对幸福感的影响

改革开放 40 多年以来，人民的生活水平持续提高，但是幸福感的增长由快速增长阶段到达了缓慢增长阶段（洪岩璧，2017；鲁元平、张克中，2010；吴菲，2016），这个变化可以通过"伊斯特林悖论"（Easterlin，1974）中的"正当化调整"来解释。正当化调整视角认为，当生活标准变化时，人们可能会很快适应新的生活标准，并认为这是理所当然的，也就是说，幸福感不仅受到当下的绝对生活状况影响，还受到感知到的变化的影响。如果人们感知到生活改善了很多，则对当下的幸福感有积极影响；如果人们没有感到生活有显著改善，则对当下幸福感可能没有影响。一项在德国的追踪研究（Di Tella et al.，2010）支持了这一观点，该研究发现，个体收入增长对当下幸福感有显著的积极影响，但四年后，这一影响不再显著。

除了人们对以往到现在变化的感知会影响当下的幸福感之外，还有研究发现，对未来的预期改变也会显著影响个体的幸福感。Knight 等（2009）在中国农村样本中研究发现，当时的生活水平与五年前相比如果更好，则显著正向地影响当下的幸福感；若更差，则显著负向地影响当下的幸福感。在控制了已知变化之后，如果个体预期未来五年的收入会有较大提高或较小提高，则会显著正向地影响当下的幸福感；而如果预期未来收入会下降，则对当前幸福感没有显著影响。

在本研究中，除了考察当下个体的主、客观社会阶层的影响外，还将考察个体对过去的阶层改变感知和对未来的阶层变化预期对当下幸福感的影响。

（五）问题提出

本研究将着重考察客观社会经济地位与主观社会阶层对幸福感的影响，并对比 2010 年至 2015 年逐年的变化趋势。基于前人的研究，本研究提出如下假设。

假设 1：客观社会经济地位越高，个体的主观幸福感越高。具体分为以下三个子假设。

1a：个体收入越高，个体的主观幸福感越高；

1b：个体受教育程度越高，个体的主观幸福感越高；

1c：不同职业阶层的个体，其主观幸福感不同。

假设 2：个体评估的主观社会阶层越高，个体的主观幸福感越高。具体分为以下三个子假设。

2a：个体评估的当前主观社会阶层越高，个体的主观幸福感越高；

2b：个体评估的已知阶层提升越大，个体的主观幸福感越高；

2c：个体评估的预期阶层提升越大，个体的主观幸福感越高。

假设 3：客观社会经济地位和主观社会阶层对个体幸福感的影响逐年减少，具体分为以下两个子假设。

3a：客观社会经济地位指标对个体幸福感的影响逐年减小；

3b：主观社会阶层指标对个体幸福感的影响逐年减小。

二　数据来源与变量设置

（一）数据来源

本节使用数据全部来自中国人民大学中国调查与数据中心主持的"中国综合社会调查"（Chinese General Social Survey，CGSS）项目中 2010 ~ 2015 年的数据。中国综合社会调查始于 2003 年，是我国最早的全国性、综合性、连续性学术调查项目，该调查是中国人民大学与香港科技大学发起的全国性大型社会抽样调查，主要目的是了解我国城乡居民的生活、就业状况及其对社会热点问题的态度等。调查采用多阶分层概率抽样的方法选取样本，对选中的家庭，采用 KISH 随机抽样表从 18 岁以上的成员中选取一位进行访问。2010 ~ 2015 年的数据情况如表 4 - 1 所示。

表 4 - 1　CGSS 2010 ~ 2015 数据基本情况

总样本		2010 年	2011 年	2012 年	2013 年	2015 年
		11783	5620	11765	11438	10968
所在地区（%）	农村	38.7	42.5	39.9	38.6	41.0
	城市	61.3	57.5	60.1	61.4	59.0
性别（%）	女性	51.8	54.3	48.8	49.7	53.2
	男性	48.2	45.7	51.2	50.3	46.8

注：不同于以往的综合调查，CGSS 2014 做的是一项专题调查（中国老年社会追踪调查），所以在本书中没有呈现 2014 年数据。

（二）自变量、因变量及其说明

1. 因变量幸福感

本研究中对幸福感的测量要求个体报告主观感受的总体生活满意度，按照 5 分计分：1 = 非常不幸福，2 = 比较不幸福，3 = 说不上幸福不幸福，4 = 比较幸福，5 = 非常幸福。2010 ~ 2015 年，个体报告的幸福感数据如表 4 - 2 所示。

表 4 - 2　2010 ~ 2015 年幸福感

项目	2010 年	2011 年	2012 年	2013 年	2015 年
有效样本量	11767	5614	11724	11380	10953
1 = 非常不幸福（%）	2.1	2.0	1.5	1.6	1.3
2 = 比较不幸福（%）	7.7	6.6	7.4	7.4	6.3
3 = 说不上幸福不幸福（%）	17.7	11.4	15.9	18.7	14.7
4 = 比较幸福（%）	56.5	59.6	59.2	58.5	60.0
5 = 非常幸福（%）	16.0	20.3	16.0	13.8	17.8
平均数	3.77	3.90	3.81	3.76	3.87
标准差	0.88	0.87	0.84	0.84	0.82

从表 4 - 2 可知，2010 ~ 2015 年，个体报告的幸福感总体来说是偏幸福的，均分都大于 3 分。从变化趋势的角度来说，2010 ~ 2015 年，幸福感基本平稳，略微呈现"先扬后抑再扬"的趋势。

2. 自变量及其说明

本研究的自变量或解释变量主要包括控制变量、社会经济地位变量和主观社会阶层变量三个部分，所有自变量编码及描述统计如表 4 - 3 所示，其中连续变量报告均值和标准差，分类变量和等级变量则报告频次。

表 4 - 3　自变量编码及描述统计

变量名称			2010 年	2011 年	2012 年	2013 年	2015 年
控制变量	性别（%）	女性	51.8	54.3	48.8	49.7	53.2
		男性	48.2	45.7	51.2	50.3	46.8
	年龄（岁）		47.30	48.16	48.91	48.60	50.40
			±15.68	±16.04	±16.26	±16.39	±16.90
	年龄的平方		2483.37	2576.53	2656.17	2630.25	2825.39
			±1561.87	±1615.10	±1654.48	±1655.07	±1742.33
	婚姻状况（%）	未婚	9.6	9.5	8.8	10.2	10.3
		同居	0.1	0.5	0.9	0.8	0.7
		已婚	79.9	79.0	78.9	78.3	77.4
		分居	0.4	0.2	0.3	0.3	0.3
		离婚	2.1	2.0	2.1	2.0	2.1
		丧偶	7.8	8.8	9.1	8.4	9.2
	所在地区（%）	城市	61.3	57.5	60.1	61.4	59.0
		农村	38.7	42.5	39.9	38.6	41.0
社会经济地位变量	年收入（元）		19210.68	17176.19	21053.93	23814.43	32805.33
			±80835.92	±37094.49	±32516.42	±36753.26	±205840.55
	年收入的自然对数		8.21	8.33	8.62	8.62	8.22
			±3.14	±2.93	±2.90	±3.26	±3.75
	受教育年限（年）		8.81	8.61	8.79	8.89	8.78
			±4.74	±4.67	±4.77	±4.79	±4.87
	职业（%）	立法者、高级官员或管理者	4.2	6.1	6.7	6.1	9.2
		专业技术人员	7.5	6.1	6.1	6.0	10.5
		技术员和助理人员	4.7	6.4	7.9	6.6	8.9
		职员和办事员	9.7	4.5	5.1	6.5	8.7
		服务人员和商场商店销售人员	13.1	11.5	11.9	12.4	20.0
		技术型建筑工人和渔业工人	36.2	39.1	35.7	35.7	1.7
		手工业及相关行业工人	12.0	11.4	10.3	12.5	9.0
		车间机械工人和装配工	5.2	6.7	8.9	6.1	16.2
		非技术工人	7.4	8.1	7.3	8.1	15.7
		军人	0	0	0	0	0

续表

变量名称			2010 年	2011 年	2012 年	2013 年	2015 年
主观社会阶层变量	当前阶层（%）		4.06	4.13	4.17	4.31	4.32
			± 1.73	± 1.80	± 1.71	± 1.68	± 1.64
		阶层等级 1	10.0	9.7	8.4	6.9	7.8
		阶层等级 2	9.9	9.7	9.0	7.6	6.5
		阶层等级 3	16.0	16.2	15.9	15.6	13.6
		阶层等级 4	17.7	16.2	17.5	18.2	18.8
		阶层等级 5	30.6	30.6	33.0	32.5	35.0
		阶层等级 6	10.0	10.1	9.5	11.6	11.7
		阶层等级 7	3.3	4.1	4.0	4.5	4.4
		阶层等级 8	1.7	2.3	1.8	2.1	1.5
		阶层等级 9	0.4	0.4	0.4	0.3	0.2
		阶层等级 10	0.5	0.8	0.6	0.6	0.5
	已知阶层改变		0.68	0.85	1.05	0.79	0.71
			± 1.64	± 1.77	± 1.44	± 1.54	± 1.43
	预期阶层改变		1.15	1.1	1.2	1.02	0.88
			± 1.44	± 1.49	± 1.34	± 1.36	± 1.31

注："已婚"数据中合并了"初婚"和"再婚"；所有连续变量显示均值 ± 标准差，所有分类变量显示分布占比。

控制变量主要由一般人口学变量组成，包括被调查对象的性别（1 = 男性，0 = 女性）、年龄、年龄的平方、婚姻状况（1 = 未婚，2 = 同居，3 = 已婚，4 = 分居，5 = 离婚，6 = 丧偶），以及所在地区（1 = 城市，0 = 农村）。

社会经济地位变量包括决定社会经济地位的三个主要变量，即收入、受教育程度和职业。其中收入部分，除了统计个人上年全年收入以外，还对该收入取了自然对数，若收入为 0，则自然对数变量也为 0。在原调查问卷中，受教育程度的测量要求个体回答"目前的最高受教育程度"，除了缺失值外，共有 14 个备择选项，在本研究中参照前人研究（王甫勤，2011）将各个受教育程度转换为受教育年限这个连续变量，按照以下规则进行转换：其他 = 1 年；未受过任何教育 = 0 年；未受过正式教育（或扫盲班）= 3 年；私塾 = 4 年；小学 = 6 年；中学 = 9 年；高中 = 12 年；职高和技校 = 13 年；中专 = 13 年；大专（非全日制或成人高等教育）= 14 年；大专

（全日制或正规高等教育）=15 年；本科（非全日制或成人高等教育）=
16 年；本科（全日制或正规高等教育）=17 年；研究生及以上=20 年。职
业部分，原调查中根据个人描述的所从事职业按照国际标准职业分类（Inter-
national Standard Classification of Occupations，ISCO）进行编码，本研究中只选
取 ISCO - 88 的 10 个大分类进行研究，包括：1 = 立法者、高级官员或管理
者；2 = 专业技术人员；3 = 技术员和助理人员；4 = 职员和办事员；5 = 服务
人员和商场商店销售人员；6 = 技术型建筑工人和渔业工人；7 = 手工业及相
关行业工人；8 = 车间机械工人和装配工；9 = 非技术工人；10 = 军人。职业
变量选择当前职业或上一份职业，如有当前职业的则编码当前职业，如果没
有当前职业的（如退休或离职），则编码上一份职业，职业编码的范围为 1 ~
9，没有 10（军人）。

主观社会阶层变量使用的是 MacArthur 主观社会经济地位量表（Adler &
Stewart，2007），它是一个 10 级阶梯量表，要求个体根据自己的主观判断选
择自己在整个社会层级结构中所处的位置。测量中不仅包括个体主观评估
当前所在社会阶层，还包括已知过去十年的阶层改变以及预期未来十年的
阶层改变。在原调查中，分别询问了个体十年前、现在和十年后的主观社
会阶层，由个体主观评定自己在 10 个等级上的阶层。在本研究中，已知过
去十年的阶层改变等于现在所处阶层减去十年前阶层，预期未来十年的阶
层改变等于十年后阶层减去现在所处阶层。

三　模型建构与实证分析

（一）模型建构

根据研究问题，本研究将建构以下三个模型。

模型一：

$$Happiness = \lambda Z + u \tag{4-1}$$

模型二：

$$Happiness = \beta_1 income + \beta_2 \ln(income) + \beta_3 eduyear + \beta_4 job + \lambda Z + u \tag{4-2}$$

模型三：

$$Happiness = \beta_1 income + \beta_2 \ln(income) + \beta_3 eduyear + \beta_4 job + \beta_5 sc\_now$$
$$+ \beta_6 sc\_change\_p + \beta_7 sc\_change\_e + \lambda Z + u$$

$$\tag{4-3}$$

上述公式中，因变量 *Happiness* 是幸福感，变量 *Z* 是所有控制变量，包括性别、年龄、年龄的平方、婚姻状况、所在地区，变量 *u* 是服从正态分布的误差项，变量 *income* 是年收入，变量 ln（*income*）是年收入的自然对数，变量 *eduyear* 是受教育年限，变量 *job* 是职业，变量 *sc_now* 是目前所处的主观社会阶层，变量 *sc_change_p* 是感知到的过去十年到现在的主观社会阶层改变，变量 *sc_change_e* 是预期从现在到十年后的主观社会阶层改变。由上述模型可知，模型一至模型三是嵌套关系，可以通过似然比检验进行模型比较。

（二）实证分析

由于个体只报告了"非常不幸福、比较不幸福、说不上幸福不幸福、比较幸福、非常幸福"并用 1、2、3、4、5 来表示，但"非常不幸福"和"比较不幸福"的差值即 1 和 2 的差值不一定等于"比较幸福"和"非常幸福"的差值即 4 和 5 的差值，因此幸福感变量为等级变量，本研究将采用等级逻辑回归分析（Ordinal Logistic Regression Analysis）构建模型，2010～2015 年的模型一至模型三如表 4 − 4 所示。

从表 4 − 4 可以看出，控制变量、社会经济地位变量和主观社会阶层变量都对幸福感有一定程度的影响。

控制变量：①性别，女性相对于男性的幸福感更高，通过 exp（B）转化为 OR（Odds Ratio），可知女性的幸福感是男性幸福感的 1.05～1.23 倍。②年龄，估计值 B 为显著的负数，说明年龄的增加带来幸福感的降低，通过 OR 计算可知，每增加一岁，幸福感下降4.9%～10.4%。③婚姻状况，已婚个体的幸福感显著稳定地比丧偶个体的幸福感高，约是后者的 1.45～1.99 倍，而离异个体的幸福感显著稳定地比丧偶个体的幸福感低，约低于后者28.8%～58.1%，除此之外，未婚个体的幸福感在一些模型中比丧偶个体的幸福感低，同居个体的幸福感在一些模型中比丧偶个体的幸福感高。④所在地区，在仅考虑控制变量的情况下（模型一），农村个体的幸福感相比城市个体的幸福感低 9.5%～22.1%，但加入了社会经济地位变量之后（模型二），农村个体的幸福感是城市个体的 1.16～1.20 倍，而继续加入主观社会阶层变量之后（模型三），农村个体的幸福感与城市个体没有显著差异。

表 4 - 4 2010~2015 年幸福感模型

变量	2010年 模型一	模型二	模型三	2011年 模型一	模型二	模型三	2012年 模型一	模型二	模型三	2013年 模型一	模型二	模型三	2015年 模型一	模型二	模型三
控制变量															
性别															
0＝女性	0.08* (0.04)	0.19*** (0.04)	0.12** (0.04)	0.08 (0.05)	0.19** (0.06)	0.12 (0.06)	0.05 (0.04)	0.16*** (0.04)	0.09 (0.05)	0.13** (0.04)	0.21*** (0.04)	0.13** (0.04)	0.09* (0.04)	0.19*** (0.05)	0.15** (0.06)
年龄	-0.11*** (0.01)	-0.09*** (0.01)	-0.06*** (0.01)	-0.10*** (0.01)	-0.08*** (0.01)	-0.05*** (0.01)	-0.09*** (0.01)	-0.08*** (0.01)	-0.06*** (0.01)	-0.09*** (0.01)	-0.08*** (0.01)	-0.07*** (0.01)	-0.09*** (0.01)	-0.08*** (0.01)	-0.06*** (0.01)
年龄的平方	0.00*** (0.00)	0.00*** (0.00)	0.00*** (0.00)	0.00*** (0.00)	0.00*** (0.00)	0.00*** (0.00)	0.00*** (0.00)	0.00*** (0.00)	0.00*** (0.00)	0.00*** (0.00)	0.00*** (0.00)	0.00*** (0.00)	0.00*** (0.00)	0.00*** (0.00)	0.00*** (0.00)
婚姻状况															
1＝未婚	0.03 (0.11)	-0.05 (0.12)	-0.03 (0.12)	-0.17 (0.15)	-0.22 (0.17)	-0.08 (0.18)	-0.13 (0.11)	-0.33** (0.12)	-0.29* (0.13)	-0.17 (0.11)	-0.34** (0.12)	-0.33** (0.12)	-0.20* (0.11)	-0.39*** (0.15)	-0.34* (0.15)
2＝同居	-0.05 (0.47)	0.03 (0.47)	0.11 (0.48)	0.33 (0.38)	0.37 (0.40)	0.33 (0.41)	0.05 (0.20)	-0.01 (0.22)	-0.09 (0.25)	0.51* (0.22)	0.50* (0.25)	0.53* (0.25)	0.19 (0.23)	0.22 (0.28)	0.18 (0.28)
3＝已婚	0.69*** (0.08)	0.68*** (0.08)	0.59*** (0.09)	0.47*** (0.11)	0.45*** (0.12)	0.48*** (0.12)	0.57*** (0.07)	0.50*** (0.08)	0.53*** (0.09)	0.51*** (0.07)	0.43*** (0.08)	0.37*** (0.08)	0.42*** (0.07)	0.41*** (0.11)	0.37** (0.11)
4＝分居	-0.66* (0.27)	-0.70* (0.28)	-0.53 (0.29)	-0.09 (0.59)	-0.35 (0.66)	-0.28 (0.67)	-0.54 (0.33)	-0.33 (0.39)	-0.35 (0.41)	-0.31 (0.33)	-0.47 (0.36)	-0.65 (0.38)	-0.84** (0.32)	-0.47 (0.42)	-0.09 (0.45)
5＝离婚	-0.48*** (0.14)	-0.52** (0.15)	-0.40** (0.16)	-0.48* (0.21)	-0.60** (0.22)	-0.34 (0.23)	-0.44** (0.14)	-0.53*** (0.15)	-0.36* (0.17)	-0.72*** (0.14)	-0.87*** (0.15)	-0.82*** (0.16)	-0.57*** (0.14)	-0.70*** (0.18)	-0.64** (0.19)

续表

变量	2010年			2011年			2012年			2013年			2015年		
	模型一	模型二	模型三	模型一	模型二	模型三	模型一	模型二	模型三	模型一	模型二	模型三	模型一	模型二	模型三
所在地区 0=农村	-0.25*** (0.04)	0.05 (0.06)	0.03 (0.06)	0.03 (0.05)	0.25** (0.08)	0.11 (0.08)	-0.14*** (0.04)	0.18*** (0.05)	0.11 (0.06)	0.00 (0.04)	0.23*** (0.05)	0.18** (0.06)	-0.10** (0.04)	0.15* (0.06)	0.08 (0.06)
社会经济地位变量															
年收入		0.00 (0.00)	0.00 (0.00)		0.00 (0.00)	0.00 (0.00)		0.00*** (0.00)	0.00 (0.00)		0.00*** (0.00)	0.00 (0.00)		0.00 (0.00)	0.00 (0.00)
年收入的自然对数		0.05*** (0.01)	0.03** (0.01)		0.05*** (0.01)	0.04** (0.01)		0.04*** (0.01)	0.03* (0.01)		0.01 (0.01)	0.01 (0.01)		0.03*** (0.01)	0.02* (0.01)
受教育年限		0.03*** (0.01)	0.03*** (0.01)		0.01 (0.01)	0.00 (0.01)		0.03*** (0.01)	0.02** (0.01)		0.02** (0.01)	0.01* (0.01)		0.04*** (0.01)	0.03** (0.01)
职业															
1=立法者,高级官员或管理者		0.71*** (0.12)	0.33* (0.13)		0.65*** (0.16)	0.48** (0.16)		0.47*** (0.11)	0.30* (0.12)		0.57*** (0.11)	0.39*** (0.11)		0.59*** (0.11)	0.36** (0.12)
2=专业技术人员		0.53*** (0.11)	0.31** (0.11)		0.41* (0.16)	0.24 (0.17)		0.36** (0.12)	0.35** (0.13)		0.27* (0.12)	0.12 (0.12)		0.42*** (0.11)	0.23 (0.12)
3=技术员和助理人员		0.44*** (0.12)	0.23 (0.12)		0.37* (0.16)	0.25 (0.16)		0.34** (0.11)	0.30* (0.12)		0.44*** (0.11)	0.38*** (0.11)		0.41*** (0.11)	0.22 (0.12)
4=职员和办事员		0.51*** (0.10)	0.34** (0.10)		0.58** (0.17)	0.51** (0.18)		0.24* (0.12)	0.29* (0.13)		0.40*** (0.11)	0.31** (0.11)		0.29** (0.11)	0.12 (0.12)

续表

变量	2010年 模型一	2010年 模型二	2010年 模型三	2011年 模型一	2011年 模型二	2011年 模型三	2012年 模型一	2012年 模型二	2012年 模型三	2013年 模型一	2013年 模型二	2013年 模型三	2015年 模型一	2015年 模型二	2015年 模型三
5 = 服务人员和商场商店销售人员		0.35*** (0.09)	0.23* (0.09)		0.38** (0.13)	0.28* (0.14)		0.20* (0.09)	0.13 (0.11)		0.21* (0.09)	0.15 (0.09)		0.27** (0.09)	0.14 (0.09)
6 = 技术型建筑工人和渔业工人		0.21* (0.09)	0.14 (0.09)		0.14 (0.12)	0.14 (0.12)		0.05 (0.09)	0.03 (0.10)		0.10 (0.08)	0.11 (0.09)		0.18 (0.20)	0.14 (0.21)
7 = 手工业及相关行业工人		0.35*** (0.09)	0.31** (0.09)		0.23 (0.13)	0.23 (0.13)		0.12 (0.10)	0.19 (0.11)		0.23* (0.09)	0.19* (0.09)		0.33*** (0.10)	0.26* (0.11)
8 = 车间机械工人和装配工		0.34** (0.11)	0.29* (0.12)		0.36* (0.15)	0.34* (0.15)		0.26** (0.10)	0.25* (0.11)		0.23* (0.11)	0.21 (0.11)		0.10 (0.09)	-0.02 (0.09)
主观社会阶层变量															
当前阶层			0.34*** (0.01)			0.42*** (0.02)			0.33*** (0.02)			0.31*** (0.01)			0.30*** (0.02)
已知阶层改变			0.08*** (0.01)			0.06** (0.02)			0.00 (0.02)			0.04** (0.02)			0.06** (0.02)
预期阶层改变			0.15*** (0.02)			0.17*** (0.02)			0.20*** (0.02)			0.11*** (0.02)			0.13*** (0.02)
模型指数 Pseudo R^2	0.037	0.059	0.155	0.023	0.038	0.175	0.025	0.046	0.130	0.026	0.043	0.110	0.026	0.054	0.116
χ^2 (df)	401.96 (9)***	528.78 (20)***	1423.76 (23)***	119.45 (9)***	164.79 (20)***	798.90 (23)***	266.53 (9)***	424.88 (20)***	1049.87 (23)***	269.27 (9)***	376.52 (20)***	983.95 (23)***	256.82 (9)***	319.80 (20)***	672.12 (23)***

注：性别的参考值为 1 = 男性；婚姻状况的参考值为 6 = 丧偶；所在地区的参考值为 1 = 城市；职业的参考值为 9 = 非技术工人。所有数值为估计值 B（标准误 SE）。* $p < 0.05$，** $p < 0.01$，*** $p < 0.001$，下同。

社会经济地位变量：①收入，年收入及年收入的自然对数在大多数模型中均可以显著地正向影响幸福感，也就是说，收入越高，个体的幸福感越高，在加入主观社会阶层变量之后，影响效应值变小但仍达到 0.05 的显著性水平。②受教育年限，除 2011 年的模型之外，受教育年限均对幸福感有显著的正向影响，也就是说，受教育年限越高，个体的幸福感越高，在加入主观社会阶层变量之后，影响效应值变小但仍达到 0.05 的显著性水平。③职业，职业对幸福感的影响逐年之间略有变化，2010 年，模型二中所有职业个体的幸福感均高于参考值（9 ＝非技术工人），而加入主观社会阶层变量之后（模型三），技术员和助理人员、技术型建筑工人和渔业工人与非技术工人的幸福感不再有显著差异；2011 年，模型二中技术型建筑工人和渔业工人、手工业及相关行业工人与非技术工人的幸福感没有显著差异，其他职业的幸福感均显著高于非技术工人，而加入主观社会阶层变量之后（模型三），专业技术人员、技术员和助理人员也不再与非技术工人的幸福感存在显著差异；2012 年，模型二中技术型建筑工人和渔业工人、手工业及相关行业工人与非技术工人的幸福感没有显著差异，其他职业的幸福感均显著高于非技术工人，而加入主观社会阶层变量之后（模型三），服务人员和商场商店销售人员也不再与非技术工人的幸福感存在显著差异；2013 年，模型二中只有技术型建筑工人和渔业工人与非技术工人的幸福感没有显著差异，其他职业的幸福感均显著高于非技术工人，而加入主观社会阶层变量之后（模型三），专业技术人员、服务人员和商场商店销售人员、车间机械工人和装配工也不再与非技术工人的幸福感存在显著差异；2015 年，模型二中只有技术型建筑工人和渔业工人、车间机械工人和装配工与非技术工人的幸福感没有显著差异，其他职业的幸福感均显著高于非技术工人，而加入主观社会阶层变量之后（模型三），只有立法者、高级官员或管理者和手工业及相关行业工人的幸福感仍显著高于非技术工人，其他职业与非技术工人均不再存在显著差异。纵观各年的结果，在加入了主观社会阶层变量之后，职业这个变量对幸福感的影响越来越小。

主观社会阶层变量：①当前阶层，纵观 2010～2015 年数据，当前阶层均可以显著地正向影响幸福感，即个体主观评定的社会阶层越高，幸福感越高，感知的社会阶层每提高一个阶层，幸福感可以提高 1.35～1.52 倍，这个影响总体来讲是比较稳定的，在 2011 年达到峰值之后，2012～2015 年基本维持在 1.35～1.39 倍。②已知阶层改变，十年前和现在主观社会阶层的改变量对幸福感的影响基本是显著正向的，只有 2012 年的影响正向但不显著，但感知到的阶层改变的效应值较低，感知到的阶层改变每提高一个单位，幸福感只提高 1.04 ～ 1.08 倍。③预期阶层改变，现在到十年后的主观社会阶层改变量对幸福感的影响是稳定且显著正向的，即预期阶层改变的程度越高，幸福感越高，但纵观 2010 ～ 2015 年的数据，预期阶层改变的效应值有所变化，从 2010 年逐渐上升到 2012 年达到峰值，预期阶层改变每提高一个单位，幸福感提高 1.22 倍，然后开始下降，2013 年和 2015 年的效应值分别为 1.12 倍和 1.14 倍。

比较模型一、模型二和模型三可以看到，三个模型在各年的数据中都是显著的，说明三个模型都很好地拟合了数据。在加入社会经济地位变量和主观社会阶层变量之后，模型可解释的变异量（Pseudo R^2）明显提高。为了检验从模型一到模型二、从模型二到模型三的改变，本研究使用似然比检验，结果发现，卡方改变量（Chi-Square Change）均达到显著性水平，说明模型二的解释效应优于模型一，模型三的解释效应优于模型二。

根据 Clogg（1995）中建议的方法 $z = \dfrac{\widehat{\beta_1} - \widehat{\beta_2}}{\sqrt{S^2(\widehat{\beta_1}) + S^2(\widehat{\beta_2})}}$，比较每年模型三中社会经济地位和主观社会阶层的影响效应。2011 年模型三相对于 2010 年模型三来说，社会经济地位中受教育年限的影响显著下降（$z = -2.622$，$p < 0.01$），主观社会阶层中当前阶层的影响显著提高（$z = 3.100$，$p < 0.001$），其他影响没有显著变化。2012 年模型三相对于 2011 年模型三来说，主观社会阶层中当前阶层的影响显著下降（$z = -2.765$，$p < 0.01$），主观社会阶层中已知阶层改变的影响显著下降（$z = -2.007$，$p < 0.05$），其他影响没有显著变化。2013 年模型三相对于 2012 年模型三来说，控制变量中婚姻状况同居与丧偶相比的影响显著提高（$z = 2.137$，$p < 0.05$），主观社会阶层中预期阶层改变的影响显著下降（$z = -3.648$，$p < 0.001$），其他影响没有显著变化。2015 年模型三相对于 2013 年模型三来说，控制变量中所在地区农村与城市相比的影响显著下降（$z = -2.303$，$p < 0.05$），社会经济地位中年收入的影响显著提高（$z = 2.553$，$p < 0.01$），而年收入的自然对数的影响显著下降（$z = -5.886$，$p < 0.001$），社会经济地位中受教育年限的影响显著提高（$z = 1.976$，$p < 0.05$），其他影响没有显著变化。2015 年模型三相对于 2010 年模型三来说，社会经济地位中年收入的自然对数的影响

显著下降（$z = -5.025$，$p < 0.001$），社会经济地位中职业车间机械工人和装配工与非技术工人相比的影响显著下降（$z = -1.706$，$p < 0.05$），其他影响没有显著变化。2015 年模型三相对于 2012 年模型三来说，社会经济地位中年收入的自然对数的影响显著下降（$z = -5.325$，$p < 0.001$），主观社会阶层中已知阶层改变的影响显著提高（$z = 2.292$，$p < 0.05$），而预期阶层改变的影响显著下降（$z = -2.648$，$p < 0.01$），其他影响没有显著变化。

四 结论和讨论

（一）结论

结论一：社会经济地位变量和主观社会阶层变量可以显著地影响个体的幸福感，支持了本研究的假设 1 中的 1a、1b、1c 和假设 2 中的 2a、2b、2c，并且在加入主观社会阶层变量之后，社会经济地位变量的影响降低了。

结论二：一般人口学变量的影响中，女性的幸福感高于男性；总体来说，年龄的增长会造成幸福感的降低；已婚个体的幸福感最高，离婚个体的幸福感最低；在控制了社会经济地位变量和主观社会阶层变量之后，农村个体和城市个体的幸福感没有显著差异。

结论三：整体来讲，社会经济地位变量对个体的幸福感的影响在减少，尤其是年收入，即部分满足了假设 3 中的 3a。主观社会阶层变量对个体幸福感的影响呈现先增加后减少的趋势，尤其是预期阶层改变，即部分满足了假设 3 中的 3b。

（二）讨论

在本研究中，重点考察了社会经济地位变量和主观社会阶层变量对个体幸福感的影响，结果基本和前人的研究相似，社会经济地位变量中，年收入对幸福感的影响是最大的。而主观社会阶层变量中，个人认知的社会阶层越高，其幸福感越高，并且这个影响即使在社会经济地位变量存在的前提下依旧显著，说明个体主观认知的社会阶层具有独特的作用。在加入主观社会阶层变量之后，社会经济地位变量的影响均有所下降，这也与前人研究（Demakakos et al.，2008）认为主观社会阶层可以中介社会经济地位变量影响的结论类似。也就是说，主观社会阶层的评价中，个体除了基于自身的客观经济地位还加入了主观的判断，因此在本研究中，即使控制了社会经济地位变量的影响，主观判断的社会阶层依旧对个体的幸福感有显著的影响。

除此之外，与 Knight 等（2009）的研究相似，本研究中也发现，已知过去十年到现在的社会阶层改变可以显著影响个体的幸福感。已知过去的阶层改变，可以理解为个体在过去十年中的一种获得感，个体和家庭通过自己的努力，使社会阶层地位得到提高，这种成就感使得个体对自己的生活感到非常满意，觉得自己非常幸福，是主观认知层面的情绪和感受。这个结果提示我们，2015 年的测量样本中，"正当化调整"仍未发生或发生程度较低，人们并没有将阶层的提升、生活的改善想成理所当然的，而是仍然会因此感到幸福。

而现在到未来十年的社会阶层改变预期对个体幸福感的影响，在整体趋势上呈现为先增加后减少，在 2012 年达到峰值，且差异检验的结果表明，2015 年预期阶层改变对幸福感的影响小于 2012 年。该结果可以尝试从"阶层流动困难"（马传松、朱捃，2012）的角度进行解释。当个体认为自己未来十年的社会阶层不会有改变，或者这种改变不能让自己产生动力时，就不会因此而产生充满活力、充满奋斗目标的拼搏感，因此也不会产生更高的幸福感。本节的结果并不表明目前社会阶层流动存在困难，而是表明如果个体主观认为社会阶层流动困难，则会对个体的幸福感产生消极影响。这也在数据上支持了马传松、朱捃认为"阶层流动困难会损害个体积极性"的观点。而在刘小鸽等（2018）的研究中，也证实了代际流动可以缓解贫富差距对居民幸福感的不利影响。整体来讲，虽然我们要警惕阶层流动困难的影响，但 2015 年的结果显示，人们依旧会因未来阶层改变而对生活更加满意。

本研究的创新之处在于：①在控制了人口学变量的基础上，对比主观社会阶层和客观社会经济地位对个体幸福感影响的差异；②除了当前主观社会阶层，还考察了已知阶层改变和预期阶层改变对个体幸福感的影响；③对比了不同年份之间各影响效应的改变量。本研究的不足之处在于全国数据局限于 2010~2015 年，之后的数据目前无法获取，不能追踪 2015 年之后主、客观社会阶层对个体幸福感的影响。除此之外，由于本研究所使用的数据并不是个体追踪数据，每年的样本偏差可能会存在，但受限于模型，这部分的测量偏差无法被控制。最后，个体幸福感的测量仅为单一题目，因此在以后的测量中，应选用更具信效度的测量工具进行验证。

第二节　不同地区中幸福取向对主观幸福感的影响

一　引言

以往对于主观幸福感的研究中，幸福取向（happiness orientation）是一个重要的影响因素。幸福取向指的是追求幸福的过程中可能选取的不同途径和方向，这些途径包括：通过追求享乐（hedonism）来实现幸福，通过追求意义（meaning）来实现幸福，通过追求投入（engagement）来实现幸福。相较于前两种注重结果的取向，投入取向更注重的是过程。Peterson 等（2005）根据 Seligman（2002）提出的"对投入的追求"的概念，认为个体在全身心投入一项工作或活动的过程中，就已经感受到愉悦了。当个体体验到这种"忘我"的境界时，也同样感受到了幸福。因此，除了结果性质的享乐和意义，追求过程性质的投入也可以是个体实现幸福的途径之一。

除了幸福取向这个个体层面的变量，在过去的研究中，还发现很多地区和社会层面的变量会影响个体的幸福感。比如叶南客等（2008）通过社会生活指标（包括经济建设、政治建设、社会建设、文化建设）和个人生活指标（包括个人物质生活、个人人际关系、个人状态）两个方面构建了南京市的幸福感指标体系。而王曲元（2009）认为社会因素，如经济增长与经济发展、个体居住水平、交通环境、公共服务、社会安全、教育水平等都会影响个体的主观幸福感，另外，地区因素，如宗教、风俗、节日及地区的地理环境因素等，也会影响个体的主观幸福感。综合这两方面因素，本研究将加入地区作为调节变量，以考察不同地区个体主观幸福感的差异。

中国关于幸福取向和主观幸福感的研究还比较缺乏，关于各地区比较的实证研究几乎没有。因此，本研究尝试探究以下几个问题：①中国各地区个体的主观幸福感如何？②不同的幸福取向与主观幸福感的关系如何？③各地区中，不同幸福取向对主观幸福感的影响是否存在差异？

二　研究方法

（一）数据来源

本节使用的数据库来源于中国社会科学院－数相科技联合发布的2017年社会心态调查。其具体被试与测量过程详见第三章第二节。

（二）测量工具

1. 主观幸福感

主观幸福感的测量采用了 Diener 等（1985）编制的生活满意度量表（Satisfaction With Life Scale，SWLS），该量表采用 5 道题目来测量个体对其生活满意度的整体评价。测量采用李克特 7 点计分，要求被试根据自己的感受进行评价（1 = "非常不同意"，7 = "非常同意"）。样题包括："我的生活大致符合我的理想"和"我满意自己的生活"。在本研究中，该量表内部一致性信度为 0.86，符合心理测量学要求。

2. 幸福取向

幸福取向的测量采用了 Peterson 等（2005）编制的幸福取向量表（Orientations to Happiness Scale，OHS），该量表采用 18 道题目来测量个体对三种不同幸福取向的评价，分别为意义取向、享乐取向和投入取向。测量采用李克特 7 点计分，要求被试根据自己的感受进行评价（1 = "非常不同意"，7 = "非常同意"）。样题包括："人生就要追求更高的目标"（意义取向）、"人生苦短，应及时行乐"（享乐取向）、"不管我做什么，我都全心投入，感觉时间过得很快"（投入取向）。在本研究中，该量表内部一致性信度为 0.90，意义取向分量表为 0.78，享乐取向分量表为 0.75，投入取向分量表为 0.83，基本符合心理测量学要求。

（三）数据处理

本研究采用 SPSS 20.0 统计分析软件对数据进行分析，主要分析方法包括：描述统计、相关分析、差异检验、回归分析等。

三　研究结果

（一）主观幸福感的一般特征

为探究主观幸福感的一般特征，我们将分别按照不同性别、不同出生年份、不同学历、不同收入来进行描述统计，并且检验不同地区个体主观幸福感的差异。结果表明，不同性别、不同出生年份、不同学历、不同收入、不同地区个体的主观幸福感存在显著差异，具体结果参见表 4 - 5 至表 4 - 9、图 4 - 1 至图 4 - 5。

在主观幸福感的评价上，女性个体的评分显著高于男性个体（$t = 6.88$，$p < 0.001$），如图 4 - 1 所示。

主观幸福感的评分为 7 点评分，4 分表示"中立"，低于 4 分为不幸福，高于 4 分为幸福。男性个体的均分为 4.00，表明大多数男性评价自己的幸福感时认为既不觉得幸福也不觉得不幸福。而女性个体的均分为 4.11，说明大多数女性评价自己的幸福感时认为自己的感受介于"中立"和"比较幸福"之间（见表 4 - 5）。

表 4 - 5　不同性别的主观幸福感

性别	人数（人）	平均数	标准差
男性	11839	4.00	1.23
女性	10828	4.11	1.17

注：缺失数值未标出，下同。

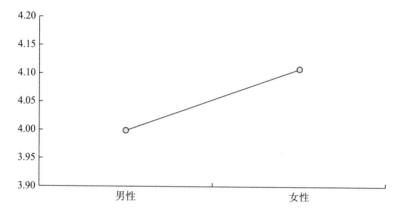

图 4 - 1　不同性别的主观幸福感

表 4 - 6 为不同出生年份个体的主观幸福感，本样本群体大多数集中在 1940 ~ 1949 年出生至 2000 ~ 2009 年出生，故此只列出这部分人群的数据。差异检验结果表明，不同出生年份的个体的主观幸福感存在显著差异（$F = 6.15$，$df = 6$，$p < 0.001$），事后检验的结果表明，00 后的主观幸福感显著高于 90 后、80 后、70 后，60 后和 70 后的主观幸福感显著高于 90 后和 80 后，而 80 后的主观幸福感显著高于 90 后，如图 4 - 2 所示。

表 4 - 6　不同出生年份的主观幸福感

出生年份	人数（人）	平均数	标准差
2000 ~ 2009 年，00 后	329	4.30	1.24
1990 ~ 1999 年，90 后	13624	4.03	1.20
1980 ~ 1989 年，80 后	6521	4.07	1.20
1970 ~ 1979 年，70 后	1554	4.09	1.22

续表

出生年份	人数（人）	平均数	标准差
1960~1969 年，60 后	446	4.20	1.16
1950~1959 年，50 后	161	4.27	1.14
1940~1949 年，40 后	26	4.32	0.79

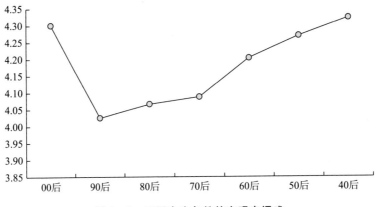

图 4-2　不同出生年份的主观幸福感

从图 4-2 可以看出，不同出生年份个体的主观幸福感趋势呈"U 形"，00 后主观幸福感较高，90 后主观幸福感最低，而后逐渐上升，40 后的主观幸福感水平基本和 00 后持平。不同出生年份的主观幸福感主要表现的是年龄对主观幸福感的影响，00 后的个体处在学生阶段，主要面临学业任务，整体比较幸福。而 90 后、80 后、70 后个体基本处于大学毕业进入职场之后，个体需要承担职场责任、家庭责任，正是"上有老下有小"的年龄阶段，主观幸福感低于其他年龄阶段的个体，但仍在 4 分"中立"以上。到 60 后、50 后和 40 后，这部分个体的年龄已经达到退休年龄，其生活处于颐养天年、儿孙绕膝的状态，主观幸福感相对较高。

表 4-7 为不同学历个体的主观幸福感，差异检验结果表明，不同学历个体的主观幸福感存在显著差异（$F = 15.20$，$df = 6$，$p < 0.001$），事后检验的结果表明，博士、硕士、大学本科学历者的主观幸福感为最高的前三名，依次低于前者高于其他，高中学历者的主观幸福感高于初中及以下和大专学历者，其他学历组别之间没有显著差异，如图 4-3 所示。

表4-7 不同学历的主观幸福感

学历	人数（人）	平均数	标准差
初中及以下	1433	3.95	1.31
高中	4120	4.05	1.22
中专/技校/职高	2835	4.01	1.25
大专	5473	3.98	1.19
大学本科	7552	4.10	1.16
硕士	1021	4.24	1.11
博士	235	4.42	1.27

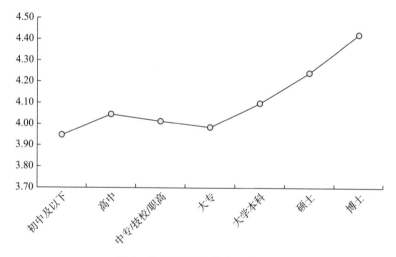

图4-3 不同学历的主观幸福感

从图4-3可以看出，不同学历个体的主观幸福感呈上升趋势，学历越高，其报告的主观幸福感越高。学历代表的可能是个体的能力、拥有的社会资源、解决问题的策略等，这些都会让个体体验到更高的生活掌控感以及主观幸福感。

表4-8为不同收入的主观幸福感，差异检验结果表明，不同收入个体的主观幸福感存在显著差异（$F = 29.46$，$df = 7$，$p < 0.001$），事后检验的结果表明，10001~20000元及20000元以上两组没有差异，并且高于其他所有组，5001~7000元及7001~10000元两组没有差异，并且高于5000元及以下各组，1000元及以下、1001~3000元及3001~5000元组显著高于暂无收

入组，其中3001～5000元组显著高于1001～3000元组，如图4－4所示。

表4－8　不同收入的主观幸福感

收入	人数（人）	平均数	标准差
暂无收入	4668	3.91	1.18
1000元及以下	1228	4.04	1.27
1001～3000元	4425	3.98	1.22
3001～5000元	6552	4.06	1.19
5001～7000元	2979	4.16	1.17
7001～10000元	1957	4.22	1.13
10001～20000元	568	4.36	1.22
20000元以上	290	4.38	1.38

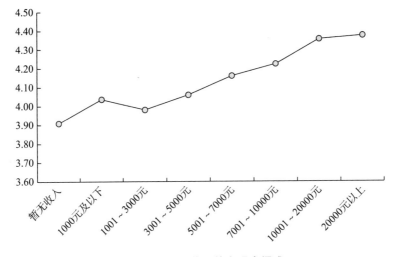

图4－4　不同收入的主观幸福感

从图4－4可以看出，不同收入个体的主观幸福感呈上升趋势，整体而言，收入越高，其报告的主观幸福感越高。收入与学历相似，同样代表的可能是个体的能力、拥有的社会资源、解决问题的策略等，这些都会让个体体验到更高的生活掌控感以及主观幸福感。

下面将考察不同地区个体的主观幸福感，根据地理位置，将全国分为华东地区、华南地区、华中地区、华北地区、西北地区、西南地区及东北地区。华东地区包括：上海市、安徽省、山东省、江苏省、江西省、浙江省及福建省；华南地区包括：广东省、广西壮族自治区及海南省；华中地区包括：河南省、湖北省及湖南省；华北地区包括：内蒙古自治区、北京市、天津市、山西省及河北省；西北地区包括：宁夏回族自治区、新疆维吾尔自治区、甘肃省、陕西省及青海省；西南地区包括：云南省、四川省、西藏自治区、贵州省及重庆市；东北地区包括：吉林省、辽宁省及黑龙江省。各个地区个体的主观幸福感如表4-9所示。

表4-9 不同地区的主观幸福感

地区	人数（人）	平均数	标准差
华东地区	6890	4.09	1.20
华南地区	4189	4.00	1.18
华中地区	3588	4.04	1.21
华北地区	3749	4.05	1.22
西北地区	835	4.03	1.17
西南地区	2028	4.00	1.19
东北地区	1364	4.13	1.23

差异检验结果表明，不同地区个体的主观幸福感存在显著差异（$F = 4.25$，$df = 6$，$p < 0.001$），事后检验的结果表明，东北地区显著高于华南地区、华中地区、华北地区、西南地区，华东地区显著高于华南地区、华中地区、西南地区，其他地区之间没有显著差异，如图4-5所示。

从图4-5可以看出，不同地区个体的主观幸福感存在一定的差异，其深层原因有待进一步的探究和考察。

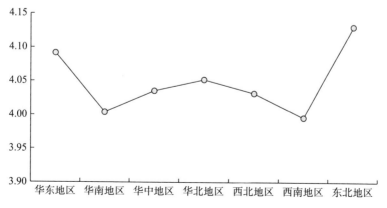

图4-5 不同地区的主观幸福感

（二）幸福取向对主观幸福感的影响

我们将一般人口学变量（性别、出生年份、学历、收入）、幸福取向（意义取向、享乐取向、投入取向）与主观幸福感做相关分析，结果如表 4 - 10 所示。

表 4 - 10　人口学变量、幸福取向与主观幸福感的相关分析（$N = 22669$）

变量	性别	出生年份	学历	收入	意义取向	享乐取向	投入取向
出生年份	0.06 **						
学历	0.01	- 0.03 **					
收入	- 0.04 **	0.31 **	0.32 **				
意义取向	- 0.05 **	- 0.05 **	0.00	- 0.02 **			
享乐取向	0.04 **	- 0.05 **	- 0.01	- 0.01	0.61 **		
投入取向	- 0.03 **	0.00	0.00	0.04 **	0.74 **	0.60 **	
主观幸福感	0.05 **	0.02 **	0.04 **	0.09 **	0.36 **	0.31 **	0.42 **

$^{**} p < 0.01$，$^{*} p < 0.05$，$^{+} p < 0.1$。下同。

从表 4 - 10 可以看出，三种取向都与主观幸福感呈显著的中等程度正相关（$p < 0.01$），说明认同三种幸福取向都对主观幸福感有正向影响，下面将使用回归分析的方法对幸福取向对主观幸福感的影响进行深入探讨。从表 4 - 11 回归分析的结果可以看到，模型 1 中单独放入所有人口学变量时，性别和收入对主观幸福感的影响为显著的正向影响，学历对主观幸福感的影响为边缘显著的正向影响，该模型可以解释主观幸福感变量总变异的 1.1%。模型 2 中加入了地区、三种幸福取向，结果可以看出在控制了人口学变量之后，地区不能显著影响主观幸福感，而三种幸福取向都可以显著正向影响主观幸福感，模型 2 可以解释主观幸福感变量总变异的 19.7%，且模型 2 对主观幸福感的影响效应显著高于模型 1。模型 3 中加入了地区与三种幸福取向的交互项，交互项为各变量标准化后的乘积，结果可以看出三个交互项中，地区×意义取向对主观幸福感的影响为显著的，地区×投入取向的影响为边缘显著的，而地区×享乐取向的影响不显著。

表 4 - 11　幸福取向对主观幸福感的影响

模型	变量	非标准化系数 B	标准误	标准化系数 Beta	t	ΔR^2	ΔF
1	常数	3.65	0.05		77.54 **	0.011	62.21 **
	性别	0.12	0.02	0.05	7.50 **		
	出生年份	-0.01	0.01	-0.01	-0.98		
	学历	0.01	0.01	0.01	1.71 +		
	收入	0.06	0.01	0.09	12.28 **		
2	常数	0.71	0.06		11.43 **	0.186	1309.97 **
	性别	0.15	0.01	0.06	10.35 **		
	出生年份	0.01	0.01	0.00	0.68		
	学历	0.02	0.01	0.02	2.74 *		
	收入	0.05	0.01	0.08	11.20 **		
	地区	0.00	0.00	0.00	-0.65		
	意义取向	0.14	0.01	0.11	11.32 **		
	享乐取向	0.07	0.01	0.05	6.65 **		
	投入取向	0.39	0.01	0.31	33.86 **		
3	常数	0.60	0.09		6.49 **	0.001	6.04 **
	性别	0.15	0.01	0.06	10.42 **		
	出生年份	0.01	0.01	0.00	0.71		
	学历	0.02	0.01	0.02	2.76 *		
	收入	0.05	0.01	0.08	11.21 **		
	地区	0.00	0.00	0.00	-0.68		
	意义取向	0.22	0.02	0.17	9.55 **		
	享乐取向	0.04	0.02	0.03	2.17 *		
	投入取向	0.36	0.02	0.28	16.40 **		
	地区 × 意义取向	-0.03	0.01	-0.07	-4.19 **		
	地区 × 享乐取向	0.01	0.01	0.02	1.58		
	地区 × 投入取向	0.01	0.01	0.03	1.87 +		

　　为了进一步详细探究各个地区中，三种幸福取向对主观幸福感的影响，下面将分地区讨论。

（三）不同地区中幸福取向对主观幸福感的影响

1. 华东地区

从表 4 - 12 的结果可以看到，在控制了基本人口学变量之后，三种幸福取向都对主观幸福感有显著的正向影响。加入了幸福取向之后的模型 2 对主观幸福感的影响效应显著高于模型 1，模型 2 可以解释主观幸福感变量总变异的 21.3%。而通过标准化系数 Beta 的比较，可以看出在华东地区，三种幸福取向中，投入取向对主观幸福感的影响最大，意义取向次之，享乐取向最小。

表 4 - 12　华东地区幸福取向对主观幸福感的影响

模型	变量	未标准化系数 B	标准误	标准化系数 Beta	t	ΔR^2	ΔF
1	常数	3.63	0.09		42.34**	0.018	31.23**
	性别	0.17	0.03	0.07	5.90**		
	出生年份	-0.04	0.02	-0.02	-1.82+		
	学历	0.01	0.01	0.01	1.04		
	收入	0.08	0.01	0.12	8.64**		
2	常数	0.52	0.11		4.68**	0.195	568.79**
	性别	0.22	0.03	0.09	8.35**		
	出生年份	0.00	0.02	0.00	-0.21		
	学历	0.01	0.01	0.01	0.79		
	收入	0.06	0.01	0.09	7.46**		
	意义取向	0.18	0.02	0.13	7.98**		
	享乐取向	0.07	0.02	0.05	3.56**		
	投入取向	0.38	0.02	0.30	18.20**		

2. 华南地区

从表 4 - 13 的结果可以看到，在控制了基本人口学变量之后，三种幸福取向中意义取向和投入取向对主观幸福感有显著的正向影响，而享乐取向对主观幸福感没有显著影响。加入了幸福取向之后的模型 2 对主观幸福感的影响效应显著高于模型 1，模型 2 可以解释主观幸福感变量总变异的 19.9%。而通过标准化系数 Beta 的比较，可以看出在华南地区，投入取向对主观幸福感的影响最大，意义取向次之。

表 4 – 13　华南地区幸福取向对主观幸福感的影响

模型	变量	未标准化系数 B	标准误	标准化系数 Beta	t	ΔR^2	ΔF
1	常数	3.79	0.11		34.32 **	0.005	5.61 **
	性别	0.03	0.04	0.01	0.71		
	出生年份	0.00	0.03	0.00	0.15		
	学历	– 0.01	0.01	– 0.01	– 0.63		
	收入	0.05	0.01	0.08	4.30 **		
2	常数	0.85	0.14		6.06 **	0.194	337.59 **
	性别	0.06	0.03	0.03	1.78 +		
	出生年份	0.02	0.02	0.02	1.02		
	学历	0.01	0.01	0.01	0.70		
	收入	0.06	0.01	0.09	5.44 **		
	意义取向	0.16	0.03	0.13	5.66 **		
	享乐取向	0.02	0.02	0.01	0.67		
	投入取向	0.39	0.03	0.33	14.63 **		

3. 华中地区

从表 4 – 14 的结果可以看到，在控制了基本人口学变量之后，三种幸福取向都对主观幸福感有显著的正向影响。加入了幸福取向之后的模型 2 对主观幸福感的影响效应显著高于模型 1，模型 2 可以解释主观幸福感变量总变异的 21.8%。而通过标准化系数 Beta 的比较，可以看出在华中地区，三种幸福取向中，投入取向对主观幸福感的影响最大，意义取向次之，享乐取向最小。

表 4 – 14　华中地区幸福取向对主观幸福感的影响

模型	变量	未标准化系数 B	标准误	标准化系数 Beta	t	ΔR^2	ΔF
1	常数	3.93	0.12		32.79 **	0.011	10.27 **
	性别	0.07	0.04	0.03	1.85 +		
	出生年份	– 0.08	0.03	– 0.05	– 2.82 **		
	学历	0.01	0.02	0.01	0.31		
	收入	0.08	0.01	0.11	5.69 **		

续表

模型	变量	未标准化系数 B	标准误	标准化系数 Beta	t	ΔR^2	ΔF
2	常数	0.72	0.15		4.73**	0.207	315.53**
	性别	0.11	0.04	0.05	3.13**		
	出生年份	−0.05	0.03	−0.03	−1.83+		
	学历	0.01	0.01	0.01	0.67		
	收入	0.06	0.01	0.08	4.82**		
	意义取向	0.21	0.03	0.16	7.04**		
	享乐取向	0.08	0.03	0.06	3.05**		
	投入取向	0.35	0.03	0.28	12.33**		

4. 华北地区

从表 4 – 15 的结果可以看到，在控制了基本人口学变量之后，三种幸福取向都对主观幸福感有显著的正向影响。加入了幸福取向之后的模型 2 对主观幸福感的影响效应显著高于模型 1，模型 2 可以解释主观幸福感变量总变异的 16.2%。而通过标准化系数 Beta 的比较，可以看出在华北地区，三种幸福取向中，投入取向对主观幸福感的影响最大，意义取向次之，享乐取向最小。

表 4 – 15　华北地区幸福取向对主观幸福感的影响

模型	变量	未标准化系数 B	标准误	标准化系数 Beta	t	ΔR^2	ΔF
1	常数	3.45	0.12		28.98**	0.014	13.62**
	性别	0.19	0.04	0.08	4.78**		
	出生年份	0.02	0.03	0.01	0.69		
	学历	0.01	0.02	0.01	0.56		
	收入	0.07	0.01	0.09	4.93**		
2	常数	0.87	0.16		5.60**	0.148	219.92**
	性别	0.19	0.04	0.08	5.18**		
	出生年份	0.02	0.02	0.02	0.92		
	学历	0.01	0.01	0.01	0.82		
	收入	0.05	0.01	0.07	4.32**		
	意义取向	0.10	0.03	0.08	3.22**		
	享乐取向	0.08	0.03	0.06	2.94**		
	投入取向	0.37	0.03	0.29	12.38**		

5. 西北地区

从表 4 - 16 的结果可以看到，在控制了基本人口学变量之后，三种幸福取向中享乐取向和投入取向对主观幸福感有显著的正向影响，而意义取向对主观幸福感没有显著影响。加入了幸福取向之后的模型 2 对主观幸福感的影响效应显著高于模型 1，模型 2 可以解释主观幸福感变量总变异的 21.8% 。而通过标准化系数 Beta 的比较，可以看出在西北地区，三种幸福取向中，投入取向对主观幸福感的影响最大，享乐取向次之。

表 4 - 16　西北地区幸福取向对主观幸福感的影响

模型	变量	未标准化系数 B	标准误	标准化系数 Beta	t	ΔR^2	ΔF
1	常数	3.68	0.24		15.52 **	0.019	4.01 **
	性别	0.08	0.08	0.04	1.03		
	出生年份	- 0.01	0.05	- 0.01	- 0.25		
	学历	- 0.01	0.03	- 0.02	- 0.41		
	收入	0.10	0.03	0.14	3.61 **		
2	常数	0.63	0.31		2.02 *	0.199	70.35 **
	性别	0.09	0.07	0.04	1.18		
	出生年份	0.00	0.05	0.00	0.04		
	学历	0.00	0.03	0.00	0.09		
	收入	0.08	0.02	0.11	3.11 **		
	意义取向	0.08	0 06	0.06	1.32		
	享乐取向	0.11	0.05	0.09	2.32 *		
	投入取向	0,43	0.06	0.35	7.71 **		

6. 西南地区

从表 4 - 17 的结果可以看到，在控制了基本人口学变量之后，三种幸福取向中只有投入取向对主观幸福感有显著的正向影响，而意义取向和享乐取向对主观幸福感没有显著影响。加入了幸福取向之后的模型 2 对主观幸福感的影响效应显著高于模型 1，模型 2 可以解释主观幸福感变量总变异的 17.2% 。而通过标准化系数 Beta 的比较，可以看出在西南地区，三种幸福取向中，投入取向对主观幸福感的影响最大。

表4-17 西南地区幸福取向对主观幸福感的影响

模型	变量	未标准化系数 B	标准误	标准化系数 Beta	t	ΔR^2	ΔF
1	常数	3.86	0.15		25.42**	0.003	1.45**
	性别	0.05	0.05	0.02	0.97		
	出生年份	-0.03	0.04	-0.02	-0.76		
	学历	0.02	0.02	0.02	0.84		
	收入	0.03	0.02	0.04	1.70		
2	常数	1.14	0.21		5.52**	0.169	137.33**
	性别	0.10	0.05	0.04	2.00*		
	出生年份	0.00	0.03	0.00	-0.07		
	学历	0.03	0.02	0.03	1.50		
	收入	0.01	0.02	0.01	0.42		
	意义取向	0.00	0.04	0.00	0.09		
	享乐取向	0.05	0.03	0.04	1.51		
	投入取向	0.49	0.04	0.39	13.03**		

7. 东北地区

从表4-18的结果可以看到，在控制了基本人口学变量之后，三种幸福取向中享乐取向和投入取向对主观幸福感有显著的正向影响，而意义取向对主观幸福感没有显著影响。加入了幸福取向之后的模型2对主观幸福感的影响效应显著高于模型1，模型2可以解释主观幸福感变量总变异的22.6%。而通过标准化系数 Beta 的比较，可以看出在东北地区，三种幸福取向中，投入取向对主观幸福感的影响最大，享乐取向次之。

表4-18 东北地区幸福取向对主观幸福感的影响

模型	变量	未标准化系数 B	标准误	标准化系数 Beta	t	ΔR^2	ΔF
1	常数	3.11	0.20		15.87**	0.025	8.80**
	性别	0.20	0.07	0.08	2.93**		
	出生年份	0.07	0.04	0.05	1.89+		
	学历	0.05	0.02	0.06	2.22*		
	收入	0.07	0.02	0.09	3.02**		

模型	变量	未标准化系数 B	标准误	标准化系数 Beta	t	ΔR^2	ΔF
2	常数	0.16	0.24		0.68	0.201	117.27**
	性别	0.20	0.06	0.08	3.30**		
	出生年份	0.05	0.03	0.04	1.51		
	学历	0.06	0.02	0.06	2.52*		
	收入	0.06	0.02	0.07	2.79**		
	意义取向	0.07	0.05	0.05	1.32		
	享乐取向	0.16	0.04	0.12	3.94**		
	投入取向	0.41	0.05	0.32	8.63**		

四 讨论

（一）主观幸福感的一般特征

从人口学变量来看，可以看到主观幸福感的一些一般特征：女性报告的主观幸福感显著高于男性；年龄与主观幸福感的趋势呈现"U"形，00后即青少年时期的个体，报告了较高的主观幸福感，而90后即成年初期的个体报告了中立稍高一些的主观幸福感，而后，随着年龄增长，个体报告的主观幸福感在逐步提升，到了40后即成年晚期的个体，基本回到与青少年时期报告的主观幸福感相似的水平；整体来讲，受教育程度越高，报告的主观幸福感越高；同样，收入越高，报告的主观幸福感越高。

不同地区的个体报告的主观幸福感存在显著差异，整体来讲，主观幸福感最高的地区包括东北地区和华东地区，第二梯队的为华中地区、华北地区、西北地区，而华南地区和西南地区的个体报告的主观幸福感基本在中立水平左右。

（二）幸福取向对主观幸福感的影响

从相关分析的结果可以看出，三种不同的幸福取向都与主观幸福感呈现显著的正相关，按照相关系数的大小排序，与主观幸福感相关最高的为投入取向，其次为意义取向，享乐取向的相关系数最低。这部分结果与Peterson 等（2005）的研究结果一致，同样是三种幸福取向都与主观幸福感显著相关，且投入取向的影响效应最大。进一步的回归分析也印证了这个结果，在控制了人口学变量和地区变量之后，三种不同的幸福取向都可以显著正向地影响个体的主观幸福感。按照标准化系数的大小排序，依旧为投入取向最高，意义取向次之，享乐取向最低。这些结果表明，无论是哪种取向，都可以正向影响个体的主观幸福感。无论个体强调的是结果导向的"人生意义"或者"及时行乐"，还是过程导向的"重在参与"，个体都可以体验到主观幸福感。但是通过影响效应的比较，我们可以看出，强调过程导向的"重在参与"对主观幸福感的影响最大。也就是说，为了提高个体的主观幸福感，应该更多地将注意力放在投入的过程中，当个体为了某项工作、某项任务全身心投入时，会体验到一种忘我的境界，会觉得时间飞逝，甚至因此废寝忘食。而这种投入本身，就会给个体带来幸福感，无论投入之后的结果如何。当然，三种幸福取向彼此也有较高的正相关，说明各个幸福取向并不是完全独立的，在享受投入过程的同时，也会因为得到了有意义的结果，而体验到欣喜的愉悦感，从而提高了主观幸福感。

（三）不同地区中幸福取向对主观幸福感的影响

根据地理位置，将全国分为华东地区、华南地区、华中地区、华北地区、西北地区、西南地区及东北地区后，针对各个地区个体幸福取向对主观幸福感的影响分别进行考察。结果发现，全国七个地区的个体，其投入取向都可以显著正向地影响主观幸福感。在华东、华南、华北、华中四个地区，意义取向可以显著正向地影响主观幸福感。在华东、华中、华北、西北和东北地区，享乐取向可以显著正向地影响主观幸福感。总的来看，华东地区、华中地区、华北地区，三种幸福取向都可以显著正向地影响主观幸福感，而影响效应的排序都是投入取向最高、意义取向次之、享乐取向最低。西北地区与东北地区类似，只有投入取向和享乐取向对主观幸福感产生显著正向影响，且投入取向的影响效应大于享乐取向。华南地区，只有投入取向和意义取向有显著正向影响，而享乐取向没有显著影响。而西南地区，只有投入取向对主观幸福感存在显著正向的影响，意义取向和享乐取向都没有显著影响。按照这四种不同的影响模式组合进行划分，可以看到，全国的中东部地区、北部地区、西部地区分别有各自的特点。各地区的特征反映的可能不只是地理位置的特征，同时反映了当地经济、文化、习俗等特征对个体的影响（王曲元，2009），使得个体的主观幸福感受到不同幸福取向的影响。

根据本研究的结果，我们认为，在倡导个体的幸福取向时，应根据各地区不同特点进行宣传。全国范围的宣传，应重点倡导投入取向的重要性，强调"爱岗敬业""刻苦努力",让个体明白享受过程的重要性,进而提高全国范围的主观幸福感。而针对个别地区,就应该制定特殊的宣传方针,如针对西北地区、东北地区,除了对投入取向的强调,同时应该注重宣传的趣味性,以"引人愉悦"的效果引起个体对享乐取向的重视,进而提高主观幸福感。而针对华南地区,还应该强调"人生意义"的教育,倡导个体追求贡献与价值,从而提高该地区个体的主观幸福感。

第五章

获得感

第一节　获得感的概念内涵、结构及其 对生活满意度的影响

一　引言

获得感一词首次进入人们的视野，源于 2015 年 2 月中央全面深化改革领导小组会议上习近平总书记的讲话，随后迅速成为社会各界热议的重要概念。党的十九大报告进一步指出，要"不断满足人民日益增长的美好生活需要，不断促进社会公平正义，形成有效的社会治理、良好秩序，使人民获得感、幸福感、安全感更加充实、更有保障、更可持续"。获得感已成为评价社会治理成效和民众社会生活质量的一把重要标尺。新时期如何致力于满足人民日益增长的美好生活需要，各领域如何有效增强民众的获得感，进而促进生活满意度和幸福感的提升？要回答这些问题，我们必须首先了解人民群众如何理解获得感，并以此明确获得感的概念结构，为获得感的提升提供路径参考。

目前获得感研究日益增加，但既有研究对获得感的概念使用纷杂，更缺乏对获得感的概念内涵和基本结构的系统探讨，对与获得感相近概念缺乏辨析。诺贝尔经济学奖获得者约瑟夫·斯蒂格利茨指出，测量内容将直接影响接下来的行动，如果不能测量正确的指标，那么将直接导致行动失败（张均华、梁剑玲，2016）。为此，本节拟从社会心理学的视角，对获得

感的概念内涵和结构进行探索，并基于 CSS 2013 数据库分析获得感对生活满意度的影响，为未来进一步明确获得感测量指标、编制科学有效测量工具奠定基础，同时为社会治理政策的制定和民众社会生活质量的评价提供参考依据。

二 需求理论：获得感的理论基础

获得感作为一种心理的认知和体验与人的需求的满足程度密切相关，虽然获得感是一个新概念，但人们对于需求满足与获得等相关问题的探讨由来已久。中国传统思想中包含了对于需求满足与获得的多个层面的理解，而现代心理学和社会学研究中有关需求满足的理论观点也非常丰富，这些都对获得感内涵结构的解构具有借鉴意义。

获得感的形成源于个体生理需求和精神需求的满足。需求是人体组织系统中的一种缺乏、不平衡的状态。《荀子·荣辱》中"饥而欲食，寒而欲暖，劳而欲息，好利而恶害"，"食欲有刍豢，衣欲有文绣，行欲有舆马，又欲夫余财蓄积之富也"，即对各种身心欲求的理解。早期心理学家对需求内容存在两种不同的解读，一种是以赫尔（Hull，1943）的驱力理论为发端的观点，关注有机体先天的生理性需求，如食物、水、性等；另一种以默里（Murray，2013）为代表，强调人类需求的心理层面，如谦卑、成就、交往等。随着研究的深入，研究者逐渐认识到需求的多样性与层次性，马克思指出，"需求即他们的本性"，认为人的需求是集多方面、多层次需求于一体的"需求体系"，并且从发展的角度分为生存型需求、发展享受型需求以及更高层次的超越型需求（《马克思恩格斯全集》第三卷，1960：514）。马斯洛（Maslow，1954）的需求层次理论也认为，人有五种基本需求，分别是生理的需求、安全的需求、归属和爱的需求、尊重的需求和自我实现的需求，统合了低层次的生理物质需求和高层次的精神心理需求。之后的需求内容理论基本延续了类似的观点，强调需求的生理层面和精神成就层面的统一。

不同类型需求满足实现了人们对环境的适应性，并给人带来满意或不满意的复杂心理体验。有研究者从需求满足的适应性功能角度，进一步区分了两类基本需求，即避免痛苦、保持身体舒适的需求和心理发展、促进自我实现的需求（Herzberg，1966）。前者指的是保障性需求，这类需求的缺乏会导致个体处于不平衡的紧张状态，进而驱使个体追求满足以缓解紧张，避免产生焦虑、失落等消极目标结果和情绪体验；后者指的是成长性需求，这类需求并不来源于缺乏或紧张，而是为了获得自我实现等更高层次的满足，从而获得快乐、愉悦等积极情绪体验（Fryer & Elliot，2008）。由此可见，需求满足带来的情绪体验不仅仅取决于满足程度，更与需求类型密切相关。

从需求满足的主要路径来看，人类通过生产或创造物质财富来满足自身的需求，需求构成了人类社会活动的依据和起点，也就构建了人的主体存在本身。马克斯·韦伯提出的"合理性"概念区分了行动主体的价值理性和工具理性（韦伯，2010）。郑杭生、杨敏（2010）也强调人作为智能与实践的主体，能够自觉能动地满足自身需求，并且能够在实践中感知、获取、创造与改善自身的生存发展环境。事实上，个体自身的这种自主能动性既是人的一种基本需求，也是各种需求得以满足的重要路径。人具有向着活力、整合、健康的方向发展的基本趋向，而个体维持功能和健康成长依赖三种基本需求的满足，即自主需求、能力需求和关联需求（Deci & Ryan，2000）。

人的需求满足并不完全是孤立的个体过程，需要在社会生活中实现。勒温（Lewin，1951）较早关注到社会环境在需求满足中的条件性作用，认为行为发生在生活空间中，是个体内部动力与环境刺激的函数，需求的满足与否、满足程度高低依赖于人与环境的互动关系。人类在满足食物、水等基本生理需求的同时，也需要环境的庇护才能生存和健康成长。马克思从"处在现实的、可以通过经验观察到的、在一定条件下进行的发展过程中的人"的生存论出发，指出"人的本质在其现实性上是一切社会关系的总和"（《马克思恩格斯全集》第一卷，1995：73）。马克斯·韦伯在《经济与社会》中指出，行动之所以成为"社会"行动，乃牵涉到其主观意义往往顾及他人的行为，并由其自身行动的历程中得到引导（韦伯，2010：4）。可以说在人类满足自身需求的过程中，主体实践与社会环境支持都是不可或缺的。

而在个体各种基本需求得以满足的基础上，最终还会进一步激发最高层次的自我实现的需求，产生追求感恩、回馈、互惠等共享性需求（Maslow，1954）。根据马斯洛自我实现理论的观点，这种共享性需求突出地体现为一种强烈的社会责任感，即表现为强烈的同情心、亲社会动机，也表现为自觉地对他人、社会负有责任的意识和行为（Maslow，1954）。与低层次需求单纯为了满足自己不同，个体在追求共享性需求的过程中，一方面使爱与尊重、自我实现等需求得到满足，另一方面也促进他人需求的满足。"穷则独善其身，达则兼济天下"（《孟子·尽心上》）正是这种"得"与"予"的辩证关系的思想体现。据此，积极的满足体验会提升人们的感恩水平，促进泛化互惠和合作，提升人们的捐赠意愿和社会参与水平，进而促进社会公平和稳定发展。

三　获得感的内涵结构

从以上对需求满足不同层面的解读来看，在需求满足基础上产生的获得感，其内涵结构应包含如下五个方面的内容：一是对个体不同需求内容的客观获得和主观认知，即获得内容；二是个体需求得以满足的主、客观社会环境条件，即获得环境；三是个体的自主能动性在需求满足过程中的路径作用，即获得途径；四是伴随需求满足的过程和结果而产生的情绪体验，即获得体验；五是个体需求满足认知和情绪体验基础上产生的致力于自我实现的共享性行为，即获得共享。由此我们认为获得感是民众在社会改革发展中对其需求满足过程和结果的主观认知、情感体验和行为经验的综合反映。

（一）获得内容

获得内容是获得感的基础，表现为与社会经济发展密切相关的多种需求的客观性满足及其主观认知评价，包括物质需求、成就需求和社会需求的满足等。其中，可见的物质需求和不可见的精神需求的满足，往往被解读为获得内容核心组成成分（张品，2016），但这种拆分并不能对应性地体现需求满足在个体的生存发展过程中的促进作用，还需要考虑不同获得内容的适应性功能。在不同需求类型中，既有因体验到某种缺乏而产生的保障性需求的获得，比如穿衣、饮食、养老、医疗、住房等维持基本生活需求的获得，同时也有因追求自我潜能的发挥而产生的成就性需求的获得，比如教育、权益、社会地位等获得发展机会与能力的需求的获得（Maslow，1954；Herzberg，1966）。值得注意的是，保障性需求和成就性需求并不是相互独立的。比如，住房需求首先是对遮风避雨空间以及基础设施的需求，其次是对具有良好就业机会、公共服务和宜居特征的区位的需求（李超等，2015）。另外，获得内容与客观的需求内容不完全对应，并不是实际获得越多就越有获得感（田旭明，2018），它是在实际得到的需求内容基础上的认知评价、理性反思。

（二）获得环境

获得环境是保障获得内容得以满足的主、客观现实条件，其中核心的是对公平公正的制度保障以及良好社会信任氛围的认知评价。社会公平正义是保障和提升民众获得感的首要条件，通过人们的社会公平感表现出来（杨宜音、王俊秀等，2013）。随着中国改革不断推进和社会转型的逐步深入，涉及社会利益关系和分配的问题及矛盾日益凸显，社会发展不均衡、利益分配不均是制约民众获得感提升的重要环境因素（田旭明，2018），导致民众心态失衡，弱势群体被不断边缘化，产生相对剥夺感（邢占军、牛千，2017）、失落感（张品，2016）。社会信任是提升民众获得感的另一重要保障。信任是对一个人或一个系统之可信赖所持有的信心，既包括建立在血缘共同体基础上的特殊信任，又包括对社会中不同亲密程度或关系强度的他人的普遍信任，还包括对更加抽象的社会角色、社会群体、社会系统的信任（王俊秀，2014a）。这种复杂的社会信任系统为民众付出与回报平衡的认知提供了保障。

（三）获得途径

从获得感的实现途径看，个体并非被动地接受各种资源，而是更愿意靠自己的主观努力来获取各种基本需求的满足，而且这种主动性本身也是获得感的重要来源。马克思指出"将大力发展生产力以满足社会全体成员的需要"并实现"人的自由而全面发展"，其本质内涵就是要在社会发展过程中促进人的潜能释放，发挥其主体性作用（《马克思恩格斯全集》第一卷，1995）。因此我们认为个体在寻求需求满足过程中的自主需求和能动需求，表现为民众能够获得实现自我价值、参与到经济社会发展进程中的机会（赵玉华、王梅苏，2016）。而民众自身的自主能动的主体性发挥，也成为不同层次需求得以满足的重要途径，当自主需求得到满足时，人们会表现出更多的积极情感、更高的自我效能（Lemos et al.，2017）。研究表明，民众参与权、表达权等民主政治权利的实现和提升，能够在当家做主中实现公平正义和人的尊严，也是民生目标等需求内容得以实现的重要保障（曹现强，2017）。赵卫华（2018）认为获得感首先体现的是劳动者权利得到保障的满足感，包括按劳分配、同工同酬、共享社会发展成果等劳动者权利的保障，强调个人劳动付出对获得的重要作用。

（四）获得体验

在获得环境和自主性获得途径的互动作用下，伴随获得内容的满足会产生不同的情绪情感体验。一方面，当保障性获得内容没有得到充分满足时，个体会体验到愤怒、担忧、厌恶等消极情绪。只有当这些与个体生存密切相关的保障性需求得到满足时，才能有效缓解这些消极情绪，回归平静的情绪状态。另一方面，当激励性获得内容得到满足时，个体会感受到追求更高层次需求的激励，体验到愉悦、兴奋等具有高动机强度的积极情绪，产生更强的行为动力。而此类需求无法得到满足时，个体就会丧失行为动力，产生无力感，产生嫉妒、敏感、抑郁等消极情绪体验（Gable & Harmon-Jones，2010）。"积极 - 消极"情绪是获得感高低的直观表现。在对生活满意度进行判断时，人们会将即时的情绪状态作为重要的判断依据，在积极情绪状态下表现出更高的生活满意度水平；而消极情绪体验则往往与生活满意度存在明显负相关关系（Bastian et al.，2014）。

（五）获得共享

除了以上几个方面，获得感还表现为在获得内容充分满足和积极情绪体验基础上的获得共享，积极参与到促进获得环境逐步完善的社会发展建设中，如表现出更高的社会参与水平、环境保护意愿等。共享发展，是我国推动社会进步的重要发展理念，是提升我国全民获得感的根本需要（李利平、王岩，2016）。共建共享是确保人民群众有更多获得感的必然要求（康来云，2016），反映了满足个人利益与实现社会利益的辩证统一。全民共享不仅仅是单纯享有社会发展成果，更是想要积极参与社会发展建设，促进社会和谐与可持续发展的需求表达。通过让人民群众共享改革发展成果可以激发民众更多的回报社会和与他人分享的行为，真正实现共享的理念（王俊秀、刘晓柳，2019）。这种积极的社会参与和强烈的社会责任感也体现了获得感的崇高性与超越性（张品，2016）。社会心理学与行为经济学的研究也表明，人们在追求个人利益的同时，也会为集体利益做出贡献，注重利他、互惠等亲社会价值，促进社会公平的实现（刘长江、郝芳，2015），较高的获得体验会提升人们的感恩水平，作为社会普遍倡导的一种优良品质，感恩要比其他积极情感更能促进泛化互惠和合作。研究表明，与单纯的"得到"相比，积极参与志愿活动等"付出"行为能够让人得到更为持久的快乐体验（O'Brien & Kassirer，2019）。因此，当个体获得内容得到满足时，会转向惠众共享与自我实现的追求，表现为积极的社会参与意愿、社会责任感和公益取向等获得共享的行为倾向，并因此产生更积极的获得感体验。

四 获得感与满意度和幸福感

满意度、幸福感是目前最常用的反映民众生活质量的两个测量指标。当人们的各种需求得到满足时，就会产生满意感。社会学家坎贝尔（Camp-bell，1976）首次提出了生活满意度的概念，意指人们根据自己的价值标准和主观偏好对自身生活状况的满意程度方面的评价，具有明显的认知属性。布拉德伯恩和诺尔提出了情感取向的幸福感，认为人们的积极和消极情绪是个体需求是否得到满足时产生的彼此独立的心理体验，幸福感就是两种情绪的平衡程度（Bradburn，1969）。安德鲁斯和维西（Andrews & Withey，1976）将生活满意度与情绪体验整合在一起，提出了主观幸福感的概念，包含生活满意度、积极情绪和消极情绪三个基本成分。这也是目前学界最常使用的幸福感概念结构。受人本主义心理学思潮和积极心理学发展的影响，人们开始关注个体内在的主体性和能动性在需求满足过程中的积极作用，寻求需求满足过程中个人的自主性和能动性得以发挥时的愉悦体验。雷夫和凯斯（Ryff & Keyes，1995）提出了区别于主观幸福感的心理幸福感，用以表征"努力表现完美的真实的潜力"，认为心理幸福感包含六个因素，即自我接受、个人成长、生活目标、良好关系、环境控制和独立自主。主观幸福感和心理幸福感侧重个体自身的心理体验，缺乏与社会发展环境的紧密联系。凯斯（Keyes，1998）提出了社会幸福感的概念，用以表征个体对自己与他人、集体、社会之间的关系质量以及对其生活环境和社会功能的自我评估，并将社会幸福感分为社会整合、社会贡献、社会和谐、社会认同和社会实现五个维度。

由此可见，获得感的概念结构与生活满意度和多种不同类型幸福感概念有很强的对应性，彼此存在紧密的逻辑联系，但又各有侧重。相较而言，多维结构的获得感呈现如下一些特点。①需求关联性。获得感是在社会改革发展中直接产生的，与民众的具体生活内容紧密相关，"包含民众的物质需求、精神需求、成就需求等各方面的主、客观的满足，组合形成了获得内容"维度，而不论生活满意度还是各类幸福感，都是个体对其生活状况的弥散的、笼统的认知、情感反应，往往不与具体生活情境、事件关联。②反应即时性。生活满意度和幸福感都是一段时间内人们对自己生活状态是否满意的较为稳定的认知评价和情感体验，是在需求满足等多种因素共同作用基础上产生的概括化的、结果导向的主观心理反应。而获得感由于与个体需求满足状况直接相关，具有明显的即时性、情境性特点（王俊秀、刘晓柳，2019），反映了需求满足与否的客观现实与生活满意度和终极幸福体验的中间状态。比如良好社会环境需求的满足，使人们随即产生获得环境维度上的高获得感，并最终带来社会幸福感、主观幸福感的提升；而在需求满足过程中，自主性获得途径的实现，也是独立自主、自我接受等心理幸福感得以提升的基础。③社会群体性。获得感概念的提出是为反映民众在共建共享的社会改革发展中的综合心理反应，这种群体性的获得感，不是个体体验的简单加和，而是一种在社会大众中非均衡分布的社会心理或情绪（周盛，2018）。获得感不仅是个体对自身获得情况的主观认知，还具有普遍的社会性特点，体现了以"全面小康社会"建设与发展为目标的群体性认同，与不平衡不充分的社会现实关系更加密切，是一种典型的社会心态（王俊秀，2018c）。与此相比，满意度和幸福感更多的是在社会比较框架下，对个人生活状况的主观认知和情感体验，具有明显的个体性特征。④结构综合性。获得感五个维度构成了一个有机整体。获得内容是获得感内涵结构中的基础部分，与社会改革发展现实及个体的内、外在需求直接对应，是在客观的实际获得情况基础上的主观认知评价（曹现强，2017）；而获得环境和获得途径体现了需求满足过程中个体主体性与社会环境因素的互动，共同为需求的满足提供了现实条件和驱动力，既要有通过民众个人努力和劳动付出来获得的机会，也要有与人民群众的付出相对应、相适应的分配制度和社会机制（唐钧，2017）；获得体验则不仅仅是伴随获得内容的满足结果而产生的情绪体验（邢占军、牛千，2017），也可以在获得环境和获得途径发挥作用的获得过程中产生；获得共享则是在情绪体验基础上进一步产生的具有互惠性质的亲社会行为经验（张品，2016）。

综上所述，获得感更加贴近民生需求，更有效反映民众在社会发展中得到的利好的过程和结果，并能够有效转化为人们的主观满意度（叶胥等，2018）。作为评价改革成效的重要标准，民众的获得感关乎社会期待。提升民众的获得感，一方面能满足人民的美好生活需要，体现改革发展成果更多更公平惠及全体人民；另一方面也有助于培育良好的社会心态，为社会发展凝聚奋斗的精神力量。虽然获得感与民众的满意度和幸福感并不是完全对应的关系，但获得感的提出，在社会改革发展和民众生活满意度之间架起桥梁（康来云，2016），获得感各维度上的积极反应，都能够对民众生活满意度产生预测作用。众多研究已经表明，个体不同层次需求满足的获得认知和情绪体验能有效提升其生活品质和生活满意度；人们对社会环境支持的认知反应，包括社会公平感、社会信任等，都能够有效预测个体的幸福感和生活满意度水平；能够充分发挥个人主体性的自主的目标动机常常与正性情绪、积极的人际关系、受挫能力等相联系，能够有效提升人们的满意度；满足个体自主性需求的亲社会行为，可以使行为实施者和接受者的幸福感均得到有效提升（杨莹、寇彧，2015）。因此我们提出如下假设。

假设 1a：获得内容的满足能够有效预测生活满意度。

假设 1b：民众的社会公平感、社会信任感等获得环境指标能够有效预测生活满意度。

假设 1c：民众自主性、能动性等获得途径指标能够有效预测生活满意度。

假设 1d：反映民众需求满足与否的积极和消极情绪体验能够有效预测生活满意度。

假设 1e：民众社会参与、环境保护意识等获得共享指标能够有效预测生活满意度。

五　数据、变量与研究方法

（一）数据来源

本研究的数据来源于 2013 年中国社会科学院社会学研究所开展的中国社会状况综合调查（Chinese Social Survey 2013，CSS 2013）。调查采用概率抽样的入户访问方式，从全国 30 个省（区、市）151 个区（县、市）604个村（居）委会中选取 10000 余户家庭为调查对象。根据研究目的，我们对所选研究题目进行了严格的数据处理和筛选（例如，将选择"不好说"或者"不清楚"选项的数据视为无效数据排除在分析之外），最后获得4670 个有效样本。各变量的描述统计结果如表 5-1 所示。

表 5-1　各人口学变量的描述统计（$N = 4670$）

单位：人，%

变量名称	变量性质	变量描述及赋值	人数	占比
性别	分类变量	女性 = 0	2014	43.13
		男性 = 1	2656	56.87

续表

变量名称	变量性质	变量描述及赋值	人数	占比
年龄	连续变量	均值 = 37.55，标准差 = 12.85		
地域	分类变量	华北地区 = 1	567	12.14
		东北地区 = 2	419	8.97
		华东地区 = 3	1334	28.57
		华中地区 = 4	1320	28.27
		西南地区 = 5	620	13.28
		西北地区 = 6	410	8.78
城乡	分类变量	农村 = 0	1822	39.01
		城镇 = 1	2848	60.99
婚姻状况	分类变量	未婚 = 0	1082	23.17
		已婚 = 1	3583	76.72
		系统缺失	5	0.11
目前工作状况	分类变量	没有工作 = 0	738	15.80
		有工作 = 1	3930	84.15
		系统缺失	2	0.04

（二）研究变量

将"生活满意度"作为因变量，采用问卷中的题目"请用 1～10 分来表达您对以下项目的满意程度，1 分表示非常不满意，10 分表示非常满意：总体来说，您对生活的满意度"。评分越高说明民众的生活满意度越高。

本研究的预测变量为获得内容、获得环境、获得途径、获得体验和获得共享。根据我们对获得感各分维度内涵的理解，并参考既有获得感实证研究中对获得感指标和具体题目的选择（吕小康、黄妍，2018；谭旭运等，2018；王浦劬、季程远，2018；文宏、刘志鹏，2018；叶胥等，2018），我们从 CSS 2013 数据库中，筛选出了各维度相应的测量题目，具体说明如下。

1. 获得内容

（1）保障性需求。选用问卷中的 7 个题目作为保障性需求的测量题目：在过去 12 个月中，您或您家庭遇到下列哪些生活方面的问题？①住房条件差，建/买不起房；②医疗支出大，难以承受；③物价上涨，影响生活水平；④家庭收入低，日常生活困难；⑤家人无业、失业或工作不稳定；

⑥子女教育费用高，难以承受；⑦赡养老人负担过重。然后受访者需要从"无"和"有"中做出选择。将"有"编码为1，"无"编码为0。对调查数据进行取样适当性检验，KMO = 0.78；Bartlett's 球形检验结果显示 χ^2 = 2696.756，$df = 21$，$p = 0.00$。使用主成分分析和最大方差旋转法进行因子分析，结果显示7个题目提取出一个因子，特征值为2.18，方差解释率达到31.18%。Cronbach's α = 0.62。将7个题目的评分相加作为保障性需求的总得分。

（2）发展性需求。选用问卷中的4个题目作为发展性需求的测量题目：您在今后5～10年内最希望实现的个人愿望属于哪一类？①得到周围人的理解、信任，获得亲情、友情和爱情；②获得周围人及社会的尊重、尊敬；③获得更多的知识、经验和见识；④获得社会认可的生活和事业上的圆满、成功、成就。然后受访者需要从"无"和"有"中做出选择。将"有"编码为1，"无"编码为0。对调查数据进行取样适当性检验，KMO = 0.75；Bartlett's 球形检验结果显示 χ^2 = 3524.137，$df = 6$，$p = 0.000$。使用主成分分析和最大方差旋转法进行因子分析，结果显示4个题目提取出一个因子，特征值为2.19，方差解释率达到54.69%。Cronbach's α = 0.72。将4个题目的评分相加作为发展性需求的总得分。

（3）生活水平变化。选用问卷中的1个题目来描述民众生活水平的变化，即"与5年前相比，您的生活水平有什么变化"。采用5级计分，得分越高说明民众的生活水平提升越多。

（4）社会经济地位。选用问卷中的1个题目来描述民众的阶层定位，即"您认为您本人的社会经济地位在本地大体属于哪个层次"。采用5级计分，得分越高说明民众认为自己的社会经济地位在本地的位置越高。

2. 获得环境

（1）社会信任。选用问卷中的4个题目作为社会信任的测量题目：您是否同意以下的观点？①人们在大多数情况下是乐于助人的；②社会上大多数人可以信任；③大多数人会尽可能公平地对待别人；④在我周围，当前人们的信任状况还是不错的。采用4点计分，数字越大表明信任程度越高。对调查数据进行取样适当性检验，KMO = 0.71；Bartlett's 球形检验结果显示 χ^2 = 1976.572，$df = 6$，$p = 0.000$。使用主成分分析和最大方差旋转法进行因子分析，结果显示4个题目提取出一个因子，特征值为1.89，方差解释率达到47.22%。Cronbach's α = 0.63。将4个题目的平均分作为社会信任总得分。

（2）社会公平。选用问卷中的 5 个题目作为社会公平的测量题目：您觉得当前社会生活中以下方面的公平程度如何？①工作与就业机会；②财富及收入分配；③养老等社会保障待遇；④不同地区、行业之间的待遇；⑤城乡之间的权利、待遇。采用 4 点计分，1 表示"非常不公平"，2 表示"不太公平"，3 表示"比较公平"，4 表示"非常公平"。对调查数据进行取样适当性检验，KMO = 0.81；Bartlett's 球形检验结果显示 $\chi^2 = 5238.509$，$df = 10$，$p = 0.000$。使用主成分分析和最大方差旋转法进行因子分析，结果显示 5 个题目提取出一个因子，特征值为 2.59，方差解释率达到 51.84%。Cronbach's $\alpha = 0.77$。将 5 个题目的平均分作为社会公平的总得分。

3. 获得途径

选用问卷中的 3 个题目作为获得途径的测量题目：您认为要实现您的个人愿望，下列哪些方面条件最重要？①自己勤奋努力；②自己聪明能干；③自己敢冒风险的勇气。与保障性需求和发展性需求题目的选择及编码方式一样，受访者需要从"有"和"无"中做出选择，将"有"编码为 1，"无"编码为 0。对调查数据进行取样适当性检验，KMO = 0.60；Bartlett's 球形检验结果显示 $\chi^2 = 1154.091$，$df = 3$，$p = 0.000$。使用主成分分析和最大方差旋转法进行因子分析，结果显示 3 个题目提取出一个因子，特征值为 1.58，方差解释率达到 52.50%。Cronbach's $\alpha = 0.55$。将 3 个题目的评分相加作为获得途径的总得分。

4. 获得体验

选用问卷中的 10 个题目作为获得体验的测量题目：请回想过去一年的生活，您在家时和上班（工作/劳动/上学）时，总体上，体会到下列五种情绪感受的频率是多少？①愉悦、享受；②生气、愤怒；③担忧、害怕；④伤心、悲哀；⑤厌恶。采用 5 点计分，1 表示"从来没有"，2 表示"很少"，3 表示"有时"，4 表示"经常"，5 表示"总是"。其中，将在家时和上班（工作/劳动/上学）时的愉悦、享受情绪两个题目的平均分作为积极情绪体验得分，而剩余 8 个题目的平均分作为消极情绪体验得分。Cronbach's $\alpha = 0.69$。

5. 获得共享

（1）环保意识。选用问卷中 3 个题目作为环保意识的测量题目：就我国整体情况而言，下面的说法和您日常的情况或想法是否符合？①如果周围人都不注意环境保护，我也没必要环保；②保护环境是政府的责任，和我的关系不大；③如果有时间的话，我非常愿意参加民间环保组织。采用4点计分，1表示"完全符合"，2表示"比较符合"，3表示"不太符合"，4表示"完全不符合"。其中，将第三个题目反向计分。对调查数据进行取样适当性检验，KMO = 0.60；Bartlett's 球形检验结果显示 $\chi^2 = 2198.778$，$df = 3$，$p = 0.000$。使用主成分分析和最大方差旋转法进行因子分析，结果显示3个题目提取出一个因子，特征值为1.74，方差解释率达到58.12%。Cronbach's $\alpha = 0.63$。将3个题目的平均分作为环保意识的总得分。

（2）社会参与。选用问卷中两个题目作为社会参与的测量题目：最近三年，您是否参加过下列事情？①与周围的人讨论政治问题；②在互联网上讨论政治问题。受访者需要从"参加过"和"没有参加过"中做出选择。将"参加过"编码为1，"没有参加过"编码为0。将两个题目的评分相加作为社会参与的总得分。

此外，将受访者的人口学变量作为本研究的控制变量，具体包括性别、年龄、地域、城乡、婚姻状况和目前工作状况。

（三）分析结果

1. 相关分析

首先用 SPSS 18.0 软件对数据进行相关分析，以此来考察获得内容、获得环境、获得途径、获得体验和获得共享与生活满意度的相关关系。

如表 5 - 2 所示，获得内容的四个方面均与生活满意度之间存在显著相关。其中，保障性需求与生活满意度呈负相关（$r = -0.342$，$p < 0.001$），发展性需求（$r = 0.059$，$p < 0.001$）、生活水平变化（$r = 0.289$，$p < 0.001$）和社会经济地位（$r = 0.340$，$p < 0.001$）与生活满意度均呈正相关。获得环境两个方面均与生活满意度存在显著的正相关关系，即社会信任（$r = 0.196$，$p < 0.001$）和社会公平（$r = 0.259$，$p < 0.001$）与生活满意度显著正相关。获得途径与生活满意度呈显著正相关（$r = 0.061$，$p < 0.001$）。获得体验与生活满意度存在显著相关关系，其中，积极情绪体验与生活满意度呈显著正相关（$r = 0.343$，$p < 0.001$），而消极情绪体验与生活满意度呈显著负相关（$r = -0.344$，$p < 0.001$）。获得共享两个方面均与生活满意度存在显著正相关关系，即环保意识（$r = 0.150$，$p < 0.001$）和社会参与（$r = 0.070$，$p < 0.001$）与生活满意度呈显著正相关。

2. 多元回归分析

通过建立多元回归模型，进一步探索各预测变量与生活满意度之间的关系。在进行回归之前将所有变量都进行了标准化处理。具体结果如表 5-3 所示。模型 1 为基准模型，将所有控制变量纳入回归方程，模型 2 至模型 6 分别将获得内容、获得环境、获得途径、获得体验、获得共享纳入回归方程，最后将所有预测变量和控制变量全部纳入回归模型，得到模型 7。

在模型 1 中，除年龄之外，性别、地域、城乡、婚姻状况和目前工作状况均对生活满意度有显著影响。模型 1 具有显著性，共解释了 2.2% 的变异。模型 2 的结果显示控制了人口学变量之后，保障性需求、发展性需求、生活水平变化和社会经济地位都显著正向影响生活满意度。与基准模型相比，模型 2 加入获得内容后增加了回归方程对生活满意度 19.6 个百分点的解释力。模型 3 反映了获得环境对生活满意度的影响。当人们的社会信任水平越高，能感受到生活环境各个方面都比较公平时，民众的生活满意度就会越高。与基准模型相比，模型 3 增加了对生活满意度 9.8 个百分点的解释力。模型 4 的结果显示，控制人口学变量之后，那些越是靠自己的努力、勇气和勤奋的人，其生活满意度越高。与基准模型相比，模型 4 增加了对生活满意度 0.2 个百分点的解释力。

模型 5 反映的是获得体验对生活满意度的影响，结果显示控制人口学变量之后，获得体验的两个维度消极情绪体验和积极情绪体验对生活满意度有显著影响。与基准模型相比，模型 5 增加了 18.2 个百分点的解释力。模型 6 反映的是获得共享对生活满意度的影响，结果显示控制其他变量不变的情况下，互惠性的环保意识和社会参与，都对生活满意度有显著的正向影响，即人们的环保意识越强，或者越是愿意参与环保活动，并且参与社会问题讨论越多，那么他们对自己的生活就会越满意。与基准模型相比，模型 6 增加了对生活满意度 1.9 个百分点的解释力。在模型 7 中，同时纳入获得内容、获得环境、获得途径、获得体验和获得共享，回归方程总共解释了生活满意度 33.8% 的变异，与模型 1 相比，增加了 31.6 个百分点的解释力。由表 5-3 可知，获得感的五个维度对生活满意度都有显著预测作用。

表 5 - 2 获得感与生活满意度的相关关系

变量	1	2	3	4	5	6	7	8	9	10	11
1 生活满意度	1										
2 保障性需求	-0.342***	1									
3 发展性需求	0.059***	0.099***	1								
4 生活水平变化	0.289***	-0.224***	-0.007	1							
5 社会经济地位	0.340***	-0.382***	0.010	0.259**	1						
6 社会信任	0.196***	-0.073***	-0.021	0.139**	0.095***	1					
7 社会公平	0.259***	-0.206***	-0.030*	0.202**	0.152***	0.251***	1				
8 获得途径	0.061***	0.088***	0.405***	-0.009	-0.002	0.003	0.015	1			
9 积极情绪体验	0.343***	-0.206***	0.001	0.146**	0.188***	0.165***	0.133***	0.057***	1		
10 消极情绪体验	-0.344***	0.217***	0.053***	-0.149**	-0.146***	-0.210***	-0.198***	0.030*	-0.292***	1	
11 环保意识	0.150***	-0.005	0.164***	0.062	0.049***	0.067***	0.018	0.118***	0.084***	-0.080***	1
12 社会参与	0.070***	-0.039**	0.144***	0.006	0.078***	-0.023	-0.122***	0.147***	0.089***	0.003	0.173***

$* \ p < 0.05$，$** \ p < 0.01$，$*** \ p < 0.001$。

表 5 - 3 生活满意度与获得感各维度的回归模型

变量	模型 1	模型 2	模型 3	模型 4	模型 5	模型 6	模型 7
性别[a]	- 0.04 ** (0.01)	- 0.04 ** (0.01)	- 0.04 * (0.01)	- 0.04 ** (0.01)	- 0.06 *** (0.01)	- 0.05 ** (0.01)	- 0.06 *** (0.01)
年龄	- 0.03 (0.02)	- 0.01 (0.02)	- 0.06 *** (0.02)	- 0.00 (0.02)	- 0.06 *** (0.02)	0 (0.02)	- 0.03 (0.02)
地域[b]							
华北地区	0.06 ** (0.02)	0.08 *** (0.02)	0.05 ** (0.02)	0.06 ** (0.02)	0.03 (0.02)	0.05 * (0.02)	0.06 ** (0.02)
东北地区	- 0.02 (0.02)	- 0.01 (0.02)	- 0.02 (0.02)	- 0.02 (0.02)	- 0.06 ** (0.02)	- 0.01 (0.02)	- 0.02 (0.02)
华东地区	0.03 (0.03)	0.03 (0.02)	0.03 (0.02)	0.03 (0.03)	0.02 (0.02)	0.04 (0.03)	0.03 (0.02)
华中地区	- 0.03 (0.03)	0.04 (0.02)	- 0.01 (0.02)	- 0.03 (0.03)	0.00 (0.02)	- 0.03 (0.03)	0.04 (0.02)
西南地区	- 0.05 * (0.02)	0.00 (0.02)	- 0.04 * (0.02)	- 0.05 * (0.02)	- 0.05 ** (0.02)	- 0.04 * (0.02)	- 0.02 (0.02)
城乡[c]	0.04 * (0.02)	0.04 ** (0.01)	0.08 *** (0.01)	0.04 * (0.02)	0.02 (0.01)	0.02 (0.02)	0.04 ** (0.01)
婚姻状况[d]	- 0.04 * (0.02)	0.00 (0.02)	- 0.05 * (0.02)	- 0.04 * (0.02)	- 0.02 (0.02)	- 0.04 * (0.02)	0.01 (0.02)
目前工作状况[e]	- 0.04 * (0.02)	- 0.05 ** (0.01)	- 0.04 * (0.02)	- 0.04 * (0.01)	- 0.03 (0.02)	- 0.03 (0.02)	- 0.03 * (0 01)
获得内容							
保障性需求		- 0.23 *** (0.01)					- 0.15 *** (0.01)
发展性需求		0.07 *** (0.01)					0.05 *** (0.01)
生活水平变化		0.19 *** (0.01)					0.13 *** (0.01)
社会经济地位		0.20 *** (0.01)					0.16 *** (0.01)
获得环境							
社会信任			0.16 *** (0.01)				0.06 *** (0.01)

续表

变量	模型 1	模型 2	模型 3	模型 4	模型 5	模型 6	模型 7
社会公平			0.24 *** (0.01)				0.11 *** (0.01)
获得途径				0.04 ** (0.02)			0.03 * (0.01)
获得体验							
积极情绪体验					0.25 *** (0.01)		0.16 *** (0.01)
消极情绪体验					− 0.29 *** (0.01)		− 0.20 *** (0.01)
获得共享							
环保意识						0.13 *** (0.01)	0.06 *** (0.01)
社会参与						0.04 * (0.02)	0.02 + (0.01)
F	10.355 ***	92.516 ***	52.950 ***	10.191 ***	99.168 ***	16.535 ***	112.59 ***
R^2	0.022	0.218	0.120	0.024	0.204	0.041	0.338
ΔR^2	0.022	0.196	0.098	0.002	0.182	0.019	0.316

注：（1）$^+ p < 0.1$，$^* p < 0.05$，$^{**} p < 0.01$，$^{***} p < 0.001$。（2）参照类别：a = 女性，b = 西北地区，c = 农村，d = 未婚，e = 没有工作。（3）括号中为标准误。

六　讨论与总结

本研究从社会心理学的视角，以需求满足的相关理论为基础，建构了获得感的内涵结构，并利用 CSS 2013 数据库实证性地探讨了获得感对生活满意度的具体影响。研究结果表明，在控制了性别、年龄、婚姻状况、城乡等变量后，分别将获得内容、获得体验、获得环境、获得途径和获得共享纳入回归模型，五个维度对生活满意度都有显著预测作用。与五个维度的单独预测作用相比，将它们同时纳入回归模型时，其模型解释力更强，且各维度对生活满意度依然存在显著影响。

本研究实证性地检验了获得感对生活满意度的影响，证实了获得感及各维度对生活满意度的显著预测作用。相较而言，获得感更为具体，更具情境性，幸福感则更具持续性和人生意义感。在需求满足基础上相应产生的获得感，是人们对生活满意、幸福感提升的基础，因此，幸福感在一定程度上可以理解为不断积累的获得感，持续的获得感会带来幸福感的提升，是持续幸福感的保证（王俊秀、刘晓柳，2019）。从各个具体维度来看，和谐稳定、公平公正的社会环境的塑造，人们物质和精神生活水平的提高，能够自主奋斗、参与社会发展建设等，都是人们的获得感得以提升的核心要素，同样也是进一步影响人们对整体生活状况的满意度及其幸福感提升的重要因素。

已有研究中，获得感的内涵结构不明确，研究者借助社会调查项目直接拟合的获得感测量指标也有较大差异。这些研究往往围绕获得感的某个或某些侧面展开讨论，要么侧重民众经济利益、发展成果或基本公共服务等方面"获得"的内容（郑风田、陈思宇，2017），要么侧重基于"获得"的主观感受，强调获得感的"感"分析（曹现强，2017）。近期随着核心成果的陆续发表，获得感的内涵出现定性为"客观获益的主观感知"的趋势，陆续被解读为：近三年的生活改善情况（孙远太，2015）、个体实际收入实现或超出其公平收入期待辅以幸福感的感知（黄艳敏等，2017）、民众的得失感知（王浦劬、季程远，2018）。据此也衍生出特定客体获益感知的民生获得感（叶胥等，2018）、经济获得感（梁土坤，2018）。这类解读承续了学界有关资源、教育、职位等客观获得的研究脉络，但潜在地窄化了获得感的内涵。另有研究者考虑了获得感产生的时间因素，将实际获得与获得预期整合来建构获得感的结构，比如分为横向获得感和纵向获得感（王浦劬、季程远，2018），获得、公平感受和预期（汪来喜，2017），当前获得感知以及未来获得预期（谭旭运等，2018）等。多维度获得感的综合阐释，则能揭示获得感概念内涵的复杂性，有效统合既有研究对获得感的不同侧面的理解。在需求满足基础上产生的多维度获得感的结构内涵，构成了一个有机整体。体现了物质需求满足和成就需求满足的统一，客观需求满足和主观心理体验的统一，需求满足结果与需求实现过程的统一，外部获得环境和内在获得路径的统一，需求满足追求和共建共享意愿的统一。多维度获得感的概念结构及其内在关系的阐释，能够更为全面有效地反映社会改革发展与民众生活质量、心理体验的复杂关系。

多维度获得感的有机建构，还有助于解释人们在社会生活中的多种消极情感体验的现实基础和心理机制。诸多研究者尝试反向套用"相对剥夺感"来引入获得感的相对意涵，界定出时间参照、空间参照的获得感，即纵向获得感、横向获得感（王浦劬、季程远，2018；吕小康、黄妍，2018），在此基础上也有研究者尝试囊括更多相对内涵得出总体评价、纵向变化、横向比较、未来预期四个维度的获得感（梁土坤，2018）。这种意义上的获得感拘于"相对剥夺感"的反义描摹，实际得到的是与"相对剥夺感"对应的相对获得感。事实上，获得感结构中任一维度上的满足都能够带来相似的积极情感体验，进而带来生活满意度和幸福感的提升；但其中某种维度出现缺失、不满足时，则会产生不同的情感体验。当人们的获得内容维度缺失时容易产生焦虑感，如住房、医疗、教育等基本物质和精神生活需求得不到满足时，人们的生存保障会受到严重挑战，人们很容易焦虑，进而导致各种过分风险规避行为的产生，制约社会发展效率；当获得环境维度缺失时会产生相对剥夺感，即社会不平等加剧、两极分化严重时，人们更容易意识到自身在社会结构中的劣势，进而导致"仇富""仇官"现象甚或群际冲突；当获得途径缺失，即人们无法通过个人努力，自主能动地实现需求满足时，就会产生无助感，个人的自尊和心理健康受损，人们丧失奋斗的动力和主动性；当获得共享缺失，即人们拘于自身得失，而无法或无意回馈社会时，就容易产生疏离感，导致社会无序互动的原子化。因此，我们不能笼统地将获得感的降低理解为单一的特定消极体验的产生，而应结合导致获得感下降的特定维度具体分析，并在实现获得感提升的实践中做出相应的调整。

需要注意的是，生活满意度和幸福感作为人们对生活状况的总体感受，会受到各种复杂因素的影响，尽管社会不断发展进步，人们的物质生活水平不断提高，但生活满意度和幸福感往往并未有效提升，甚至有时还会出现下降的现象。因此，这也使得作为"中间态"的获得感相比前两者，能够更有效地反映、评价和预测人们美好生活和社会发展进步的现实状况（王俊秀、刘晓柳，2019）。与此同时，本研究从 CSS 2013 中尽可能选择了贴近各维度内涵的测量题目，但仍可以看到部分指标的选用并非特别贴切，各维度的丰富内涵也并不能够充分体现。因此，为了更好地发挥获得感在评价社会发展和个人生活质量中的灵敏检测作用，有必要进一步系统研究、探索多维度获得感的动态性测量指标，编制和修订科学的获得感测量问卷（董洪杰等，2019），使获得感真正成为反映社会发展和社会治理成效的可靠有效的"新标尺"。

作为个体与社会的互动产物，获得感研究对社会治理与个体发展都具有重要的实践意义。推进社会治理体系和治理能力的现代化，必须重视"人"的问题（辛自强，2017），以人民的基本诉求与反馈为导向的社会发展评价指标，使获得感成为评估改革发展成效的新标杆（邢占军、牛千，2017）。获得感的提升，强调社会环境的支持作用，同时也需要充分发挥个体参与在需求满足过程中的作用，一方面，需求性获得与积极体验性获得的实现要求个体积极参与社会互动；另一方面，体验性获得的激励作用也为个体追求更高层次的获得需求提供动力，激励个体行动。因此，在全面深化改革的背景下，要求政府职能部门发挥社会治理的主体作用，也要充分调动和发挥人们的自主性和能动性。

我国当前社会的主要矛盾已经转化为"人民日益增长的美好生活需要和不平衡不充分的发展之间的矛盾"，社会阶层分化更加明显，民众的获得需求也呈现内容的多元性与发展的不平衡性，而不同社会阶层表现出不同的获得感水平，随着阶层的上升，获得感水平也呈现上升趋势（王俊秀、刘晓柳，2019）。提升民众的获得感，不但应注重通过发展使各社会群体、社会成员各得其所，更应注重满足低中阶层群体迫切的基本需要，优先满足贫弱群体的获得感（王思斌，2018）。未来研究必须密切关注不同阶层民众生活需求的多元化和需求满足的差异化（王俊秀，2018a），进一步明确不同阶层民众的多维度获得感现状及其对幸福感的具体影响，有针对性地提升不同阶层民众的获得感，促进其幸福感的提升。为此，民众获得感的提升以及积极社会心态培育应兼顾个体心理建设与群体心理建设，将社会心态培育、社会心理建设作为创新社会治理的心理学路径（王俊秀，2015b）。在社会治理过程中要求政府结合不同主体需求实现的获得感结构特点，培育积极平和的社会心态并合理引导积极的社会预期，从而有效引导促进民众多元需求满足的平衡充分发展。

第二节　青年人获得感现状及其影响因素

改革开放40多年来，我国民众的物质生活与精神文化都得到了举世瞩目的丰富与改善。但经济增长水平与国民幸福之间存在较明显的"幸福悖论"现象，公共支出更以倒U形曲线的方式影响国民幸福（王健、郭靓，2015）。相较于更强调弥散性主观体验的幸福感，获得感与社会发展和个人成长有着更加紧密的联系。

作为经济社会建设与社会责任的中坚力量与新鲜血液，青年人不但有这一群体特有的身心发展特征，而且思想观念乃至行为准则也会受到转型社会特征的影响（王沛沛，2016）。关注并把握青年群体获得感的状况，是提升人民群众获得感的基础路径与必要内容。特别是理解青年人的迫切需求、现实状况与发展预期，是把握其获得感的重要内容，也是社会稳健发展的基础工作，但目前鲜见关注青年群体获得感的研究。鉴于此，本研究采用民众获得感状况调查问卷，从青年群体的获得感需求、现状与预期三个方面进行深入的考察，据此探讨青年群体的获得感现状及其相关影响因素。

一　文献综述

"获得感"这一概念，是在我国全面深化改革、转变经济社会发展模式、实现共享发展的时代背景下提出的。学者们就如何理解民众的获得感进行了深入探索，其中基于需求与获得感关系的研究论证已有很多。最初就有研究者试图将获得感区分为物质层面和精神层面的需求获得（张品，2016；曹现强，2017）。围绕学生思政课程的获得感研究探讨也主张，从学生需求和问题导向入手，满足青年学生成长发展需求和期待（高燕、李扬，2017；刘富胜、赵久烟，2017）。邢占军、牛千（2017）则认为获得感是人们评估社会供给对民生需求满足程度的重要指标。李斌、张贵生（2018）关注到居民自身多元需求等众多要素在公共服务获得感高低中的作用。王俊秀（2018a）从需求的满足情况出发探讨了主观阶层与获得感的关系，发现主观阶层属于中上层或上层的居民获得需求最高，主观阶层认同为中下层和下层的居民获得需求最低。可以看出，这些研究都关注到主体需求在获得感内涵中的基础地位。因而，研究对象的基本需求应当视为获得感研究考察的必要内容。

另外，在获得与时序关系之中论证获得感的研究也非常丰富。黄艳敏等（2017）指出获得感应是由实际获得而触发产生的满足感和幸福感等积极心理体验。秦国文（2016）则认为应从理论获得感、现实获得感与预期获得感三个维度来理解其内涵。汪来喜（2017）则提出获得感包含获得（收入）、感受（公平）及持续（预期）三个方面。文宏、刘志鹏（2018）利用CSGS调研数据对我国民众的获得感进行了时序比较，指出党的十八大以来我国人民获得感总体呈现上升趋势。王浦劬、季程远（2018）则主张按照来源将获得感区分为空间维度的"横向获得感"与时间维度的"纵向获得感"。结合时序或空间来考察获得感,有助于发现获得感发展的差异性与不平衡性等特征,为我们提供了获得感的比较研究视野。

　　基于上述两类研究取向,获得感的测量内容与指标选择也存在两种路径。一是基于需求考察的不同内容领域的获得感测评。孙远太(2015)以被试最近三年的生活改善情况作为获得感的指标,探讨了城市居民社会地位对其获得感的影响,发现客观社会地位直接或间接影响城市居民的获得感。何小芹等(2017)通过自编量表从经济条件、家庭支持、人际关系、学校支持、教师关怀、发展机会等六个方面考察了贫困大学生的相对获得感现状,发现学校支持是贫困大学生相对获得感来源的重要方面。石庆新、傅安洲(2017)则以大学生在就业问题解决、民主参与、教育公平、社会治安、食品安全等方面的评价和感受作为获得感的指标进行测量。二是兼顾需求与时序考察的获得感测评。周海涛等(2016)编制了包括认同程度、满足状况、参与机会、成就水平四个维度的民办高校大学生学习获得感问卷。黄艳敏等(2017)则使用个体的实际收入、公平收入期待以及个体对生活幸福程度的感知作为获得感的指标。发现当个体对自我获得处境存在公平认知时,将显著地提升获得感。文宏、刘志鹏(2018)将人民获得感分为经济获得感、政治获得感与民生获得感三个方面,利用CSGS调研数据对我国民众的获得感进行了时序比较,发现党的十八大以来我国人民获得感总体呈现上升趋势。王浦劬、季程远(2018)以民众的得失感知来界定"获得感",并结合时空差别探讨了"纵向获得感"与"横向获得感"。总体而言,兼顾需求与时序考察的获得感测量内容与指标选择路径,能够提供更为丰富的研究结果。

　　值得注意的是,对获得感的社会意义分析与政策实践展望,也是研究者们历来关注的重要领域。曹现强(2017)提出获得感要以发展为前提,推动包容性发展、改善民生等是提高公民获得感的途径。同时从具体领域的制度改革来探求民众获得感提升策略的论述颇丰。比如,通过思想政治教育指导现实日常生活与非日常生活的良性互动(韩一凡,2017);在民生建设和民生工作中发扬民主(汪亭友,2016);推动反腐败斗争,努力营造廉洁从政的政治生态(董瑛,2017;周良书,2017);加强医疗制度建设(王红漫,2017)。而对于青年群体获得感的提升主要聚焦于对策探讨,比如从共青团改革入手,阐述通过改革提升青年人获得感的途径

（俞建辉，2016；张鹏，2016）；或是探讨高校青年教师这类特定群体的职业获得感及其实践困境（王子蘅、包婧元，2018；侯燕，2017）。这些关于获得感的研究论述，一方面从不同角度凸显了获得感研究的意义指向，另一方面也为我们选择获得感的具体考察内容提供了有益借鉴。

总体来看，尽管获得感的既有研究呈现成形的内容取向与实证分析路径，但是目前成果关注青年群体获得感的研究较少。本节将从这一问题出发，拟从项目重要性、当前获得感知和未来获得预期三个方面来测量青年人的获得感，据此对青年群体的获得感进行系统分析，以期弥补这一领域研究的相对不足。

二 研究假设

首先，项目重要性，是指个体对于生活中不同的生理和社会需求重要性的认知排序。马克思主义认为，人类的历史活动产生于人类的需求。而社会需求是在社会发展过程中，人们为满足当下与未来发展需求，而在需求实践中形成的占主导地位的需求意识、需求关系（鲍宗豪，2008）。此外，在对需求的研究中，精神分析学派心理学家阿德勒认为，对人格发展起决定作用的是个体的社会性需求——指向优越的奋力，它是生命本身的固有需求，能为我们的所有活动指引方向（晏予，1990）。人本主义心理学家马斯洛从人的行为动机角度提出的需求层次理论将人纷繁复杂的需求分为五个层次，只有满足了低层次的需求，才能逐渐实现高层次的需求。需求的层次越低，越与个体的生存需求相关联，满足的愿望也就越强烈，未满足该需求的个体会寻求它而非满足其他的需求。此外，基本需求得到一定满足后，高级需求的满足能引出更深刻的幸福体验（晏予，1990）。所以，当个体对某一需求十分迫切时，说明该需求对个体而言十分重要，便会想方设法地满足它。因此推测，当某种社会需求对于个体来说非常重要时，这种需求的满足程度就会显著影响个体获得感；而当某种需求对于个体来讲并不重要时，此时这种需求的满足程度对个体获得感的影响则要小一些。所以将项目重要性作为获得感的一方面。

假设1：青年群体在不同项目内容的重要性评价上具有需求的差异。特定项目的重要性评价越高，则表明该项目的获得感的潜在需求越大。

其次，当前获得感知，即个体对其目前各种需求满足程度的主观认知评价。这是多数研究者使用的获得感指标，也是获得感的最直接体现。获得感在国外尚不存在直接的对应概念，在国外社会治理中常用"幸福感""主观生活质量"等来评价公民的生活状况。在我国，获得感提出前，生活满意度和主观幸福感是评判个体生活状况的两个重要指标，强调个体的主观感受和需求满足情况；反映了个体对自己过去和现在生活总体情况的态度和看法，是对自己生活状况和质量做出的情感性、认知性的整体评价（杨慊等，2016）。虽然以往关于幸福感的研究表明，追求内部目标可增强个体的幸福感尤其是意义幸福感，并增加个体的积极情绪（李原，2017），对实质民主的认同，而非西方主流的程序民主，可以极大地提高中国居民对本国民主程度的满意度，促进其主观幸福感的提升（石磊，2018），但是伴随中国进入经济增长对国民幸福提升作用逐步减弱的阶段（周绍杰等，2015），"幸福感悖论"的存在使得幸福感在解释人们的生活状况和质量方面已略显吃力。而相比幸福感，获得感则更具操作性与外部指向性。民众是获得感评价的主体，社会供给是获得感评价的客体（邢占军、牛千，2017）。因此测量个体的当前获得感知是考察获得感非常重要的一个方面。

假设2：青年群体在不同项目内容的获得感知上存在差异。特定项目获得感知的评价越高，则表明该项目当前的获得感越强。

最后，未来获得预期，即个体成员根据以往社会经验和自身愿望自觉不自觉地对个人未来生活、社会今后发展做出一种主观判断（王俊秀，2017b）。社会预期最初是从认知层面关注社会互动过程中的预期判断对决策的影响（王芹等，2015）。预期在社会互动中会对个体的决策及行为产生重要影响。有研究表明，当被试在信任博弈前获知关于同伴积极或消极的描述信息时，被试的决策会根据对同伴行为的预期而发生偏差（Delgado et al.，2005）。因此，对于未来的不同预期同样会影响个体获得感体验，影响个体当下的信念、情绪和行为。而社会预期还包含社会成员对未来怀有的希望和对社会发展的信心（王俊秀，2017b），即使当前社会的发展难以满足社会整体的预期，居民向上社会流动的预期也很高（王俊秀，2018a）。所以测量青年的未来获得预期也是一个不可忽视的方面。

假设3：青年群体在不同项目内容的未来获得预期上存在差异。特定项目未来获得预期的评价越高，则表明该项目未来获得感的信心越强。

三 研究方法

(一) 调查对象

本报告使用的数据来自中国社会科学院（CASS）和智媒云图（Intell-Vision）联合发布的获得感状况调查问卷（Sense of Gain Survey 2018）。该问卷由中国社会科学院社会学研究所社会心理学研究中心编制，于2018年1月利用智媒云图研发的手机App调研平台"问卷宝"，面向全国各省（区、市）（除港澳台）推送16个项目的获得感状况调查问卷，并请调查对象从项目重要性、过去五年的获得体验和未来五年的获得预期三个方面进行评价。再通过用户分享问卷的方式进行滚雪球式发放。问卷回收后，利用测谎题、答题完成情况等对问卷进行筛选。《中长期青年发展规划(2016—2025年)》中界定的青年年龄范围是14～35周岁，本研究选取成人段18～35岁青年，从数据库中最终筛选出样本3133人，其中男性样本1861人，占59.4%，女性样本1272人，占40.6%，平均年龄为27.8±3.7岁。样本在各人口学变量上的具体分布如表5-4所示。

表5-4 调查对象的人口统计学特征 (N=3133)

单位：人，%

变量	类别	人数	占比
性别	男	1861	59.4
	女	1272	40.6
年龄	18～20岁	122	3.9
	21～23岁	332	10.6
	24～26岁	459	14.7
	27～29岁	1307	41.7
	30～32岁	579	18.5
	33～35岁	334	10.7

变量	类别	人数	占比
受教育程度	小学毕业及以下	12	0.4
	初中毕业	102	3.3
	高中（技校、职高、中专）毕业	1046	33.4
	大专（含在读）	670	21.4
	大学本科（含在读）	1156	36.9
	研究生（含在读）及以上	147	4.7
月收入	1000 元及以下	184	5.9
	1001～3000 元	477	15.2
	3001～5000 元	1266	40.4
	5001～7000 元	710	22.7
	7001～10000 元	331	10.6
	10001～15000 元	108	3.4
	15001～30000 元	39	1.2
	30001～50000 元	13	0.4
	50001～100000 元	1	0.0
	100000 元以上	4	0.1
户口类型	本地城市户口	994	31.7
	本地农村户口	812	25.9
	外地城市户口	375	12.0
	外地农村户口	952	30.4
婚姻状况	未婚	1669	53.3
	已婚	1397	44.6
	再婚	33	1.1
	离婚独身	31	1.0
	丧偶独身	3	0.1

（二）获得感调查工具

获得感状况调查（2018）基于前期研究结果和社会热点话题等，选取了与民生和生活质量密切相关的 16 个项目，作为获得内容的测量题目，并分别测量被调查者的项目重要性、当前获得感知和未来获得预期三个方面。16 个具体测量题目包括：良好的教育条件、稳定的工作、满意的收入、可靠的社会保障、高水平的医疗卫生服务、舒适的居住环境、优美的生活环境、丰富的文化生活、完善的公共服务、安全的生活环境、民主、法制、公平、正义、受人尊重、社会安定有序。问卷采用李克特 7 点评分方法。

其中，项目重要性的问题是："您觉得以下这些描述对您而言重要程度如何？" 1 表示非常不重要，7 表示非常重要，数字越大，表示被调查者心中认为该项目越重要。将 16 道题目的平均分作为项目重要性的得分，得分越高，代表被调查者认为获得这些内容越重要。16 道题目的内部一致性良好（Cronbach's α = 0.946）。

当前获得感知的问题是："您觉得过去五年在这些方面获得感如何？" 1 表示非常少，7 表示非常多，数字越大，表示被调查者在该项目上体验到的获得感越高。将 16 道题目的平均分作为当前获得感知的得分，得分越高，代表被调查者当前的获得体验程度越高。16 道题目的内部一致性良好（Cronbach's α = 0.949）。

未来获得预期的问题是："未来五年，您觉得自己在以下这些方面的获得情况会如何？" 1 表示非常少，7 表示非常多，数字越大，表示被调查者在该项目上预期的获得感越高。将 16 道题目的平均分作为未来获得预期的得分，得分越高，代表被调查者未来获得预期程度越高。16 道题目的内部一致性良好（Cronbach's α = 0.962）。

（三）数据处理

使用统计分析软件（SPSS 21.0）对数据进行分析。主要运用的统计方法包括：描述统计、t 检验、方差分析。

四 结果与分析

（一）总体分析

首先分析青年获得感状况中的项目重要性、当前获得感知和未来获得预期的整体情况。调查结果如表 5 - 5 所示，在项目重要性上，青年认为"安全的生活环境""社会安定有序""法制"（$M \geqslant 6.19$）这些方面非常重要，而"完善的公共服务"、"受人尊重"、"优美的生活环境"以及"民主"（$M \leqslant 5.93$）相对较低，"丰富的文化生活"（$M = 5.70$）被认为重要性程度最低。过去五年，即在当前获得感知上，"安全的生活环境"、"社会安定有序"、"法制"以及"良好的教育条件"（$M \geqslant 4.95$）这些方面带给青年的获得感较强；而"丰富的文化生活"、"民主"、"公平"以及"满意的收入"（$M \leqslant 4.74$）这些方面带给青年的获得感较弱。未来五年，即在未来获得预期上，青年对"社会安定有序"、"安全的生活环境"以及"法制"（$M \geqslant 5.31$）的预期较高；而对"正义"、"民主"、"满意的收入"以及"公平"（$M \leqslant 5.16$）的预期较低。

整体来看，青年在获得感三个方面的得分是存在差异的（$F = 2761.643$，$p < 0.001$），需要注意的是，青年认为社会安全是最为重要的，而"安全的生活环境"、"社会安定有序"与"法制"三个项目在项目重要性上得分也较高。与此同时，数据表明，在当前获得感知和未来获得预期上这三个项目的得分也较高。

表 5 – 5　获得感 16 个项目三方面差异

16 个项目	项目重要性		当前获得感知		未来获得预期	
	均值	标准差	均值	标准差	均值	标准差
良好的教育条件	6.12	0.94	4.95	1.14	5.27	1.18
稳定的工作	6.03	0.99	4.79	1.23	5.20	1.19
满意的收入	6.09	0.96	4.48	1.29	5.09	1.25
可靠的社会保障	6.12	0.97	4.86	1.19	5.28	1.18
高水平的医疗卫生服务	6.14	0.99	4.76	1.22	5.22	1.19
舒适的居住环境	5.97	0.97	4.86	1.14	5.26	1.16
优美的生活环境	5.90	1.03	4.78	1.19	5.23	1.16
丰富的文化生活	5.70	1.04	4.74	1.23	5.20	1.19
完善的公共服务	5.93	0.96	4.87	1.18	5.28	1.13
安全的生活环境	6.26	0.97	5.15	1.11	5.38	1.13
民主	5.90	1.04	4.72	1.25	5.11	1.21
法制	6.19	0.98	4.98	1.17	5.31	1.17
公平	6.04	1.00	4.67	1.23	5.08	1.22
正义	5.98	0.98	4.76	1.22	5.16	1.20
受人尊重	5.92	0.99	4.87	1.08	5.20	1.12
社会安定有序	6.22	0.95	5.15	1.10	5.39	1.14
总得分	6.03	0.73	4.84	0.90	5.23	0.94

（二）获得感调查项目三个方面的交叉分析

对获得感16个测量项目的三个方面进行两两匹配的交叉分析。具体结果如下。

1. 项目重要性－当前获得感知两方面的交叉分析

按照16个项目的项目重要性和当前获得感知的评分与各自均值的关系，可分为四个象限（见图5－1）。①高重要－高获得的项目有："安全的生活环境""社会安定有序""法制""良好的教育条件""可靠的社会保障"；②高重要－低获得的项目有："高水平的医疗卫生服务""稳定的工作""公平""满意的收入"；③低重要－高获得的项目有："受人尊重""完善的公共服务""舒适的居住环境"；④低重要－低获得的项目有："民主""正义""优美的生活环境""丰富的文化生活"。

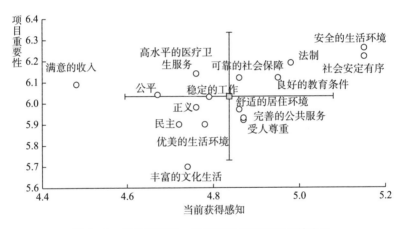

图5－1　项目重要性－当前获得感知两方面的交叉

2. 项目重要性－未来获得预期两方面的交叉分析

按照16个项目的项目重要性和未来获得预期的评分与各自均值的关系，可分为四个象限（见图5－2）。①高重要－高预期的项目有："安全的生活环境""社会安定有序""法制""可靠的社会保障""良好的教育条件"；②高重要－低预期的项目有："高水平的医疗卫生服务""满意的收入""公平"；③低重要－高预期的项目有："优美的生活环境""完善的公共服务""舒适的居住环境"；④低重要－低预期的项目有："受人尊重""正义""丰富的文化生活""民主""稳定的工作"。

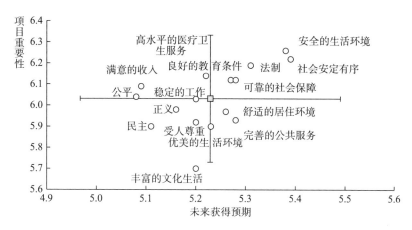

图 5 - 2　项目重要性 - 未来获得预期两方面的交叉

3. 当前获得感知 - 未来获得预期两方面的交叉分析

按照 16 个项目的当前获得感知和未来获得预期的评分与各自均值的关系，可分为四个象限（见图 5-3）。①高获得 - 高预期的项目有："社会安定有序""安全的生活环境""法制""良好的教育条件""舒适的居住环境""完善的公共服务""可靠的社会保障"；②高获得 - 低预期的项目有："受人尊重"；③低获得 - 高预期的项目有："优美的生活环境"；④低获得 - 低预期的项目有："满意的收入""公平""民主""正义""稳定的工作""丰富的文化生活""高水平的医疗卫生服务"。

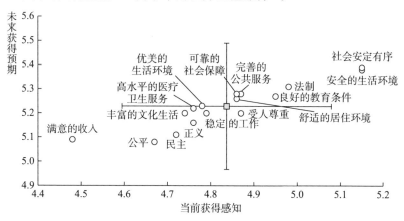

图 5 - 3　当前获得感知 - 未来获得预期两方面的交叉

（三）获得感三个方面的人口学差异

1. 获得感三个方面的性别差异

首先，采用独立样本 t 检验的方法，对青年获得感三个方面，即项目重要性、当前获得感知和未来获得预期在性别上的差异进行统计分析，结果如表 5 - 6 所示，被调查者的未来获得预期不存在性别差异，在项目重要性和当前获得感知上存在显著的性别差异，男性在项目重要性上显著低于女性（$t = -6.243$，$p < 0.001$），但男性在当前获得感知上显著高于女性（$t = 5.543$，$p < 0.001$）。

表 5 - 6　获得感三个方面的性别差异（$N = 3133$）

类别	性别	N	均值	标准差	t 值
项目重要性	男	1861	5.96	0.72	-6.243***
	女	1272	6.13	0.74	
当前获得感知	男	1861	4.91	0.89	5.543***
	女	1272	4.73	0.90	
未来获得预期	男	1861	5.22	0.91	-0.735
	女	1272	5.24	0.98	

$^{*}p < 0.05$，$^{**}p < 0.01$，$^{***}p < 0.001$。下同。

此外，从 16 个项目具体来看。在项目重要性上，女性在各项目上的得分均高于男性；但在当前获得感知上，男性在各项目上的得分均高于女性；男女两性在"满意的收入"（$M_男 = 4.63$，$M_女 = 4.27$）和"公平"（$M_男 = 4.77$，$M_女 = 4.52$）两个项目上差异较大而且获得感都较低。在未来获得预期上，女性在 12 个项目上得分均高于男性，在"优美的生活环境"（$M = 5.23$）和"民主"（$M = 5.11$）两个项目上男女得分相等，在"满意的收入"（$M_男 = 5.12$，$M_女 = 5.05$）和"公平"（$M_男 = 5.10$，$M_女 = 5.05$）两个项目上女性得分低于男性。

2. 获得感三个方面的年龄差异

采用单因素方差分析的方法，比较不同年龄段的调查对象在项目重要性、当前获得感知和未来获得预期上的差异。结果显示（见表 5 - 7），被调查者在项目重要性、当前获得感知和未来获得预期上存在显著的年龄差异。整体上，项目重要性和未来获得预期得分随着年龄的增加而降低，当前获得感知得分随着年龄的增加而提高。在项目重要性上，33 ~ 35 岁年龄段青年的得分最低，18～20 岁年龄段青年的得分最高，随着年龄的增长呈下降趋势，但在 30～32 岁时得分有回升。在当前获得感知上，18～20 岁年龄段青年的得分最低，随着年龄的增长当前获得感知呈上升趋势，27～29 岁年龄段青年当前获得感知得分最高，至 30 岁后当前获得感知得分开始下降。在未来获得预期上，18～20 岁年龄段青年的未来获得预期得分最高，33～35 岁年龄段青年的未来获得预期得分最低，随着年龄的增长呈下降趋势。除此之外，调查还发现各年龄段青年在获得感的项目重要性、当前获得感知和未来获得预期上，"社会安定有序"、"安全的生活环境"和"法制"三个项目得分都较高。

表 5 – 7　获得感三个方面的年龄差异（$N = 3133$）

类别	年龄	N	均值	标准差	F 值
项目重要性	18～20 岁	122	6.21	0.69	8.771***
	21～23 岁	332	6.20	0.61	
	24～26 岁	459	6.11	0.76	
	27～29 岁	1307	5.98	0.68	
	30～32 岁	579	6.01	0.77	
	33～35 岁	334	5.94	0.88	
当前获得感知	18～20 岁	122	4.65	0.98	11.779***
	21～23 岁	332	4.70	0.90	
	24～26 岁	459	4.76	0.88	
	27～29 岁	1307	4.98	0.84	
	30～32 岁	579	4.74	0.94	
	33～35 岁	334	4.75	0.94	
未来获得预期	18～20 岁	122	5.41	1.14	5.078***
	21～23 岁	332	5.26	1.01	
	24～26 岁	459	5.25	0.93	
	27～29 岁	1307	5.28	0.84	
	30～32 岁	579	5.11	1.02	
	33～35 岁	334	5.10	1.02	

3. 获得感三个方面的月收入差异

通过对调查数据的描述发现，"30001～50000 元"、"50001～100000 元"及"100000 元以上"的被调查者数量较少，所以通过重新编码变量将这三类数据合并为一类数据，即"30000 元以上"，然后再进行数据分析。首先，采用单因素方差分析的方法，比较不同月收入的青年在项目重要性、当前获得感知和未来获得预期上的差异，结果显示（见表 5 - 8），被调查者在项目重要性、当前获得感知和未来获得预期上存在显著的收入差异。在项目重要性上，月收入 1000 元及以下的青年项目重要性显著高于其他月收入青年，月收入 3001 ~ 7000 元的青年项目重要性得分显著低于其他月收入青年。但在当前获得感知上，月收入 1000 元及以下的青年当前获得感知得分显著低于其他月收入青年，月收入 10001 ~ 15000 元的青年当前获得感知得分显著高于其他月收入青年。在未来获得预期上，月收入 1001 ~ 3000 元的青年未来获得预期得分最低，月收入 30000 元以上的青年未来获得预期得分最高。

表 5 - 8　获得感三个方面的月收入差异（$N = 3133$）

类别	月收入	N	均值	标准差	F 值
项目重要性	1000 元及以下	184	6.26	0.73	7.888***
	1001 ~ 3000 元	477	6.18	0.69	
	3001 ~ 5000 元	1266	5.97	0.70	
	5001 ~ 7000 元	710	5.97	0.77	
	7001 ~ 10000 元	331	6.05	0.75	
	10001 ~ 15000 元	108	6.09	0.75	
	15001 ~ 30000 元	39	6.07	0.73	
	30000 元以上	18	5.99	0.73	
当前获得感知	1000 元及以下	184	4.43	0.95	25.595***
	1001 ~ 3000 元	477	4.46	0.91	
	3001 ~ 5000 元	1266	4.93	0.86	
	5001 ~ 7000 元	710	4.90	0.81	
	7001 ~ 10000 元	331	4.92	0.93	
	10001 ~ 15000 元	108	5.22	0.91	
	15001 ~ 30000 元	39	5.17	0.78	
	30000 元以上	18	5.10	1.26	
未来获得预期	1000 元及以下	184	5.16	1.21	5.777***
	1001 ~ 3000 元	477	5.08	1.10	
	3001 ~ 5000 元	1266	5.25	0.86	

续表

类别	月收入	N	均值	标准差	F 值
未来获得预期	5001～7000 元	710	5.21	0.85	5.777***
	7001～10000 元	331	5.24	0.96	
	10001～15000 元	108	5.54	0.97	
	15001～30000 元	39	5.64	0.91	
	30000 元以上	18	5.80	1.10	

整体上，未来获得预期得分随着青年月收入的增加而提高。当前获得感知得分随着青年月收入的增加而提高，但在月收入高于 10001～15000 元后当前获得感知略微有所下降。月收入越低的青年，项目重要性、当前获得感知和未来获得预期三者间的差距越大；月收入越高的青年，项目重要性、当前获得感知和未来获得预期三者间的差距越小。

4. 获得感三个方面的受教育程度差异

通过对调查数据的描述发现，青年中受教育程度为"小学毕业及以下"的被调查者数量较少，所以我们通过重新编码变量将"小学毕业及以下"的数据合并到"初中毕业"这一类数据中，并命名为"初中及以下"，然后再进行数据分析。首先，采用单因素方差分析的方法，比较不同受教育程度的青年在项目重要性、当前获得感知和未来获得预期上的差异，结果显示（见表 5-9），被调查者的项目重要性、当前获得感知和未来获得预期在受教育程度上均存在显著差异。在项目重要性上，受教育程度为"研究生（含在读）及以上"的调查对象其项目重要性得分显著高于其他受教育程度的群体，受教育程度为"高中（技校、职高、中专）毕业"的调查对象其项目重要性得分显著低于其他受教育程度群体。但在当前获得感知上，受教育程度为"高中（技校、职高、中专）毕业"的调查对象其当前获得感知得分显著高于其他受教育程度群体，受教育程度为"初中及以下"的调查对象其当前获得感知得分显著低于其他受教育程度群体。在未来获得预期上，受教育程度为"研究生（含在读）及以上"的调查对象其未来获得预期得分显著高于其他受教育程度的群体，受教育程度为"初中及以下"的调查对象其未来获得预期得分显著低于其他受教育程度群体。

表5-9　获得感三个方面的受教育程度差异（N=3133）

类别	受教育程度	N	均值	标准差	F值
项目重要性	初中及以下	114	6.08	0.83	15.456***
	高中（技校、职高、中专）毕业	1046	5.90	0.71	
	大专（含在读）	670	6.09	0.77	
	大学本科（含在读）	1156	6.08	0.72	
	研究生（含在读）及以上	147	6.28	0.59	
当前获得感知	初中及以下	114	4.35	1.09	23.334***
	高中（技校、职高、中专）毕业	1046	5.01	0.81	
	大专（含在读）	670	4.73	0.90	
	大学本科（含在读）	1156	4.77	0.91	
	研究生（含在读）及以上	147	4.98	0.92	
未来获得预期	初中及以下	114	5.02	1.25	2.961*
	高中（技校、职高、中专）毕业	1046	5.28	0.82	
	大专（含在读）	670	5.21	0.99	
	大学本科（含在读）	1156	5.20	0.98	
	研究生（含在读）及以上	147	5.35	0.91	

5. 获得感三个方面的户口类型差异

采用单因素方差分析的方法，比较不同户口类型的调查对象在项目重要性、当前获得感知和未来获得预期上的差异，结果显示（见表5-10），被调查者的项目重要性、当前获得感知和未来获得预期在户口类型上均存在显著差异。在项目重要性上，本地城市户口青年的项目重要性得分显著高于其他群体，外地城市户口青年的项目重要性得分显著低于其他群体。在当前获得感知上，外地农村户口青年的当前获得感知得分显著高于其他群体，本地农村户口青年的当前获得感知得分显著低于其他群体。在未来获得预期上，本地城市户口青年的未来获得预期得分显著高于其他群体，外地城市户口青年的未来获得预期得分显著低于其他群体。

表5-10　获得感三个方面的户口类型差异（N=3133）

类别	户口类型	N	均值	标准差	F值
项目重要性	本地城市户口	994	6.14	0.71	18.416***
	本地农村户口	812	6.05	0.82	
	外地城市户口	375	5.82	0.77	
	外地农村户口	952	5.99	0.63	

续表

类别	户口类型	N	均值	标准差	F 值
当前获得感知	本地城市户口	994	4.89	0.94	29.812***
	本地农村户口	812	4.62	0.95	
	外地城市户口	375	4.75	0.77	
	外地农村户口	952	5.00	0.80	
未来获得预期	本地城市户口	994	5.29	0.99	8.790***
	本地农村户口	812	5.17	1.10	
	外地城市户口	375	5.04	0.82	
	外地农村户口	952	5.28	0.76	

五 讨论与结论

青年是社会发展的重要力量，了解与满足青年社会需求是当前研究不可忽视的重要问题。本研究基于获得感状况调查（2018）的数据，从项目重要性、当前获得感知和未来获得预期三个方面对青年获得感的一般状况及其相关因素进行分析。在此基础上分析了青年获得感的现状以及相关的影响因素，为后续的获得感研究奠定了基础。结果发现，青年在 16 个获得感测量项目上具有不同的感知，而且在当前获得感知、未来获得预期和项目重要性三个方面也表现出不同的趋势。同时还发现，青年群体的获得感在性别、年龄、受教育程度、月收入、户口类型等基本人口学变量上存在差异。

本研究基于前期研究结果和社会热点话题，选取了与民众生活质量密切相关的 16 个项目，作为青年获得感内容的具体测量题目。同时还从项目重要性、当前获得感知和未来获得预期三个方面，兼顾获得感的需求与时序考察，对青年群体的获得感进行了深入细致的考察。可以看出，获得感研究不仅应注重关注基本民生问题的需求差异，而且应注重个体认知评价和心理预期等心理特征的考察，深化获得感的研究内容与测量路径。这也提醒我们，在今后获得感的研究中，非常有必要深入探讨获得感可能存在的维度。特别是从个体层面、群体层面以及社会结构层面的综合视角，来探究哪些因素会影响人民群众的获得感，民众获得感是否以及如何对其社会认知、社会情感与社会行为产生影响。

值得说明的是，在青年获得感所测量的 16 个项目中"安全的生活环境""社会安定有序""法制"这些方面，不仅带给青年的当前获得感知最强，而且在未来获得预期及项目重要性上都带给青年较高的获得感。此外，青年群体测量的16个项目中，项目重要性评分高但当前获得感知与未来获得预期都较低的内容，主要是"满意的收入"、"公平"与"高水平的医疗卫生服务"。这三个项目的评价差距表明了提升青年群体获得感的着力点，在未来的社会发展改革和治理过程中应给予足够的重视。为此，致力于提升青年获得感应尊重规律、找准原因，深刻理解和把握青年需求发展的结构变化与阶段性特征。特别是应从青年群体的需求结构入手，依据供给和需求关系的变化，化解供需失衡的具体矛盾，从而有效提升青年的获得感。

第三节　社会阶层视角下民众获得感现状与提升对策

一　引言

获得感是在我国全面社会改革、实现共享发展的时代背景下提出的重要概念，自提出伊始，便引起社会各界的热切关注。党的十九大报告强调"保证全体人民在共建共享发展中有更多获得感"，使其成为检验社会改革发展成果与社会治理成效，评价民众社会生活质量的又一把重要标尺。"谁得到了什么？是怎样得到的？"历来是社会分层研究的重要问题（仇立平，2006）。社会阶层是客观实在和主观建构的共同产物（王春光、李炜，2002），获得感的提出为社会阶层研究提供了新的议题，即在关注客观状况的同时，也要重视人们对客观状况的主观映射（孙远太，2015）。因此从社会阶层视角探讨获得感的影响因素，有助于呈现不同阶层群体获得感的差异化特征，并可以进一步为民众获得感的提升提供有效途径。

几年来，研究者们从不同角度对获得感概念进行了诸多理论解读和实证探索，其概念界定和使用目前还比较纷杂。概括来看，多数学者认为获得感是一个由客观"获得"和主观心理"感受"组合而成的概念，是对民众物质和精神的多元需求的满足状况（郑风田，2017）的直接反映。但获得感与客观获得之间并不完全匹配（项军，2019），其更强调个体在自身"实实在在的得到"基础上的一种主观感受和心理体验，是个体幸福感产生的前提和基础（王俊秀、刘晓柳，2019）。此外，获得感本身还包含了更加丰富的概念内涵，提升获得感的需求满足离不开外界环境与个体能动性等多种因素的共同作用（Maslow，1954），比如来自家庭、团体的支持以及公平公正的社会环境氛围。在参与和共享中，也可以让人民群众有更多的获得感和成就感（唐钧，2017；林怀艺、张鑫伟，2016）。

董洪杰等（2019）提出，获得感是民众在社会改革发展中对其需求满足过程和结果的主观认知和情感体验的综合反映，认为获得感的内涵结构可以从五个层面来进行解读：一是获得内容，是指个体对不同层次需求得到满足的认知，包括物质需求、成就需求和社会需求的满足等；二是获得环境，是指个体需求得以满足的主、客观社会氛围，包括社会公平、社会信任等；三是获得途径，是指个体在需求满足过程中的主体性作用，包括自主性、能动性等；四是获得体验，是指伴随需求满足的过程和结果而产生的情绪体验，既包含积极情绪体验的激发，也包含因需求不满足而产生的消极情绪体验的消除；五是获得共享，是指个体需求的满足在认知和情绪体验基础之上产生的感恩、互惠、共享性等心理倾向。从五个不同层面解构获得感的概念内涵，既体现了需求的客观性与个体性，也强调了需求的精神性与社会性；既关注到外在社会环境在需求产生与需求满足过程中的作用，也解析了个体自身在需求满足过程中的主观能动性。

在社会生活中，人们根据拥有社会资源的多少可以划分为不同的社会阶层，这种社会资源包括政治资源、经济资源、文化资源等各方面，如职业声望、经济收入水平或受教育程度等（李强，2003；陆学艺，2003）。党的十八大以来，大力实施精准扶贫，不断增进全休人民的福祉，努力实现全面建成小康社会目标。针对不同阶层民众的一系列精准政策的实施，使各阶层民众的获得感都得到一定程度的提升，与此同时，人民日益增长的美好生活需要和不平衡不充分的发展之间的矛盾，在各阶层群体内和群体间的差异性更为复杂多元，各阶层群体自身的获得感内涵也存在明显不同。研究者们从不同角度测量评估不同阶层群体获得感状况，并分析比较了社会阶层因素对民众获得感的影响。孙远太（2015）对六省（市）不同社会阶层居民的获得感状况进行研究，发现主、客观社会经济地位都对民众获得感有显著影响，主、客观社会经济地位越高，获得感越强，且主观社会阶层影响更大。梁土坤（2018）基于2016年全国低收入家庭经济调查数据的研究发现，低收入家庭经济获得感的总体水平较低，相对获得感不容乐观。谭旭运等（2018）从项目重要性、当前获得感知以及未来获得预期三个方面测量青年群体的获得感状况，发现青年群体的收入和受教育程度等客观社会阶层指标对获得感有显著影响，但并非线性关系，且影响模式也各有差异。邵雅利（2019）研究发现，个人特征变量对获得感影响较小，收入水平可以影响获得感，但解释力较小，且关系不稳定；而受教育程度对获得感没有显著影响。由此，也能够看到不同社会阶层因素与获得感之间的复杂关系。综合来看，我们认为社会阶层会影响获得感，但二者之间并非简单、稳定的线性关系，并提出假设1：不同阶层民众在不同维度获得感水平上存在显著差异；假设2：不同主、客观社会阶层指标对各维度获得感的影响也存在显著差异。

二 研究方法

（一）数据来源

本研究数据来源于中国社会科学院和智媒云图联合发布的获得感状况调查问卷（Sense of Gain Survey 2019）。该调查问卷由中国社会科学院社会学研究所社会心理学研究中心编制，于2019年1月通过数相科技研发的问卷调研 App "问卷宝"，向在线样本库的全国用户（共约110万人，覆盖全国346个地级城市）推送问卷。问卷回收后，利用测谎题和答题完成情况等对问卷进行筛选后共得到有效问卷9130份。其中，男性6243人，占68.4%，女性2887人，占31.6%；平均年龄为30.0±10.1岁。有效样本的具体情况如表5-11所示。

表5-11 调查对象在人口学变量上的分布情况（N = 9130）

单位：人，%

变量	类别	人数	占比
性别	女性	2887	31.6
	男性	6243	68.4
年龄	00后	919	10.1
	90后	3445	37.7
	80后	3598	39.4
	70后	705	7.7
	60后	268	2.9
	59前	194	2.1
	系统缺失	1	0.0

变量	类别	人数	占比
户口状况	城市	5092	55.8
	农村	4038	44.2
婚恋状况	单身	2625	28.8
	未婚（有交往对象）	1445	15.8
	已婚	4852	53.1
	离婚独身	128	1.4
	丧偶独身	41	0.4
	其他	39	0.4
就业状况	全日制学生	1719	18.8
	一直无工作	157	1.7
	在职工作	5846	64.0
	离退休在家	174	1.9
	离退休后重新应聘	52	0.6
	辞职、内退或下岗	59	0.6
	非固定工作	812	8.9
	失业	65	0.7
	家庭主妇/主夫	202	2.2
	其他	44	0.5

（二）调查工具

1. 获得感及其各层面的测量

采用 28 个题目的五维度获得感量表测量民众的获得感情况（董洪杰等，2019）。其中，获得内容包括"我顺利升职加薪""赢得大家的尊敬对我来说很重要"等 6 个测量题目；获得体验包括"想到现在的生活，我感觉非常幸福""拥有现在的生活让我心情愉快"等 6 个测量题目；获得环境包括"社会公平给我的社会生活提供了保障""社会保障制度解决了我很多后顾之忧"等 6 个测量题目；获得途径包括"我一直在为更好的生活拼搏""我积极把握改善生活的机会"等 5 个测量题目；获得共享包括"我感恩那些帮助过自己的人""能够帮助他人，让我感觉非常好"等 5 个测量题目。量表题目采用李克特 7 点评分，1 表示完全不同意，7 表示完全同意。将 28 个题目的平均分作为总体获得感得分，将每个层面上的所有题目的平均分作为各层面得分，得分越高，代表民众在该层面上的获得感越高。该量表的内部一致性良好（Cronbach's α = 0.97），各层面的 Cronbach's α 系数在 0.89 ~ 0.92。

2. 客观社会阶层的测量

结合社会学中对社会阶层指标的研究成果，客观社会阶层的测量包括传统指标和新近指标两部分。传统指标包括受教育程度、经济收入和职业类型（李强，2008；Bian，2002），其中职业类型的测量参照人力资源和社会保障部对国家职业资格管理的分类，具体分为国家机关、党群组织、企业、事业单位负责人；专业技术人员；办事人员和有关人员；商业、服务业人员；农、林、牧、渔、水利业生产人员；生产、运输设备操作人员及有关人员；军人和不便分类的其他从业人员。受教育程度和经济收入的具体题目包括："请问您的受教育程度是：（1）小学毕业及以下；（2）初中毕业；（3）高中（技校、职高、中专）毕业；（4）大专（含在读）；（5）大学本科（含在读）；（6）研究生（含在读）及以上"，"您的月收入（包括工资收入、补贴、投资、兼职等）平均大约是：（1）1000元及以下；（2）1001 ~ 3000元；（3）3001 ~ 5000元；（4）5001 ~ 7000元；（5）7001 ~ 10000元；（6）10001 ~ 15000元；（7）15001 ~ 30000元；（8）30001 ~ 50000元；（9）50001 ~ 100000元；（10）100000元以上"。

新近的客观社会阶层测量指标主要是指住房情况（高文珺，2017）。具体测量题目是："您的住房情况是：（1）租房住；（2）自建房；（3）公租房；（4）经济适用房；（5）商品房；（6）单位宿舍；（7）借住父母或他人房；（8）有两套以上的自购住房"。其中，将自建房、经济适用房、商品房和有两套以上的自购住房视为有自有住房，编码为1；而租房住、公租房、单位宿舍和借住父母或他人房视为无自有住房，编码为0。

3. 主观社会阶层的测量

主观社会阶层的测量主要采用国内外研究中常用的阶梯量表（Adler et al.，2000）。首先给调查对象呈现一个十级的阶梯图片（见图5-4），自下而上标记上1~10十个数字，然后告诉他们"在我们的社会里，有些人处在社会的上层，有些人处在社会的下层，如图所示，梯子从上往下看，10代表顶层，1代表底层"。随后要求调查对象回答自己对现在的社会阶层的主观感知，具体题目为："您认为您自己目前在哪个等级上？"要求选择其中一个数字来表示自己所在的等级，所选数字越大，表明感知到自己的主观社会阶层越高。由于原数据库记录得分由上至下分别记为 1 ~ 10，因此反向计分后，将其作为调查对象现在的主观社会阶层。

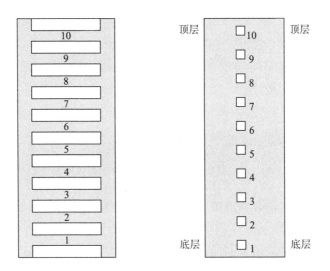

图 5 - 4　主观社会阶层测量工具示意

（三）数据处理

使用统计分析软件 SPSS 18.0 对数据进行描述统计、相关分析、差异分析和回归分析。

三　研究结果

（一）获得感及其各层面得分的总体情况

采用重复测量方差分析，探究了获得感各层面的总体情况。结果发现，获得感的五个层面之间存在显著性差异（$F = 1968.23$，$p < 0.001$，$\eta^2 = 0.18$），且两两比较的差异均显著（$ps < 0.001$）。由图 5 - 5 可知，民众在获得内容（$M = 5.61$，$SD = 1.01$）和获得共享（$M = 5.58$，$SD = 1.06$）层面上得分较高，其次是获得途径（$M = 5.40$，$SD = 1.03$），且均高于总体获得感得分（$M = 5.36$，$SD = 0.96$）。而民众在获得环境（$M = 5.25$，$SD = 1.10$）和获得体验（$M = 5.00$，$SD = 1.15$）上得分较低，且均低于总体获得感得分，其中获得体验得分最低。

对总体获得感以及获得感各层面进行相关分析，结果发现（见表 5 - 12），获得内容、获得体验、获得环境、获得途径和获得共享之间两两均存在显

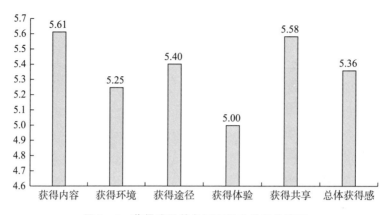

图 5 - 5　获得感及其各层面得分的总体情况

著的正相关关系，而且获得感五个层面与总体获得感之间也存在显著的正相关关系。

表 5 - 12　获得感及其各层面的相关关系

变量	1	2	3	4	5	6
1 获得内容	1					
2 获得环境	0.74***	1				
3 获得途径	0.82***	0.80***	1			
4 获得体验	0.56***	0.79***	0.67***	1		
5 获得共享	0.86***	0.78***	0.83***	0.59***	1	
6 总体获得感	0.89***	0.93***	0.92***	0.83***	0.90***	1

*$p < 0.05$，**$p < 0.01$，***$p < 0.001$。下同。

（二）客观社会阶层与获得感

1. 获得感在受教育程度上的差异分析

采用多元方差分析的方法，对获得感及其各层面得分在不同受教育程度上的差异进行统计分析。结果发现（见表 5 - 13、图 5 - 6），不同受教育程度的民众在总体获得感及获得感各层面上得分均存在显著差异。其中，在获得内容、获得环境、获得途径、获得体验、获得共享以及总体获得感得分上，随着受教育程度的增加，存在基本相同的变化趋势：具有高中（技校、职高、中专）毕业学历水平的民众与具有初中毕业学历的民众相比，出现一个明显的下降现象，之后则出现逐步上升的趋势。此外，具有高中（技校、职高、中专）毕业学历水平的民众在获得感各层面上的得分均是最低的（仅在获得体验得分上略高于小学毕业及以下学历的民众，$M_{高中毕业}=4.75$，$M_{小学毕业及以下}=4.70$，但事后比较显示二者并无显著差异）。

表5–13 获得感及其各层面的受教育程度差异分析（平均数±标准差）

受教育程度	n	获得内容	获得环境	获得途径	获得体验	获得共享	总体获得感
小学毕业及以下	107	5.40 ± 1.25	5.13 ± 1.28	5.23 ± 1.22	4.70 ± 1.39	5.44 ± 1.30	5.17 ± 1.14
初中毕业	491	5.75 ± 1.01	5.32 ± 1.14	5.48 ± 1.06	4.98 ± 1.26	5.73 ± 1.07	5.44 ± 0.97
高中（技校、职高、中专）毕业	2941	5.21 ± 1.13	4.88 ± 1.16	5.05 ± 1.12	4.75 ± 1.12	5.17 ± 1.18	5.00 ± 1.04
大专（含在读）	2026	5.74 ± 0.96	5.33 ± 1.07	5.49 ± 0.99	5.01 ± 1.18	5.69 ± 1.01	5.44 ± 0.91
大学本科（含在读）	3166	5.86 ± 0.81	5.51 ± 0.96	5.64 ± 0.87	5.21 ± 1.10	5.85 ± 0.84	5.61 ± 0.79
研究生（含在读）及以上	399	5.80 ± 0.88	5.38 ± 1.01	5.65 ± 0.92	5.19 ± 1.11	5.80 ± 0.95	5.55 ± 0.86
F		153.941***	114.866***	118.910***	55.144***	153.428***	142.542***
η^2		0.08	0.06	0.06	0.03	0.08	0.07

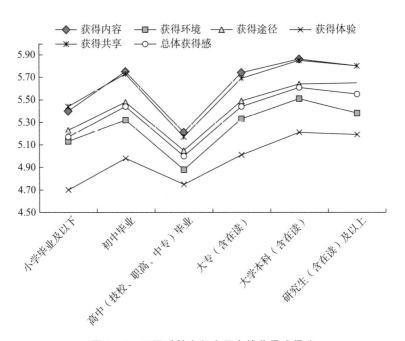

图5–6 不同受教育程度民众的获得感得分

2. 获得感在月收入水平上的差异分析

采用多元方差分析的方法，对获得感及其各层面得分在不同月收入水平①上的差异进行统计分析，结果发现（见表 5 - 14、图 5 - 7），不同月收入水平的民众在总体获得感及获得感各层面上得分均存在显著差异（$ps <$0.001）。整体而言，除获得体验之外，月收入处于 5001 ~ 7000 元的民众在获得内容、获得环境、获得途径、获得共享和总体获得感上得分均是最低的，其中事后比较结果显示，在获得环境上月收入为 5001 ~ 7000 元的民众（$M = 5.06$，$SD = 1.13$）与月收入为 3001 ~ 5000 元的民众（$M = 5.11$，$SD = 1.11$）之间的差异并不显著（$p = 0.11$），而在获得内容、获得途径、获得共享和总体获得感上，月收入为 5001 ~ 7000 元的民众与其他月收入水平的民众之间均存在显著差异。从获得体验来看，月收入为 3001 ~ 5000 元的民众得分最低（$M = 4.87$，$SD = 1.13$），其次就是月收入为 5001 ~ 7000 元的民众（$M = 4.92$，$SD = 1.11$），但事后比较结果显示二者并无显著差异（$p = 0.15$）。

表 5 - 14　获得感及其各层面的月收入水平差异分析（平均数 ± 标准差）

月收入水平	n	获得内容	获得环境	获得途径	获得体验	获得共享	总体获得感
1000 元及以下	1261	5.98 ± 0.82	5.55 ± 1.04	5.62 ± 0.97	5.11 ± 1.20	5.92 ± 0.93	5.63 ± 0.84
1001 ~ 3000 元	1085	5.91 ± 0.83	5.34 ± 1.09	5.53 ± 0.95	4.93 ± 1.30	5.84 ± 0.89	5.50 ± 0.85
3001 ~ 5000 元	2555	5.49 ± 1.07	5.11 ± 1.11	5.29 ± 1.04	4.87 ± 1.13	5.46 ± 1.11	5.23 ± 0.98
5001 ~ 7000 元	2369	5.34 ± 1.09	5.06 ± 1.13	5.20 ± 1.10	4.92 ± 1.11	5.32 ± 1.13	5.16 ± 1.02
7001 ~ 10000 元	1045	5.68 ± 0.92	5.40 ± 1.00	5.56 ± 0.95	5.18 ± 1.07	5.70 ± 0.95	5.50 ± 0.87
10001 ~ 15000 元	542	5.75 ± 0.86	5.43 ± 1.04	5.66 ± 0.87	5.31 ± 1.06	5.75 ± 0.93	5.57 ± 0.84
15000 元以上	273	5.70 ± 0.99	5.48 ± 1.07	5.65 ± 1.05	5.34 ± 1.17	5.69 ± 1.09	5.57 ± 0.99
F		84.009 ***	44.923 ***	47.016 ***	25.385 ***	69.614 ***	56.771 ***
η^2		0.05	0.03	0.03	0.02	0.04	0.04

---

① 由于本次调查中月收入在 15000 元以上的人数较少，因此将其合并且重新编码。

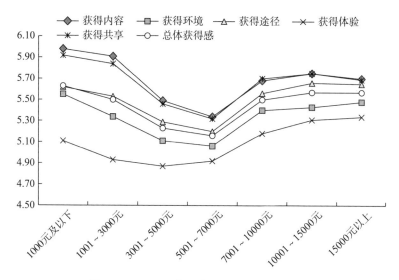

图 5 - 7 不同月收入水平民众的获得感得分

3. 获得感在职业类型上的差异分析

采用多元方差分析的方法，对获得感及其各层面得分在不同职业类型上的差异进行统计分析，结果发现（见表 5 - 15），不同职业类型的民众在总体获得感及获得感各层面上得分均存在显著差异（$ps < 0.001$）。除军人和不便分类的其他从业人员之外，国家机关、党群组织、企业、事业单位负责人在获得环境、获得途径、获得体验和总体获得感上得分均是最高的；而在获得内容和获得共享上，生产、运输设备操作人员及有关人员的得分均是最高的。事后比较发现，国家机关、党群组织、企业、事业单位负责人在获得环境和获得体验上与其余职业类型的民众均存在显著差异（$ps < 0.05$），在获得途径上与专业技术人员和生产、运输设备操作人员及有关人员的差异并不显著，在总体获得感上与专业技术人员的差异并不显著；而生产、运输设备操作人员及有关人员在获得内容上与专业技术人员差异并不显著，在获得共享上与国家机关、党群组织、企业、事业单位负责人和专业技术人员差异均不显著。

表 5 - 15 获得感及其各层面的职业类型差异分析（平均数 ± 标准差）

职业类型	n	获得内容	获得环境	获得途径	获得体验	获得共享	总体获得感
国家机关、党群组织、企业、事业单位负责人	389	5.72 ± 1.06	5.57 ± 1.07	5.66 ± 1.04	5.44 ± 1.12	5.72 ± 1.11	5.62 ± 1.00

续表

职业类型	n	获得内容	获得环境	获得途径	获得体验	获得共享	总体获得感
专业技术人员	1772	5.80 ± 0.87	5.43 ± 1.02	5.62 ± 0.92	5.15 ± 1.11	5.78 ± 0.92	5.55 ± 0.84
办事人员和有关人员	808	5.48 ± 1.03	5.16 ± 1.08	5.28 ± 1.04	4.95 ± 1.14	5.44 ± 1.09	5.25 ± 0.96
商业、服务业人员	2300	5.20 ± 1.09	4.86 ± 1.11	5.05 ± 1.07	4.76 ± 1.08	5.16 ± 1.13	5.00 ± 1.00
农、林、牧、渔、水利业生产人员	580	5.08 ± 1.11	4.82 ± 1.14	4.98 ± 1.07	4.73 ± 1.11	5.07 ± 1.14	4.93 ± 1.03
生产、运输设备操作人员及有关人员	657	5.86 ± 0.85	5.33 ± 1.13	5.59 ± 0.99	4.95 ± 1.25	5.83 ± 0.99	5.50 ± 0.90
军人和不便分类的其他从业人员	2624	5.93 ± 0.84	5.51 ± 1.01	5.61 ± 0.95	5.13 ± 1.19	5.88 ± 0.90	5.60 ± 0.83
F		167.661***	108.530***	108.132***	43.68***	150.689***	132.287***
η^2		0.10	0.07	0.07	0.03	0.09	0.08

4. 获得感在住房情况上的差异分析

采用独立样本 t 检验的方法，对获得感及其各层面得分在不同住房情况上的差异进行统计分析，结果发现（见表 5-16），不同住房情况的民众在获得内容、获得环境、获得途径、获得体验、获得共享和总体获得感上得分均存在显著差异（$ps < 0.001$）。无自有住房的民众在各层面上的得分均显著低于有自有住房的民众。

表 5-16　获得感及其各层面的住房情况差异分析（平均数 ± 标准差）

住房情况	n	获得内容	获得环境	获得途径	获得体验	获得共享	总体获得感
有自有住房	3876	5.73 ± 0.93	5.42 ± 1.04	5.57 ± 0.96	5.22 ± 1.12	5.74 ± 0.99	5.53 ± 0.90
无自有住房	5254	5.53 ± 1.06	5.12 ± 1.12	5.27 ± 1.07	4.83 ± 1.15	5.47 ± 1.10	5.23 ± 0.98
t		9.558***	13.102***	14.048***	16.229***	12.474***	14.830***
Cohen's d		0.20	0.28	0.30	0.34	0.26	0.31

（三） 主观社会阶层与获得感

采用多元方差分析的方法，对获得感及其各层面得分在不同主观社会阶层上的差异进行统计分析，结果发现（见表 5 - 17），现在不同主观社会阶层的民众在总体获得感及获得感各层面上得分均存在显著差异（$ps < 0.001$）。如图 5 - 8 所示，可以比较直观地看到，随着主观社会阶层的上升，在阶层等级处于 6 的位置，民众获得感得分出现一个突然下降的现象，之后上升并逐渐趋于平稳。事后比较结果显示，在获得内容、获得途径、获得共享和总体获得感上，主观社会阶层在 6 等级上的民众得分均显著低于其他等级上的民众（在获得途径上，处于 6 等级和 1 等级的民众之间的差异呈边缘显著，$p = 0.07$；在总体获得感上，处于 6 等级和 1 等级的民众之间的差异并不显著）；在获得环境上，主观社会阶层为 1 的民众得分最低，且显著低于其他等级的民众，其次低的是等级为 6 的民众；而民众的获得体验得分整体上随主观社会阶层的上升也逐渐增加，其中 5 等级上的民众得分显著高于 4 和 6 等级上的民众（$ps < 0.001$），而 4 和 6 等级上的民众之间的差异并不显著。

表 5 - 17　获得感及其各层面的主观社会阶层差异分析（平均数 ± 标准差）

主观社会阶层	获得内容	获得环境	获得途径	获得体验	获得共享	总体获得感
1 底层（$n = 214$）	5.56 ± 1.27	4.66 ± 1.48	5.17 ± 1.46	4.02 ± 1.53	5.48 ± 1.43	4.95 ± 1.22
2（$n = 368$）	5.74 ± 0.95	4.96 ± 1.17	5.35 ± 1.01	4.38 ± 1.33	5.66 ± 1.03	5.20 ± 0.90
3（$n = 936$）	5.83 ± 0.86	5.13 ± 1.06	5.42 ± 0.93	4.51 ± 1.24	5.74 ± 0.93	5.31 ± 0.81
4（$n = 1394$）	5.81 ± 0.84	5.30 ± 0.98	5.49 ± 0.89	4.85 ± 1.10	5.77 ± 0.87	5.43 ± 0.79
5（$n = 2117$）	5.78 ± 0.94	5.45 ± 1.01	5.54 ± 0.98	5.21 ± 1.06	5.74 ± 0.99	5.54 ± 0.89
6（$n = 2507$）	5.16 ± 1.07	4.90 ± 1.08	5.04 ± 1.04	4.87 ± 0.98	5.14 ± 1.11	5.02 ± 0.99
7（$n = 929$）	5.79 ± 0.92	5.65 ± 1.00	5.70 ± 0.95	5.56 ± 0.99	5.81 ± 0.99	5.70 ± 0.90
8（$n = 477$）	5.82 ± 0.98	5.77 ± 1.04	5.79 ± 1.03	5.73 ± 1.03	5.86 ± 1.03	5.79 ± 0.97
9（$n = 110$）	5.70 ± 1.18	5.65 ± 1.12	5.74 ± 1.10	5.53 ± 1.23	5.69 ± 1.20	5.66 ± 1.10
10 顶层（$n = 78$）	5.65 ± 1.47	5.65 ± 1.48	5.67 ± 1.52	5.57 ± 1.55	5.63 ± 1.55	5.63 ± 1.43
F 值	86.212 ***	81.068 ***	62.43 ***	125.725 ***	73.116 ***	82.488 ***
η^2	0.08	0.07	0.06	0.11	0.07	0.08

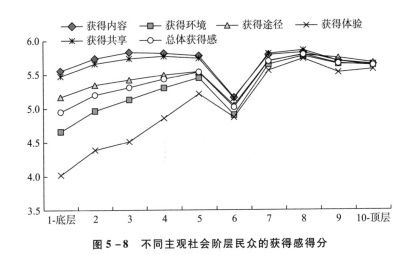

图 5-8　不同主观社会阶层民众的获得感得分

（四）主、客观社会阶层对获得感的影响

以获得感及其各层面为因变量，以受教育程度、月收入水平、职业类型和住房情况作为客观社会阶层的指标，以现在主观社会阶层作为主观社会阶层指标，并以客观社会阶层与主观社会阶层为自变量进行回归分析。同时回归方程中纳入性别、年龄、婚姻状况等人口学变量，剔除其对研究结果的影响。自变量采用层次进入的方式，考察每层中增加的变量对回归方程解释力度的影响，从而判定增加的变量是否和因变量独立关联。具体而言，第一层纳入人口学变量，第二层纳入客观社会阶层，第三层纳入主观社会阶层，每层变量采用全部进入（enter）的方式，结果如表 5-18 所示。

人口学变量方面，女性比男性有更多的获得感；民众获得感随着年龄的增加呈下降趋势；农村户口的民众在获得感及其各层面上得分均显著高于城市户口的民众（在获得体验上，农村户口与城市户口的民众相比，不存在显著差异）；与单身者相比，未婚（有交往对象）民众在获得感及其各层面上均具有较高得分，已婚民众和离婚独身/丧偶独身民众具有较低的获得感（已婚民众仅在获得体验上显著高于单身的民众）。除此之外，与处于一直无工作状态的民众相比，全日制学生、在职工作者、非固定工作者以及家庭主妇/主夫在获得感及其各层面上都具有较高得分（一直无工作者与其他就业状况者在获得感上无显著差异）。

客观社会阶层方面，在控制了人口学变量之后，受教育程度能显著正向地预测不同层面的获得感和总体获得感；而月收入水平能显著正向地预测获得体验，但是随着月收入水平的提升，获得内容和获得共享反而越来越低，并且月收入水平不能显著预测获得环境、获得途径和总体获得感。以军人和不便分类的其他从业人员为参照组，国家机关、党群组织、企业、事业单位负责人有更多的获得环境、获得途径、获得体验和总体获得感；专业技术人员有更多的获得途径；生产、运输设备操作人员及有关人员有更多的获得内容、获得途径、获得共享和总体获得感；商业、服务业人员，办事人员和有关人员以及农、林、牧、渔、水利业生产人员在获得感各层面及总体获得感上的得分都相对较低。此外，与无自有住房者相比，有自有住房的民众在获得内容、获得环境、获得途径、获得体验、获得共享以及总体获得感上得分均较高。

　　主观社会阶层方面，在控制了人口学变量和客观社会阶层指标之后，现在主观社会阶层可以显著正向预测获得环境、获得途径、获得体验和总体获得感，而与获得内容和获得共享之间的关系并不显著。从相关系数看，现在主观社会阶层与获得体验的联系更紧密。

表 5 – 18　各变量对获得感及其各层面的回归分析结果（标准化系数）

变量	获得内容	获得环境	获得途径	获得体验	获得共享	总体获得感
人口学变量						
性别（女性 =0）	– 0.15 ***	– 0.10 ***	– 0.09 ***	– 0.07 ***	– 0.14 ***	– 0.12 ***
年龄	– 0.14 ***	– 0.10 ***	– 0.11 ***	– 0.08 ***	– 0.10 ***	– 0.12 ***
户口状况（农村 =0）	– 0.06 ***	– 0.04 ***	– 0.04 ***	0.01	– 0.04 ***	– 0.04 ***
未婚（有交往对象）	0.06 ***	0.08 ***	0.07 ***	0.09 ***	0.05 ***	0.08 ***
已婚	– 0.09 ***	– 0.05 **	– 0.05 **	0.06 ***	– 0.09 ***	– 0.04 ***
离婚独身/丧偶独身	– 0.06 ***	– 0.07 ***	– 0.05 ***	– 0.06 ***	– 0.05 ***	– 0.07 ***
其他	0.00	0.01	0.01	0.02	0.00	0.01
全日制学生	0.13 ***	0.17 ***	0.13 ***	0.19 ***	0.13 ***	0.17 ***
在职工作	0.06 **	0.10 ***	0.08 ***	0.12 ***	0.06 **	0.10 ***
非固定工作	0.10 ***	0.11 ***	0.12 ***	0.11 ***	0.12 ***	0.13 ***
家庭主妇/主夫	0.07 ***	0.06 ***	0.06 ***	0.05 ***	0.07 ***	0.07 ***
其他	0.01	0.02	0.00	0.01	0.01	0.01
F	105.18 ***	65.04 ***	57.62 ***	32.55 ***	78.94 ***	77.57 ***
R^2	0.122	0.079	0.070	0.041	0.094	0.093
ΔR^2	0.122	0.079	0.070	0.041	0.094	0.093

续表

变量	获得内容	获得环境	获得途径	获得体验	获得共享	总体获得感
95% CI for ΔR^2	[0.01, 0.02]	[0.00, 0.01]	[0.00, 0.01]	[0.00, 0.01]	[0.00, 0.02]	[0.00, 0.02]
客观社会阶层（控制了人口学变量）						
受教育程度	0.14***	0.09***	0.11***	0.04**	0.14***	0.11***
月收入水平	−0.09***	0.00	0.00	0.08***	−0.08***	−0.01
国家机关、党群组织、企业、事业单位负责人	0.01	0.04**	0.03**	0.05***	0.00	0.03**
专业技术人员	0.03	0.02	0.04**	0.01	0.02	0.03
办事人员和有关人员	−0.06***	−0.04**	−0.04***	−0.03*	−0.07***	−0.05***
商业、服务业人员	−0.14***	−0.11***	−0.10***	−0.05**	−0.14***	−0.12***
农、林、牧、渔、水利业生产人员	−0.10***	−0.07***	−0.07***	−0.03**	−0.10***	−0.08***
生产、运输设备操作人员及有关人员	0.06***	0.02	0.05***	0.00	0.06***	0.04**
有自有住房（无自有住房=0）	0.18***	0.20***	0.20***	0.20***	0.19***	0.22***
F	119.09***	82.24***	82.76***	50.61***	104.41***	103.40***
R^2	0.215	0.159	0.160	0.105	0.194	0.193
ΔR^2	0.094	0.080	0.090	0.063	0.100	0.100
95% CI for ΔR^2	[0.01, 0.03]	[0.01, 0.02]	[0.01, 0.02]	[0.00, 0.02]	[0.01, 0.03]	[0.01, 0.03]
主观社会阶层（控制了人口学变量和客观社会阶层）						
现在主观社会阶层	0.01	0.17***	0.08***	0.30***	0.02	0.14***
F	113.67***	93.37***	82.04***	89.52***	99.80***	108.75***
R^2	0.215	0.184	0.165	0.178	0.194	0.208
ΔR^2	0.000	0.025	0.005	0.073	0.000	0.016
95% CI for ΔR^2	[0.00, 0.00]	[0.01, 0.06]	[0.00, 0.01]	[0.04, 0.15]	[0.00, 0.00]	[0.01, 0.04]

注：参照组分别是女性、农村、单身、一直无工作、军人和不便分类的其他从业人员、无自有住房。

四　讨论与对策建议

总体来看，民众在获得内容、获得共享和获得途径上得分较高，而在获得环境和获得体验上得分较低。与测量民众社会心态的一些体验性指标相比，获得感加入了对民众的获得内容、获得环境、获得途径以及获得共享的测量，有助于全面展现社会发展成果中民众对获益内容与获益途径的主观感知。研究发现，相比获得感的其他层面，民众在获得体验上的得分是最低的。而这一层面更多与人们"舒适、愉快、知足、欣慰"等积极情绪有关。民众获得感与客观需求的实在满足紧密相关的同时，与其积极情绪体验在一定程度上存在不一致性，获得内容等层面的获得感的提升，并不必然带来愉悦的幸福体验，这也在一定程度上解释了民众获得感提升的同时，幸福感变化不大的原因。

从获得感在不同人口学变量上的一般情况来看，女性在不同层面的获得感以及总体获得感上得分均明显高于男性，年青一代人（00后、90后）的获得感得分相对较乐观。与已婚的民众相比，未婚或单身民众的获得感更高一些，这说明当前婚姻状况也潜在地影响着民众的社会心态。此外，拥有农村户口的民众，其获得感高于拥有城市户口的民众。没有工作的民众，其获得感以及各层面得分都处于最低点，因此需要更加关注无业人口的社会心态，同时向民众提供更多的就业培训和就业机会来提升其获得感。

主、客观社会阶层都对民众获得感具有一定影响，在控制了人口学变量和客观社会阶层指标后，主观社会阶层仍然对获得感有一定的预测作用。结合主、客观社会阶层的具体指标在不同获得感层面上的影响结果来看，主、客观社会阶层民众获得感的水平差异存在一定的相似性，即高、低社会阶层者获得感相对较高，处于中间社会阶层的人们，其获得感相对较低。中国社会经济的快速发展，特别是民生领域的提升，使得民众从共建共享的社会发展中获益，整体拥有较高的获得感体验。特别是中国大力推进的精准扶贫，更使得低阶层者的生活质量有了大的提升，使其产生较高的获得感体验，而高阶层者由于本身掌握较多的社会资源，可以满足更多的需求，获得感体验也较高。尽管中间阶层在客观上似乎能够比低阶层获益更多，但他们比低阶层者有着更多的不安全感和焦虑，往往兼有继续"向上流动"与避免"向下流动"的双重焦虑。获得内容、获得环境的双重压力往往导致中间阶层整体获得感体验不高，心理上出现过度焦虑（李春玲，2016；梁晓青，2018）。

作为当前民众期待发展公平正义与满足美好生活需要的社会诉求，获得感的提升不仅有利于个体解决现实问题、提升幸福指数，更有利于规避社会的物化现象，形成正确的义利观，促进社会的和谐稳定。第一，稳抓民生问题，保障基本需求满足，进一步增强群众获得感。民生连着民心，民心凝聚民力。做好保障和改善民生工作，事关群众福祉和社会和谐稳定。2020年的政府工作报告没有提出全年经济增速具体目标，而要全力做好"六稳""六保"工作，以保促稳、稳中求进，精准施策，努力提升各阶层民众获得感，为全面建成小康社会夯实基础。

第二，深化获得体验的科学认知，疏解社会情绪，提升民众幸福体验。相比获得感的其他层面，民众在获得体验上的得分是最低的。而这一层面更多与人们"舒适、愉快、知足、欣慰"等积极情绪有关。信息时代人们的工作生活节奏不断加快，焦虑、抑郁等消极情绪影响人们的生活质量和身心健康状况。因此，在促进民众基本生活需要不断满足的同时，还需要密切关注不同阶层群体的社会情绪，注重引导理性的社会心理预期和积极平和的社会心态。

第三，推动社会公平正义，营造和平互信的获得环境。研究结果表明使民众需求得以满足的社会支持提供得还不充分，致使民众在获得环境上的得分偏低。应在逐步完善公共服务体系与基本生活保障体系的同时，着力推进基本生活保障与公共服务均等化，让人民享受到更加充实有力的社会支持，使信任成为人们面对复杂环境时的一种宝贵资源。各地从不同角度和不同层面做出制度安排，出台的一系列社会救助与扶持政策也有助于推动社会公平正义，特别是有助于保障受失业、减薪以及物价上涨等冲击的中低收入群体的获得环境。

第四，进一步完善保障社会各阶层利益的稳定制度，实现各社会成员共建共享。要关注不同社会阶层的差异化需求，通过社会保障和社会支持体系建设，不断改善中低阶层生活条件；同时密切关注中高阶层对更高生活质量的追求，引导培养共享性积极社会动机，提升获得感水平。具体来说，要重视劳动在价值创造中的重要作用，保障基层劳动群体的合法收入，提高他们的劳动收入。特别是要建立有效的管理制度来保障外来务工人员的利益协调、诉求表达、矛盾调处和权益保护，提高他们的城市融入水平和获得感。同时，政府要为中间阶层群体营造确定性的发展前景，完善社会保障制度为之托底，消弭社会不公平现象，缓解中间阶层群体的群体性焦虑，以促进中产阶层的壮大。对于高阶层群体，要采取更加多元化的方式，促进其生活质量的提升，让他们有机会使自身价值得以发挥，将知识和能力转化成生产力，为行业和社会发展做出贡献。

第六章

美好生活需要

第一节　关注社会心态动向，满足民众美好生活需要

民众对美好生活需要的满足程度可以用经济学、社会学等学科的方法来测度和评价，但民众对美好生活需要满足的评价常常是主观的，而这一主观评价往往更为重要，因此，通过研究社会心态来了解民众美好生活需要的满足状况及其变化具有重要意义。民众美好生活需要是一种特定的需要，需要是重要的心理学概念，心理学有着广泛的研究和丰富的理论，需要也是社会心态的重要指标之一，因此，我们把美好生活需要作为一种社会心态来研究。本研究将了解民众美好生活需要的结构、民众向往的美好生活，以及对美好生活需要现状的评价，并分析影响民众美好生活需要满足的主要因素。

习近平总书记指出，"不断满足人民日益增长的美好生活需要，不断促进社会公平正义，形成有效的社会治理、良好的社会秩序，使人民获得感、幸福感、安全感更加充实、更有保障、更可持续"。这一论断说明，美好生活需要的满足与社会公平正义、有效社会治理、良好社会秩序，以及获得感、幸福感和安全感都密切相关。本研究将通过十多年来社会心态指标，如安全感、幸福感、获得感、公平感、生活压力等的变化，来分析美好生活需要影响因素和变化趋势。

本节采用的数据包括中国社会科学院社会学研究所社会心理学研究中心 2019 年美好生活需要调查和 2018 年获得感调查数据、中国社会科学院

社会学研究所中国社会状况综合调查（CSS）历年数据等。

一 民众美好生活需要的内容和现状

2018 年中国社会科学院社会学研究所社会心理学研究中心历时半年多进行了美好生活需要的研究，于 2019 年 3 月发布了《美好生活需要研究报告》。这是一个系列研究，包括四个阶段的子研究，每个研究以前一子研究的结果为依据。子研究一为词汇联想任务，收集民众关于"美好生活"和"美好生活需要"自由联想的词，累计得到词频 14122 个，其中有效词共计 1816 个。子研究一通过智媒云图"问卷宝"App 向在线样本库的全国用户（共约 110 万人，覆盖全国 346 个地级城市）推送问卷，共有 4028 人参与。子研究二为词汇分类，根据子研究一中得到的前 100 个高频词，由 382 名大学生和研究生进行不限类别数、不限词数分类，使用 Python 统计每两个词被分为一类的频次，制作共词矩阵，使用相关矩阵在 UCINET 软件中进行子群分析。子研究三是量表编制，通过词语所在分类编写量表条目，经过两轮测量得到《美好生活体验量表》和《美好生活需要量表》。子研究三通过智媒云图"问卷宝"App 进行，第一轮共有 827 人参与，第二轮共有 1026 人参与。子研究四是美好生活需要调查，使用两个量表在全国范围内进行美好生活需要调查。子研究四依然通过智媒云图"问卷宝"App 进行调查，共收回全部作答问卷 10359 份，经筛选最终得到成人有效问卷 8560 份。以下为这一系列研究的部分结果。

（一）美好生活需要的结构

研究发现美好生活需要的结构分为三个维度，分别是个人物质维度、家庭和人际关系维度及国家和社会环境维度。也就是说，民众对美好生活的理解不仅包含个人物质层面，也包含家庭和人际关系层面及国家和社会环境层面，而且，家庭和人际关系及国家和社会环境维度的重要性更高，其中，国家和社会环境维度包括：世界的和平、社会和谐、社会稳定、司法公正、社会文明、民主的制度、国家富强和安全的生活环境；家庭和人际关系维度包括：家人团圆、家庭温馨、相亲相爱的家人、亲密爱人、爱情甜蜜；个人物质维度包括：有钱花、得到享受、富足的物质生活、去旅游、满意的收入（王俊秀、刘晓柳，2019）。

（二）美好生活需要现状

通过《美好生活体验量表》和《美好生活需要量表》的测量可以得到

对美好生活各个维度现状的评价和对美好生活各维度理想的状况。《美好生活体验量表》采用7点计分，调查结果显示，总均分上78.3%的人选择了4以上的评分，表明大多数个体在总体的美好生活体验上评价较高。具体地，在国家和社会环境层面，超过84.2%的人得分在4以上；在个人物质层面，超过67.2%的人得分在4以上；在家庭和人际关系层面，超过83.0%的人得分在4以上。

《美好生活需要量表》为11点计分，从美好生活需要总均分得分来看，大多数人选择了9~11的选项，选择8~11的占绝大多数，占比为89%，这一比例表明大多数个体总体的美好生活需要的标准非常高。具体地，在国家和社会环境层面，90.1%的人得分在8~11；在个人物质层面，84.4%的人得分在8~11；在家庭和人际关系层面，90.7%的人得分在8~11。

对比《美好生活体验量表》和《美好生活需要量表》得分，在个人物质层面二者的差距较大，也就是说，民众对美好生活需要现状与想象之间差距最大。

（三）美好生活需要与获得感、幸福感和安全感

本研究采用自编的获得感量表、安全感量表和 Diener 等（1985）编制的生活满意度量表（Satisfaction With Life Scale，SWLS）来考察美好生活需要与获得感、安全感和幸福感之间的关系，从相关分析的结果可以看出（见表6-1），美好生活体验、美好生活需要与获得感、安全感和幸福感的相关都达到了统计学显著性水平，其中美好生活体验的国家和社会环境维度、个人物质维度以及家庭和人际关系维度与获得感、安全感和幸福感均呈较高相关，美好生活体验与获得感的相关中，与国家和社会环境维度的相关最高，为0.763，其次是与家庭和人际关系维度，为0.683，与个人物质维度相关最低，为0.536；美好生活体验与安全感的相关中，与国家和社会环境维度相关最高，为0.760，与个人物质维度的相关为0.615，与家庭和人际关系维度相关最低，为0.531；美好生活体验与幸福感的相关中，与个人物质维度的相关最高，为0.759，其次是与国家和社会环境维度，为0.622，与家庭和人际关系维度相关最低，为0.589。美好生活需要与获得感、安全感和幸福感的相关均低于美好生活体验，为中等程度的相关。美好生活需要与获得感的相关最高，国家和社会环境维度、家庭和人际关系维度的相关分别为0.570和0.550，个人物质维度略低，为0.408。美好生活需要与安全感的相关中，国家和社会环境维度最高，为0.398，其次是个

人物质维度，为 0.335，家庭和人际关系维度最低，为 0.331。美好生活需
要与幸福感的相关中，个人物质维度相关最高，为 0.335，国家和社会环境
维度以及家庭和人际关系维度相关接近，分别为 0.275 和 0.276。

表 6 - 1　美好生活体验和美好生活需要各维度与获得感、安全感和幸福感的相关分析

变量	美好生活体验			美好生活需要		
	国家和 社会环境	个人物质	家庭和 人际关系	国家和 社会环境	个人物质	家庭和 人际关系
获得感	0.763**	0.536**	0.683**	0.570**	0.408**	0.550**
安全感	0.760**	0.615**	0.531**	0.398**	0.335**	0.331**
幸福感	0.622**	0.759**	0.589**	0.275**	0.335**	0.276**

** $p < 0.01$。

　　进一步考察获得感量表的获得内容、获得环境、获得途径、获得体验
和获得共享五个维度与美好生活需要的关系，结果发现，获得内容、获得
环境、获得途径、获得体验和获得共享五个维度均对总体美好生活需要有
显著的正向预测作用，也就是各维度的获得感得分越高，民众对美好生活
需要的重要性评价就越高，获得环境和总体美好生活需要的关联越紧密。
分别考察获得感与美好生活需要各维度间的关系发现，除获得体验维度外，
获得内容、获得环境、获得途径和获得共享对国家和社会环境层面的美好
生活需要均具有显著的正向预测作用，其中，获得环境与国家和社会环境
层面美好生活需要的关联更为紧密。除获得共享维度外，获得内容、获得
环境、获得途径和获得体验对个人物质层面的美好生活需要均具有显著的
正向预测作用，获得体验和个人物质层面美好生活需要的关联更为紧密。
获得感的五个维度均对家庭和人际关系维度的美好生活需要有显著的正向
预测作用，获得内容与家庭和人际关系层面美好生活需要的关联更为紧密，
其次是获得共享（谭旭运等，2019）。

　　中国社会科学院中国社会状况综合调查（CSS）多年来连续进行安全
感调查，表 6 - 2 为历年安全感调查结果。这个调查采用的是 4 点计分，可
以看到属于社会治安范畴的人身安全和财产安全得分是缓慢提高的，而且
安全感的得分较高；交通安全和医疗安全得分比人身安全和财产安全低，
在经历了微弱波动后 2015 年和 2017 年都出现了上升；劳动安全在 2006 年
和 2008 年较高，之后出现了下降，2015 年和 2017 年又出现了回升；食品

安全多年来一直是调查的各项安全感中最低的，2013 年大幅下降，到 2015 年开始出现了回升的趋势，但依然很低；生态环境安全得分较低，但表现为缓慢上升；信息隐私安全总体上从 2006 年开始下降。

表 6 - 2　中国社会状况综合调查（CSS）中历年安全感的平均值

变量	2006 年	2008 年	2013 年	2015 年	2017 年
财产安全	2.95	2.98	3.05	3.07	3.16
人身安全	3.02	3.04	3.06	3.08	3.14
交通安全	2.74	2.74	2.69	2.74	2.79
医疗安全	2.73	2.84	2.84	2.86	2.93
食品安全	2.68	2.76	2.35	2.40	2.42
劳动安全	2.98	2.97	2.83	2.90	2.91
信息隐私安全	3.09	3.02	2.70	2.71	2.62
生态环境安全	—	—	2.71	2.81	2.84

民众的安全感来自各个方面，从表 6 - 1 中的结果看到，安全感与美好生活体验中的国家和社会环境维度、个人物质维度、家庭和人际关系维度都有很高相关，与前二者的相关更高。因此，食品安全、劳动安全、信息隐私安全依然是社会治理中的重点，尤其是信息隐私安全。我们的调查发现，九成的民众对个人信息被记录和保存表示担忧，对第三方保存个人信息"非常有信心"的民众不足一成。民众对"政府部门"、"户籍管理部门"以及"银行"这些具有较高社会信用的组织和机构倾向于有信心（"非常有信心"和"比较有信心"之和）的比例也不超过七成。民众对个人信息保护现状满意率只有 52.9%，不满意率为 33.8%（王俊秀、张舒，2019）。

二　社会心态视角下的美好生活需要满足

下面从社会心态的特点和变化来考察美好生活需要满足的状况和存在的问题。

（一）美好生活需要与心理健康

在对美好生活需要进行词汇分析时，许多人给出了描述美好的词语，这些词语包括健康、快乐、愉悦等，也就是个人的身心健康是美好生活的重要内容，在心理学的一般认识中，健康是一种个人的基本需要。中国社会科学院社会学研究所社会心理学研究中心进行的心理健康调查中，通过全国范围内大样本的调查，了解不同群体的心理健康状况。这次调查的心理健康指标分为积极方面和消极方面，积极方面包括个体的自主性、环境控制、个人成长、积极关系、人生目标和自我接纳六个部分，消极方面包括抑郁、焦虑和压力三种状态。结果显示，心理健康指标积极方面表现良好，均分在 6 点量表的 3.6 ~ 4.0，其中，个人成长和积极关系接近 4，大多数个体认为自己在不断成长和发展的过程中，对新鲜事物保持好奇，并且拥有较好的人际关系，能够从身边的朋友、亲人处获得温暖的感受。心理健康指标消极方面的均值为 4 点量表的 2.1 ~ 2.3，大部分被调查者心理不健康指标的得分较低。其中，压力部分的得分最高，为 2.27，焦虑的得分最低，为 2.17（刘晓柳、王俊秀，2019）。

（二）美好生活需要与生活压力

生活压力感是个人生活中面临生活各方面所感受到的心理压力，包括住房、交通、医疗、物价、收入、工作或学业、自己和家人健康、自己或家人就业、老人赡养、子女教育、家庭成员关系、邻里同学同事关系、婚姻和恋爱等方面。研究发现生活压力感对个体幸福感有显著影响。中国的城市化率不断提高，越来越多的人生活在城市中，大城市和中小城市居民面对不同的压力。对不同等级城市居民生活压力分析可以看到越是大城市住房的压力越大，十多年来，北京、上海和深圳的房价不断上涨，房价已经超出了多数人的经济承受能力，二、三线甚至更小的城镇的房价也上涨不少，中小城市居民的收入相对较低，因此也有很大的压力，基本上居民住房压力在 7 点量表的 4 左右。交通压力也同样，大城市虽然有更好的交通设施，但由于人口众多、空间跨度大，人们感受到的压力也更大。赡养老人的压力也表现出大城市高于中小城市的现象。而家庭收入、医疗、子女教育和就业的压力则是各等级城市差距不大，压力都比较大，相对来说，子女教育和家庭收入是其中压力最大的（陈满琪，2019）。

（三）美好生活需要与公平感

美好生活需要的结构中，国家和社会环境维度中社会公平正义是一个重要的内容，而社会公平正义反映的是社会公平感，可以从个体维度和社会维度来分析。个体维度的社会公平感是指人们如何看待自己所处的境遇，通过把自己的付出与回报相比来主观评价公平性。研究结果显示，超过三成的人认为自己的收入和自己的教育背景、工作能力等相匹配，四成的人认为自己的生活水平现状与自己的努力相比是公平的；同时，也有 32.0%

的人认为自己的收入与自己的能力不相匹配，28.9%的人认为自己的生活水平与自己的付出相比并不公平。调查对象对于自己的收入、生活水平与付出相比公平性的判断并不高，略高于中立立场（高文珺，2019）。社会公平感的社会维度则是评价社会制度和社会环境的公平程度，中国社会科学院中国社会状况综合调查在2008年、2013年、2015年和2017年对社会公平感的调查中，被调查居民对于社会公平感的总体评价平均分分别为4点量表的2.75、2.62、2.71和2.75，接近比较公平水平。分别考察高考制度、政治权利、司法与执法、公共医疗、工作与就业、财富分配、养老等保障和城乡权利几个方面，如图6-1所示，在这些不同的社会领域中，民众认为高考制度的公平性最高，政治权利、司法与执法、公共医疗和工作与就业这些处于中间水平，财富分配、养老等保障和城乡权利则相对较低。从公平感的变化趋势看，从2013年开始，社会公平感的各方面都出现了不同程度的上升。

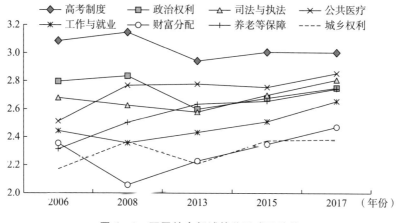

图6-1　不同社会领域的公平感平均值

（四）美好生活需要与社会治理环境

民众理解的美好生活中国家和社会环境占据着重要地位，因此，政府在社会治理中的各项工作直接关系着民众美好生活需要的提升和满足。从民众对政府工作的满意度中可以看出政府工作与民众需要在生活的哪些方面存在差距。中国社会科学院社会学研究所中国社会状况综合调查中从2006年到2017年连续调查政府工作满意度，从图6-2可以看出民众对政府工作满意度的变化趋势，从表6-3中可以看到具体的均值。由图6-2可以看到医疗卫生、社会保障、环境保护、维护社会治安、依法办事执法公平、发展经济、扩大就业以及信息公开与透明方面变化的形式不同，但表现出共同的特点是从 2013 年起满意度表现出不同的上升趋势。但是也要看到在各项工作中，民众对政府工作的满意度评价在 4 点量表上的得分在 2.38~2.92，从各年平均得分看，民众对政府在维护社会治安、医疗卫生和社会保障上的满意度较高，而在信息公开与透明、扩大就业和依法办事执法公平上的满意度较低。

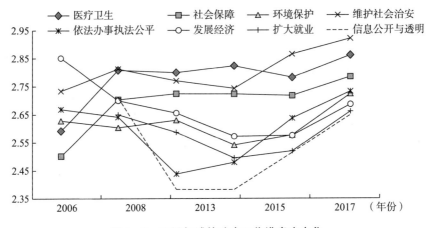

图 6 - 2　不同领域的政府工作满意度变化

表 6 - 3　不同领域的政府工作满意度变化

年份	医疗卫生	社会保障	环境保护	维护社会治安	依法办事执法公平	发展经济	扩大就业	信息公开与透明
2006	2.59	2.50	2.63	2.73	2.67	2.85		
2008	2.81	2.70	2.60	2.81	2.64	2.70	2.65	2.71
2011	2.80	2.72	2.63	2.77	2.44	2.65	2.59	2.38
2013	2.82	2.72	2.54	2.74	2.48	2.57	2.49	2.38
2015	2.78	2.72	2.58	2.86	2.64	2.57	2.52	2.51
2017	2.86	2.78	2.72	2.92	2.73	2.68	2.66	2.65
平均	2.78	2.69	2.62	2.81	2.60	2.67	2.58	2.53

三　研究启示与政策建议

(一) 美好生活需要的内容

民众对"美好生活"与"美好生活需要"两个概念内涵的理解较为一

致。"美好生活"和"美好生活需要"自由联想词频最高的 10 个词分别是：幸福、快乐、健康、和谐、美满、开心、美好、自由、富裕和家庭。对前 100 个高频词分类和聚类分析发现，民众理解的"美好生活"和"美好生活需要"的内涵分为三个层面，包括个人物质层面、家庭和人际关系层面以及国家和社会环境层面。从民众对"美好生活"与"美好生活需要"的理解来看，民众对美好生活的需要是全方位的，不仅有个人物质层面，还有国家和社会环境、家庭和人际关系层面。这一研究结果对我们的启示是，从更为宽泛的层面来理解人民美好生活需要的满足，政府部门在制定社会政策时要考虑到民众对美好生活的理解与一般想象的差异，首先满足民众最关切的需要，除了关注民生的需要外，家庭关系和社会环境也是民众重要的需要，要在社会治理中努力营造美好的家庭和社会环境。

民众目前对新时代美好生活的体验总体较好，但对美好生活需要的要求更高，反映了民众日益增长的美好生活需要与需要满足之间的距离，尤其是个人物质层面，差距相对较大。虽然我国已成为世界第二大经济体，但民众所享有的基本公共服务与发达国家相比仍存在一定的差距，需要各部门协力合作，补齐短板，挖掘内在发展潜力，实现美好生活需要的全面提高。

（二）美好生活需要的满足与幸福感、获得感和安全感的提升相互促进

美好生活体验和美好生活需要与获得感、安全感和幸福感都密切相关，满足美好生活需要可以提升民众的获得感、安全感和幸福感；获得感、安全感与美好生活体验的国家和社会环境层面呈现高相关，在政府工作中，更应重视建立民主、法治、公平、正义、安全的国家和社会环境，提升民众的获得感与安全感，满足民众的美好生活需要。

关于民众获得感、幸福感和安全感的研究（王俊秀、刘晓柳，2019）发现，民众理解的获得感内容不仅包括基本的民生方面，也包括自我发展、成长和向上流动的需要，以及"荣誉"、"成功"和"成就"等，全面建成小康社会后，民众的美好生活需要是差异化的、不断提高的，政府部门要不断满足这种差异化的需要，才能从整体上提升民众的获得感。安全感的提升满足的是底线需要，是提升获得感和幸福感的基础，幸福感来自不断积累的获得感，获得感的不断积累是持续幸福感的保证。从关注民众美好生活需要出发，不断满足民众日益增长的美好生活需要是一个长期艰难的过程，但只有这个过程不断达成新的目标，民众的安全感才能不断提升，民众的获得感才能不断积累，才可能不断提升民众幸福感。

（三）心理健康是美好生活的前提

提高民众心理健康水平、提升百姓幸福感一直是党和国家关注的重点和努力的方向。党的十八届五中全会战略部署制定了《"健康中国 2030"规划纲要》，以期推进健康中国建设，提高人民健康水平。党的十九大报告中，从社会治理的角度提出"加强社会心理服务体系建设，培育自尊自信、理性平和、积极向上的社会心态"（刘晓柳、王俊秀，2019）。中央文件中与社会心理服务相关的表述有两个脉络，一个是"社会心态"的脉络，另一个是"心理健康"的脉络，党的十八大报告和十九大报告强调社会心态培育，从"十五"计划开始，政府五年规划中连续出现"心理健康"的内容，到 2016 年的"十三五"规划，同时出现了"心理健康服务"和"健全社会心理服务体系"。2016 年 12 月 30 日，国家卫计委等 22 个部门联合印发的《关于加强心理健康服务的指导意见》提出了"加强心理健康服务、健全社会心理服务体系"，强调了个体心理健康与社会心态培育之间的内在关联（王俊秀，2019）。社会心理服务体系建设应该包含宏观、中观和微观三个层面，宏观层面营造健康社会，微观层面则是在个体、人际、群体和群际层面培育个体心理健康、人际关系、群体和群际和谐，中观层面是健康社区、行业和领域的培育和塑造，是社会心态的培育（王俊秀，2019）。因此从微观层面出发，注重民众心理健康是满足民众美好生活需要的基础，通过心理健康教育、心理咨询和心理辅导等手段，提高民众心理健康水平，才能迈向健康、幸福的社会。

（四）削减生活压力是美好生活需要满足的努力方向

人们对美好生活的描述是愉快的、轻松的，压力大的生活很难称得上美好生活，因此，削减人们的生活压力是政府工作的重点和难点。目前民众实际感受到的各方面生活需要的满足程度均低于民众认为美好生活应有的状态，特别是个人物质层面，要根据民众需要确立政府工作的目标。要关注那些美好生活需要体验低的群体，政府部门和社会各方面一起努力，关注民众的生活压力，了解民众生活的难点和痛点，作为重点来改善，努力削减民众过重的生活压力，最大限度地改善他们的生活状况，满足他们基本的生活需要。政府部门在制定社会政策时要充分考虑民众对美好生活的理解，首先满足民众最关切的需要，特别是那些民生相关的基本需要，满足家庭关系和社会环境中民众较为迫切的需要，满足民众高品质、高质量、高层次的美好生活需要。

（五）让民众感受到社会公平正义是提升民众美好生活需要的前提

党和政府对社会公平一直高度重视，强调要建设对保障社会公平正义具有重大作用的制度，逐步建立以权利公平、机会公平、规则公平为主要内容的社会公平保障体系，努力营造公平的社会环境，保证人民平等参与、平等发展权利（高文珺，2019）。尽管个体的公平感并不代表实际的社会公平正义状况，但民众公平感知也是反映民众美好生活需要的一个角度，民众认为不公平的方面也就是社会治理需要极大改善的方面，时刻关注民众公平感状况，查找政府工作的不足，通过制度建设，切实改善社会环境，使得权利公平、机会公平、规则公平都有明显的、民众可感知的提升。

（六）提高政府工作满意度，营造美好生活需要提升的社会环境

在美好生活需要的国家和社会环境维度上，国家和社会环境层面的高频词包括：稳定、小康、国泰民安、安居乐业、公平、和平、社会保障、安全、丰衣足食等。这些是民众对于美好生活与美好社会的期望。

经过多年的努力，社会治理取得了巨大的成就，从前面中国社会状况综合调查数据看，2013 年以来，在医疗卫生、社会保障、环境保护、维护社会治安、依法办事执法公平、发展经济、扩大就业和信息公开与透明方面政府工作满意度都出现了上升的趋势，但也要看到民众对政府工作的满意度评价得分还有很大的提升空间，民众对社会治理中政府在维护社会治安、医疗卫生和社会保障上的努力是能够感受到的，给出了较高的评价，在今后的社会治理中要在民众反映突出的信息公开与透明、扩大就业和依法办事执法公平等方面加倍努力，以满足民众美好生活需要为突破口，通过制度创新从根本上改善社会治理环境，使民众感受到社会安全、社会公平、社会稳定有序，形成民众安居乐业、国家长治久安的社会环境。

（七）新时代的美好生活需要引导

要重视新媒体对民众美好生活方式的引导作用，对美好生活体验的传播作用，满足那些积极健康的生活需要。过上美好生活是每个人的愿望，但人们对于美好生活的理解存在差异，在发挥广播、电视和报刊等传统媒体作用的同时，更要重视民众喜闻乐见的新媒体在引导和传播美好生活理念和美好生活方式上的作用。随着移动互联网的普及，观看短视频已经成为人们日常生活中重要的文化、休闲和娱乐活动，应努力打造美好生活内容生态链，通过优质内容的生产和传播，引导积极的美好生活时尚和美好生活方式。提供民众个人美好生活体验分享和传播的平台，营造美好生活氛围和社会环境，落实中央不断满足人民群众美好生活需要的重要举措。

第二节　民众美好生活需要测量

一　引言

党和国家很重视对人民美好生活需要的满足，2012 年中国共产党第十八届中央委员会第一次全体会议的记者招待会上，习近平总书记指出："人民对美好生活的向往，就是我们的奋斗目标。"习近平总书记还指出："人民群众的需要呈现多样化多层次多方面的特点，期盼有更好的教育、更稳定的工作、更满意的收入、更可靠的社会保障、更高水平的医疗卫生服务、更舒适的居住条件、更优美的环境、更丰富的精神文化生活。"（习近平，2017b）在解决人民温饱问题、实现总体小康水平的基础上，"人民美好生活需要日益广泛，不仅对物质文化生活提出了更高要求，而且在民主、法治、公平、正义、安全、环境等方面的要求日益增长"（习近平，2017a）。党的十九大报告中明确指出"中国特色社会主义进入新时代，我国社会主要矛盾已经转化为人民日益增长的美好生活需要和不平衡不充分的发展之间的矛盾"（习近平，2017a）。

关于美好生活需要的内涵学术界进行了一定的探讨。陈纯仁、王迪（2013）认为，美好生活包括丰富的物质文化生活、生活需要有尊严有体面以及人和自然和谐相处三个方面。蒋玲（2019）认为，人民日益增长的美好生活需要是与当下的社会生产力状况紧密贴合的，目前人们的需要已经从 20 世纪 50 年代社会主义刚刚建立时期的"一穷二白"、80 年代改革开放初期的"让一部分人先富起来"发展为现在中国特色社会主义现代化建设取得巨大成就时期的"共同富裕"。郁有凯（2019）则提出了更为具体的内容，认为人们对美好生活的需要包括对物质文化、生态环境、民主法治、公平正义、安全保障等方面的需要，民众希望自己能够生活得更有价值、更有意义。还有学者针对目前已有的美好生活需要进行了研究的综述（高桂梅，2019）。整体来讲，这部分研究主要依据社会学的相关理论，自上而下地探讨社会层面对人们美好生活需要的理解。

而心理学的相关理论，则从个体层面对需要进行了自下而上的探讨。

马斯洛著名的需要层次理论（Maslow，1943）认为个体的需要从低到高包括生理的需要、安全的需要、归属与爱的需要、自尊的需要和自我实现的需要，从低到高表达了需要驱动力的强弱及对生存的必要性，只有较低层次的需要被满足之后个体才会产生更高层次的需要。从这个角度来说，民众在满足了基本的温饱需要之后，更多地在寻求关系和谐的需要、自我被肯定的需要以及实现人生价值奉献社会的需要。Deci 和 Ryan（2000）提出的自我决定理论（Self-Determination Theory）中强调，如果想要理解个体的动机，必须考虑内在的心理需要，基本的心理需要包括能力的需要、自主性的需要和与他人产生关联的需要。而 Dweck（2017）则认为，个体的心理需要既包括基本需要，也包括复合需要。Dweck 还提出了四种复合需要，包括信任的需要、控制的需要、自尊的需要、自我整合的需要，其中，信任的需要是基于被接纳的需要和可预测可控的需要，控制的需要是基于可预测可控的需要和能力的需要，自尊的需要是基于被接纳的需要和能力的需要，而自我整合的需要是基于全部三种基本需要。基本需要理论的提出是提醒社会关注每个人最基本的权利，优先满足这些基本需要才能使社会更好发展，这在中国全面建成小康社会新阶段至关重要，但在这一阶段需要问题发生了根本变化，不断提升的美好生活需要是超越基本需要的，民众在不同时期的美好生活需要也是不同的，这就需要我们不断调查、研究，切实了解民众的美好生活需要，才能在社会政策中进行必要的调整，才能不断满足民众的美好生活需要。

二 研究方法

（一）研究过程

本次美好生活的研究共包括四个阶段的子研究，每个研究以前一研究的结果为依据，循序渐进地描绘民众心中的"美好生活需要"。从最开始通过不设限制的自由联想技术收集民众关于"美好生活需要"的相关词语，进而对高频词进行分类，通过设定的测量目标和词语所在分类编写量表条目，通过两轮前测修订《美好生活需要量表》，最后使用该量表在全国范围内进行美好生活需要调查。

《美好生活需要量表》旨在测量个体心目中的美好生活都需要什么、应该拥有哪些元素，要求被调查者根据自己理想中的美好生活评定每个条目的"重要程度"。

（二）样本人群

本研究的调查是通过智媒云图研发的问卷调研 App "问卷宝"，向在线样本库的全国用户（共约 110 万人，覆盖全国 346 个地级城市）推送问卷。问卷收回后，课题组依据陷阱题、答题完成情况等对问卷进行筛选。调查最初共收回全部作答问卷 10359 份，经筛选最终得到成人有效问卷 8560 份，问卷有效率为 82.6%，其中男性为 5735 人（67.0%）、女性为 2825 人（33.0%），年龄范围是 18~78 岁，平均年龄为 31.0±9.7 岁。调查对象来自北京、安徽、福建、甘肃、广东、广西、贵州、海南、河北、河南、黑龙江、湖北、湖南、吉林、江苏、江西、辽宁、内蒙古、宁夏、青海、山东、山西、陕西、上海、四川、天津、西藏、新疆、云南、浙江和重庆 31 个省（区、市）。

（三）测量工具

本研究中采用了自编的《美好生活需要量表》，该量表采用 18 道题目来测量个体对美好生活中国家社会、家庭关系和个人物质三个方面需要的重要性评价，量表采用李克特 11 点计分，要求被试根据自己理想中的美好生活评定每个条目的"重要程度"（1 = "非常不重要"，11 = "非常重要"）。样题包括"世界的和平""家人团圆""有钱花"。在子研究三中总量表（18 条目）内部一致性信度为 0.942，国家社会维度（8 条目）内部一致性信度为 0.926，家庭关系维度（5 条目）内部一致性信度为 0.828，个人物质维度（5 条目）内部一致性信度为 0.875。结构效度的检验结果表明，国家社会维度、家庭关系维度、个人物质维度与总均分的相关系数分别为 0.931、0.924、0.912，各条目的题总相关如表 6-4 所示。

表 6-4　《美好生活需要量表》各条目题总相关

所属维度	条目	题总相关
国家社会	世界的和平	0.781 **
	社会和谐	0.829 **
	社会稳定	0.833 **
	司法公正	0.820 **
	社会文明	0.840 **
	民主的制度	0.804 **
	国家富强	0.813 **
	安全的生活环境	0.828 **

续表

所属维度	条目	题总相关
家庭关系	家人团圆	0.800**
	家庭温馨	0.816**
	相亲相爱的家人	0.810**
	亲密爱人	0.760**
	爱情甜蜜	0.774**
个人物质	有钱花	0.794**
	得到享受	0.775**
	富足的物质生活	0.803**
	去旅游	0.649**
	满意的收入	0.816**

*** $p < 0.001$，** $p < 0.01$，* $p < 0.05$。下同。

通过探索性因子分析初步探究量表各条目与各维度的对应关系，各条目的载荷进行了斜交旋转，结果表明《美好生活需要量表》的内部结构基本和词汇分类阶段相同，个别家庭关系维度的条目在国家社会维度上也有载荷，说明家庭关系的需要也受到国家社会层面的影响，三个因子累计解释了总变异的75.39%。具体载荷如表6-5所示。

表6-5 《美好生活需要量表》探索性因子分析

条目	因子		
	1	2	3
世界的和平	0.796	-0.062	0.101
社会和谐	0.883	-0.024	0.031
社会稳定	0.906	-0.036	0.020
司法公正	0.843	-0.049	0.086
社会文明	0.861	-0.016	0.062
民主的制度	0.790	-0.061	0.136
国家富强	0.910	-0.005	-0.036
安全的生活环境	0.854	0.006	0.036
家人团圆	0.626	0.368	-0.068
家庭温馨	0.657	0.352	-0.068
相亲相爱的家人	0.625	0.394	-0.076

续表

条目	因子		
	1	2	3
亲密爱人	0.026	0.782	0.199
爱情甜蜜	0.026	0.743	0.248
有钱花	0.122	0.081	0.731
得到享受	0.134	0.064	0.713
富足的物质生活	0.232	0.028	0.668
去旅游	−0.128	0.020	0.885
满意的收入	0.233	0.097	0.620

验证性因子分析的结果显示，《美好生活需要量表》各条目与因子的载荷均大于 0.6，模型拟合指数 CFI、NFI 和 IFI 大于 0.9，RMSEA 小于 0.08，表明该模型拟合情况较好，即三个因子的结构符合实际测量结果。具体载荷情况及拟合指数如图 6 – 3 和表 6 – 6 所示。

表 6 – 6 《美好生活需要量表》验证性因子分析拟合指数

Chi^2	df	p	CFI	NFI	IFI	RMSEA
4431.944	132.000	0.000	0.964	0.963	0.964	0.067

（四）数据处理

本研究采用 SPSS 21.0 统计分析软件对数据进行分析，主要分析方法包括：描述统计、相关分析、t 检验、ANOVA 等。

三　研究结果

（一）美好生活需要的整体情况

《美好生活需要量表》的得分区间为 1（非常不重要）~11（非常重要），其中 6 为中间值。其总均分为 9.50（$SD = 1.30$），国家社会维度的均分为 9.67（$SD = 1.36$），家庭关系维度的均分为 9.67（$SD = 1.34$），个人物质维度的均分为 9.17（$SD = 1.50$）。总均分及国家社会、家庭关系、个人物质三个维度的均分得分分布如表 6 – 7 所示。

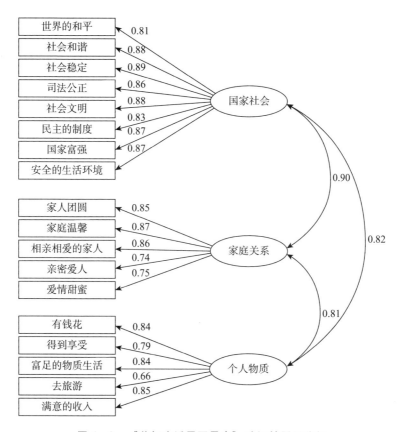

图 6-3 《美好生活需要量表》验证性因子分析

表 6-7 美好生活需要的均分得分分布

单位：%

得分分布	总均分	国家社会	家庭关系	个人物质
1≤得分<2	0.01	0.14	0.02	0.23
2≤得分<3	0.07	0.06	0.07	0.20
3≤得分<4	0.23	0.19	0.21	0.57
4≤得分<5	0.50	0.39	0.37	0.93
5≤得分<6	1.32	1.05	0.90	1.76
6≤得分<7	3.22	2.59	2.90	4.07
7≤得分<8	5.16	4.98	4.51	6.68
8≤得分<9	18.15	14.87	14.30	19.49
9≤得分<10	27.46	23.88	23.60	30.61

得分分布	总均分	国家社会	家庭关系	个人物质
10≤得分≤11	43.86	51.86	53.12	35.46

从美好生活需要总均分得分来看，大多数个体在总体的美好生活需要的重要性评价上都非常高。具体来说，在国家社会层面，51.86%的人得分在 10~11；在家庭关系层面，53.12%的人得分在 10~11；在个人物质层面，35.46%的人得分在 10~11。在三个维度上，家庭关系的重要性最高，选择 8 及以上的比例为 91.02%，其次是国家社会维度，选择 8 及以上的比例为 90.61%，比较起来个人物质维度的重要性最低，选择 8 及以上的比例为 85.56%。

（二）不同群体的美好生活需要状况

为探究不同群体美好生活需要的特点，下面分别考察不同性别、不同出生年代、不同受教育程度、不同个人月收入、不同婚恋状态和不同工作状态的群体的美好生活需要特点，并进行差异分析和检验。

1. 男性和女性的美好生活需要

在国家社会、家庭关系和个人物质三个维度上，女性和男性的得分平均数均在 9~10 这个区间，表明女性和男性均认为各项美好生活需要很重要，其中个人物质的重要性得分略低于国家社会和家庭关系。女性的美好生活需要三个维度的得分平均数均高于男性，在三个维度上差异达到 0.001 的显著性水平，其样本量、平均数、标准差及 t 值如表 6-8 所示。

表 6-8　不同性别群体的美好生活需要

维度	性别	样本量	平均数	标准差	t 值
国家社会	男性	5735	9.58	1.34	-8.60 ***
	女性	2825	9.85	1.39	
家庭关系	男性	5735	9.60	1.35	-7.36 ***
	女性	2825	9.83	1.33	
个人物质	男性	5735	9.09	1.50	-6.80 ***
	女性	2825	9.33	1.51	

具体各条目的性别差异如图 6-4 所示，在不同条目上，女性的美好生活需要重要性评分均显著高于男性，其中"世界的和平"的差异最大，

"亲密爱人"的差异最小。

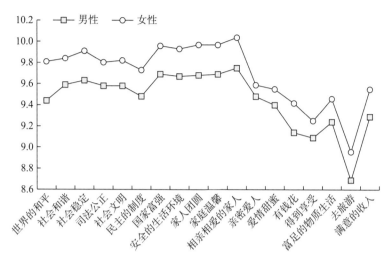

图6-4　不同性别群体的美好生活需要

2. 不同出生年代群体的美好生活需要

在国家社会、家庭关系和个人物质三个维度上，不同出生年代个体的重要性评分大多数在9～10这个区间，其中00后个体认为国家社会维度的重要性高于10分，60前个体认为个人物质维度的重要性评分低于9分。方差分析结果表明不同出生年代个体在三个维度上的重要性评分存在显著差异，且差异达到0.001的显著性水平，其样本量、平均数、标准差及 F 值如表6-9所示。

表6-9　不同出生年代群体的美好生活需要

维度	出生年代	样本量	平均数	标准差	F 值
国家社会	60 前	194	9.36	1.85	50.07***
	60 后	268	9.63	1.63	
	70 后	705	9.55	1.53	
	80 后	3598	9.45	1.29	
	90 后	3445	9.90	1.31	
	00 后	350	10.10	1.24	

续表

维度	出生年代	样本量	平均数	标准差	F 值
家庭关系	60 前	194	9.31	1.82	27.48***
	60 后	268	9.61	1.57	
	70 后	705	9.63	1.45	
	80 后	3598	9.52	1.24	
	90 后	3445	9.84	1.36	
	00 后	350	9.99	1.33	
个人物质	60 前	194	8.99	1.85	11.26***
	60 后	268	9.11	1.76	
	70 后	705	8.96	1.67	
	80 后	3598	9.09	1.38	
	90 后	3445	9.31	1.52	
	00 后	350	9.20	1.64	

从事后检验的结果可以看出，在国家社会维度上，60 前个体的重要性评分低于其他出生年代的个体，而 90 后和 00 后个体的重要性评分显著高于其他出生年代的个体；在家庭关系维度上，60 前个体的重要性评分显著低于其他出生年代的个体，而 90 后和 00 后个体的重要性评分显著高于其他出生年代的个体；在个人物质维度上，70 后个体的重要性评分显著低于其他出生年代的个体，90 后个体的重要性评分显著高于其他出生年代的个体。

具体各条目的不同出生年代差异如图 6-5 所示，在国家社会维度和家

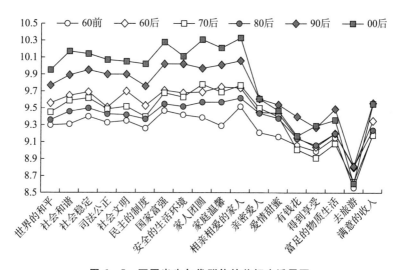

图 6-5 不同出生年代群体的美好生活需要

庭关系维度的不同条目上，00 后个体的重要性评分均高于其他年代个体，而在个人物质维度上则是 90 后个体的重要性评分略高。所有条目中"家人团圆""家庭温馨"的差异最大，"去旅游"的差异最小。

3. 不同受教育程度群体的美好生活需要

在国家社会、家庭关系和个人物质三个维度上，不同受教育程度个体的重要性评分大多数在 9~10 这个区间，其中小学毕业及以下、初中毕业及高中（技校、职高、中专）毕业个体认为个人物质的重要性评分略低于9。方差分析结果表明不同受教育程度个体在三个维度上的重要性评分存在显著差异，且差异达到 0.001 的显著性水平，其样本量、平均数、标准差及 F 值如表 6 - 10 所示。

表 6 - 10　不同受教育程度群体的美好生活需要

维度	受教育程度	样本量	平均数	标准差	F 值
国家社会	小学毕业及以下	90	9.41	1.83	45.36 ***
	初中毕业	400	9.62	1.72	
	高中（技校、职高、中专）毕业	2536	9.36	1.29	
	大专（含在读）	1991	9.71	1.47	
	大学本科（含在读）	3147	9.90	1.22	
	研究生（含在读）及以上	396	9.72	1.43	
家庭关系	小学毕业及以下	90	9.41	1.74	45.28 ***
	初中毕业	400	9.56	1.79	
	高中（技校、职高、中专）毕业	2536	9.37	1.27	
	大专（含在读）	1991	9.76	1.39	
	大学本科（含在读）	3147	9.88	1.25	
	研究生（含在读）及以上	396	9.80	1.36	
个人物质	小学毕业及以下	90	8.96	1.92	25.49 ***
	初中毕业	400	8.91	1.97	
	高中（技校、职高、中专）毕业	2536	8.96	1.37	
	大专（含在读）	1991	9.13	1.66	
	大学本科（含在读）	3147	9.37	1.39	
	研究生（含在读）及以上	396	9.33	1.49	

从事后检验的结果可以看出，在国家社会维度上，小学毕业及以下、初中毕业及高中（技校、职高、中专）毕业个体的重要性评分较低，而大

专（含在读）、大学本科（含在读）、研究生（含在读）及以上个体的重要性评分较高；在家庭关系维度上，小学毕业及以下、初中毕业及高中（技校、职高、中专）毕业个体的重要性评分较低，而大专（含在读）、大学本科（含在读）、研究生（含在读）及以上个体的重要性评分较高；在个人物质维度上，小学毕业及以下、初中毕业及高中（技校、职高、中专）毕业个体的重要性评分低于其他受教育程度个体的评分，大学本科（含在读）、研究生（含在读）及以上个体的重要性评分高于其他受教育程度个体的评分。

具体各条目的不同受教育程度差异如图 6 - 6 所示，大学本科（含在读）个体在三个维度上的重要性评分均高于其他受教育程度个体，小学毕业及以下和高中（技校、职高、中专）毕业个体在三个维度上的重要性评分均低于其他受教育程度个体，小学毕业及以下个体尤其在"有钱花"这个条目上的重要性评分显著低于其他受教育程度个体。所有条目中"有钱花"的差异最大，"得到享受"的差异最小。

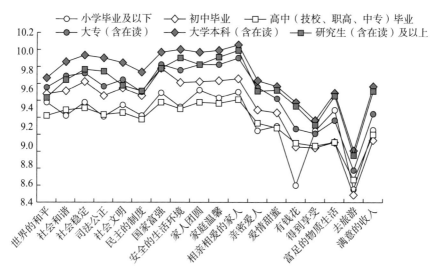

图 6 - 6　不同受教育程度群体的美好生活需要

4. 不同个人月收入群体的美好生活需要

在国家社会、家庭关系和个人物质三个维度上，不同个人月收入个体的重要性评分都在 9~10 这个区间。方差分析结果表明不同个人月收入个体在三个维度上的重要性评分存在显著差异，且差异达到 0.001 的显著性水平，其样本量、平均数、标准差及 F 值如表 6 - 11 所示。

表 6 - 11　不同个人月收入群体的美好生活需要

维度	个人月收入	样本量	平均数	标准差	F 值
国家社会	1000 元及以下	827	9.92	1.42	13.96 ***
	1001 ~ 3000 元	1017	9.87	1.42	
	3001 ~ 5000 元	2519	9.65	1.31	
	5001 ~ 7000 元	2348	9.50	1.33	
	7001 ~ 10000 元	1042	9.74	1.28	
	10001 ~ 15000 元	541	9.64	1.49	
	15001 ~ 30000 元	176	9.71	1.34	
	30000 元以上	90	9.38	2.00	
家庭关系	1000 元及以下	827	9.74	1.53	10.33 ***
	1001 ~ 3000 元	1017	9.84	1.41	
	3001 ~ 5000 元	2519	9.65	1.28	
	5001 ~ 7000 元	2348	9.51	1.31	
	7001 ~ 10000 元	1042	9.83	1.26	
	10001 ~ 15000 元	541	9.74	1.42	
	15001 ~ 30000 元	176	9.89	1.24	
	30000 元以上	90	9.52	1.89	
个人物质	1000 元及以下	827	9.02	1.79	4.29 ***
	1001 ~ 3000 元	1017	9.13	1.80	
	3001 ~ 5000 元	2519	9.15	1.45	
	5001 ~ 7000 元	2348	9.15	1.36	
	7001 ~ 10000 元	1042	9.33	1.37	
	10001 ~ 15000 元	541	9.30	1.47	
	15001 ~ 30000 元	176	9.36	1.30	
	30000 元以上	90	9.08	1.83	

从事后检验的结果可以看出，在国家社会维度上，个人月收入为 5001 ~ 7000 元和 30000 元以上个体的重要性评分显著低于其他个人月收入个体，个人月收入为 1000 元及以下和 1001 ~ 3000 元个体的重要性评分显著高于其他个人月收入个体；在家庭关系维度上，个人月收入为 5001 ~ 7000 元和 30000 元以上个体的重要性评分显著低于其他个人月收入个体；

在个人物质维度上，个人月收入为 1000 元及以下个体的重要性评分显著低于其他个人月收入个体。

具体各条目的不同个人月收入差异如图 6-7 所示，在国家社会维度和家庭关系维度的大多数条目上，个人月收入为 1000 元及以下和 1001~3000 元个体的重要性评分高于其他个人月收入个体，个人月收入为 1000 元及以下的个体对于"亲密爱人"和"爱情甜蜜"条目及所有个人物质维度条目的重要性评分显著低于其他个人月收入个体，整体来讲，个人月收入为 30000 元以上个体的重要性评分均较低。所有条目中"社会稳定"的差异最大，"得到享受"的差异最小，甚至其差异没有达到 0.05 的显著性水平。

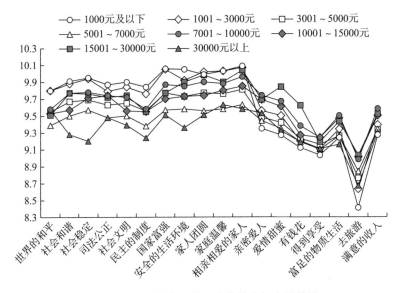

图 6-7　不同个人月收入群体的美好生活需要

5. 不同婚恋状态群体的美好生活需要

在原本的调查中，婚恋状态被分为"单身"、"未婚，有交往对象"、"已婚"、"离婚独身"、"丧偶独身"、"再婚"及其他，根据样本量及分组相似程度，重新编码数据分类为"单身"、"未婚，有交往对象"、"已婚或再婚"及"离婚或丧偶后独身"后进行分析。在国家社会、家庭关系和个人物质三个维度上，不同婚恋状态个体的重要性评分大多数在 9~10 这个区间，其中离婚或丧偶后独身的个体在家庭关系和个人物质维度的重要性评分小于 9。方差分析结果表明不同婚恋状态个体在三个维度上的重要性评分存在显著差异，且差异达到 0.001 的显著性水平，其样本量、平均数、

标准差及 F 值如表 6 – 12 所示。

表 6 – 12　不同婚恋状态群体的美好生活需要

维度	婚恋状态	样本量	平均数	标准差	F 值
国家社会	单身	2165	9.87	1.35	49.93 ***
	未婚，有交往对象	1341	9.88	1.29	
	已婚或再婚	4882	9.55	1.35	
	离婚或丧偶后独身	169	9.07	1.81	
家庭关系	单身	2165	9.64	1.51	34.29 ***
	未婚，有交往对象	1341	9.92	1.26	
	已婚或再婚	4882	9.65	1.26	
	离婚或丧偶后独身	169	8.92	1.84	
个人物质	单身	2165	9.19	1.63	12.54 ***
	未婚，有交往对象	1341	9.31	1.46	
	已婚或再婚	4882	9.14	1.43	
	离婚或丧偶后独身	169	8.60	1.84	

注：不同类别统计，有的有缺失值。下同。

从事后检验的结果可以看出，在国家社会、家庭关系和个人物质三个维度上，离婚或丧偶后独身个体的重要性评分显著低于其他婚恋状态个体，"未婚，有交往对象"个体的重要性评分显著高于其他婚恋状态个体。

具体各条目的不同婚恋状态差异如图 6 – 8 所示，在国家社会维度和家

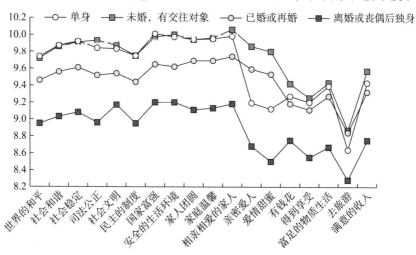

图 6 – 8　不同婚恋状态群体的美好生活需要

庭关系维度的大多数条目上，单身和"未婚，有交往对象"个体的重要性评分均高于其他婚恋状态个体，但单身个体在"亲密爱人"和"爱情甜蜜"条目上显著低于"未婚，有交往对象"和已婚或再婚的个体，整体来讲，离婚或丧偶后独身个体的重要性评分均较低。所有条目中"爱情甜蜜"的差异最大，"去旅游"的差异最小。

6. 不同工作状态群体的美好生活需要

在原本的调查中，工作状态被分为"全日制学生"、"一直无工作"、"在职工作"、"离退休在家"、"离退休后重新应聘"、"辞职、内退或下岗"、"暂时从事临时性工作"、"失业"、"不打算找工作"、"家庭主妇/主夫"、"自由职业者"及其他，根据样本量及分组相似程度，重新编码数据分类为"全日制学生"、"一直无工作或不打算找工作"、"在职工作"、"离退休在家或重新应聘"、"辞职、内退、下岗或失业"、"从事临时性工作或自由职业"及"家庭主妇/主夫"后进行分析。在国家社会、家庭关系和个人物质三个维度上，不同工作状态个体的重要性评分大多数在 9～10 这个区间，其中全日制学生个体在国家社会维度的重要性评分为 10.00，一直无工作或不打算找工作、离退休在家或重新应聘及辞职、内退、下岗或失业个体在个人物质维度的重要性评分小于 9。方差分析结果表明不同工作状态个体在三个维度上的重要性评分存在显著差异，且差异达到 0.001 的显著性水平，其样本量、平均数、标准差及 F 值如表 6 - 13 所示。

表 6 - 13   不同工作状态群体的美好生活需要

维度	工作状态	样本量	平均数	标准差	F 值
国家社会	全日制学生	1241	10.00	1.25	25.62 ***
	一直无工作或不打算找工作	168	9.09	1.44	
	在职工作	5803	9.62	1.32	
	离退休在家或重新应聘	221	9.28	1.77	
	辞职、内退、下岗或失业	119	9.16	1.87	
	从事临时性工作或自由职业	788	9.78	1.42	
	家庭主妇/主夫	201	9.71	1.69	
家庭关系	全日制学生	1241	9.85	1.37	17.42 ***
	一直无工作或不打算找工作	168	9.02	1.55	
	在职工作	5803	9.66	1.27	
	离退休在家或重新应聘	221	9.28	1.73	

续表

维度	工作状态	样本量	平均数	标准差	F 值
家庭关系	辞职、内退、下岗或失业	119	9.17	1.91	17.42 ***
	从事临时性工作或自由职业	788	9.76	1.48	
	家庭主妇/主夫	201	9.84	1.44	
个人物质	全日制学生	1241	9.24	1.56	13.90 ***
	一直无工作或不打算找工作	168	8.50	1.98	
	在职工作	5803	9.21	1.40	
	离退休在家或重新应聘	221	8.85	1.85	
	辞职、内退、下岗或失业	119	8.40	2.31	
	从事临时性工作或自由职业	788	9.17	1.64	
	家庭主妇/主夫	201	9.01	1.68	

　　从事后检验的结果可以看出，在国家社会、家庭关系和个人物质三个维度上，一直无工作或不打算找工作和辞职、内退、下岗或失业个体的重要性评分显著低于其他工作状态个体，全日制学生个体的重要性评分显著高于其他工作状态个体，家庭主妇/主夫个体在家庭关系维度的重要性评分显著高于除全日制学生外的其他工作状态个体。

　　具体各条目的不同工作状态差异如图 6-9 所示，在国家社会维度和家

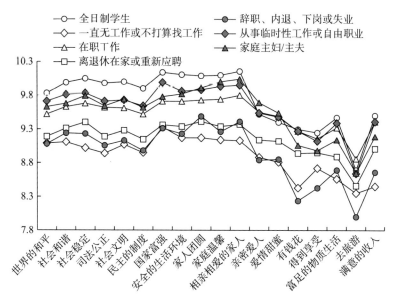

图 6-9　不同工作状态群体的美好生活需要

庭关系维度的大多数条目上，全日制学生个体的重要性评分均高于其他工作状态个体，但家庭主妇/主夫个体在"亲密爱人"和"爱情甜蜜"条目上的评分显著高于其他工作状态个体，整体来讲，一直无工作或不打算找工作和辞职、内退、下岗或失业个体的重要性评分均较低。所有条目中"有钱花"的差异最大，"爱情甜蜜"的差异最小。

四 讨论

（一）美好生活需要的整体情况

整体来看，个体对于国家社会、家庭关系、个人物质的重要性评价均在 9 分以上，表明个体认为这三种美好生活需要都是比较重要的。其中国家社会和家庭关系维度的均分高于个人物质，说明个体认为对于美好生活的实现，国家社会的稳定和家庭关系的美满更为重要，而个人物质的满足重要性则略低一些。

从具体的得分分布区间来看，每个维度上都有个体选择各个分数区间，表明该量表具有一定的区分度。从低分区间来看，有 1.83% 的个体认为国家社会维度的条目在一定程度上不重要（低于中间值 6），有 1.57% 的个体认为家庭关系维度的条目在一定程度上不重要，而 3.69% 的个体认为个人物质维度的条目在一定程度上不重要。这也说明，个人物质维度的条目在一些个体看来并不是美好生活的必要条件，但是国家社会和家庭关系则更为必要。

（二）不同群体的美好生活需要状况

本研究考察了男性和女性、不同出生年代、不同受教育程度、不同个人月收入、不同婚恋状态和不同工作状态者的美好生活需要的差异。从差异检验的结果来看，女性在国家社会、家庭关系和个人物质三个维度上的重要性评分均显著高于男性，不同出生年代、不同受教育程度、不同个人月收入、不同婚恋状态和不同工作状态的个体在美好生活需要的重要性评分上均存在显著差异。

女性在各个条目上的重要性评分均高于男性，这在一定程度上说明了女性对美好生活需要的需求更高，也有一部分是由性别差异的作答倾向造成的。在大部分的国家社会和家庭关系维度的条目上，女性与男性的差值比较稳定。而差值明显不同的在"世界的和平"条目上，女性和男性的重要性评分差值达到 0.37，说明即使考虑了作答倾向的性别差异，女性对于

"世界的和平"的重要性评分依旧高于男性，除此之外，女性和男性在"亲密爱人"的重要性评分上差异很小，说明亲密关系对于两性的重要性差别很小。

不同出生年代的个体对于美好生活需要的重要性评分存在显著差异。整体来讲，60前出生的个体对于国家社会、家庭关系和个人物质的重要性评价都较低，这部分个体已经逐渐进入老年阶段，对于生活的各个方面都比较满意，没有过多的需求和期望，所以对各条目的重要性评分均较低，尤其是个人物质维度。而最为年轻的00后和90后对于各个方面的条目重要性评价都较高，他们对于未来的美好生活充满希望和期盼，希望各个方面都可以改善变得更好。其中90后对于个人物质维度的条目重要性评分最高，这部分年轻人已经在职场工作一段时间，并且处于开始组建家庭生育后代的年龄，对金钱、物质的需求较大，所以重要性评分最高。

不同受教育程度个体对于美好生活需要的重要性评价存在显著差异，总体来讲，受教育程度越高，对各项需要的重要性评价越高。受教育程度在一定程度上影响了个体的价值观以及眼界，受教育程度较高的个体相对于受教育程度较低的个体来说，对美好生活的理解更为全面，因此可能对生活的各个方面的重要性评分均较高。另外值得注意的是，受教育程度同时影响着个体拥有的资源，拥有较少资源的个体可能倾向于不设定过高的期望和要求，所以保持"低欲望"的状态，对各项需要的重要性评分较低。

由于在美好生活需要中明确包括了对家庭关系和个人物质方面需要的考察，那么了解个体的收入状况和婚恋状况可以更好地区分拥有财富对于个人物质需要的影响以及亲密关系对于家庭关系需要的影响。不同个人月收入的个体在三个维度上的重要性评分存在显著差异，从国家社会维度和家庭关系维度来看，个人月收入和重要性评分并没有呈现明显的线性关系，中等收入（5001~7000元）和高收入（30000元以上）的人群对各项需要的重要性评价分数最低，低收入（1000元及以下和1001~3000元）和中等偏高收入（15001~30000元）人群对各项需要的重要性评分最高。但是在个人物质维度上，基本呈现收入越高，重要性评价越高的情况，其中高收入（30000元以上）人群对个人物质需要的重要性评价却较低。一方面可能说明，当收入达到较高水平之后，确实对于个人物质方面的需要已经基本满足、没有额外的需求了；另一方面这部分人群的样本量较小（$n = 90$，占总样本的1.05%），可能也有抽样带来的偏差或者整体反应倾向的原因。

　　不同婚恋状态的个体在国家社会、家庭关系和个人物质三个维度各条目的重要性评分上存在显著差异。整体来说，离婚或丧偶后独身的个体在三个维度的重要性评分上均显著低于其他各组，而"未婚，有交往对象"的个体在三个维度的重要性评分上均显著高于其他各组。尤其在家庭关系这一维度上，"未婚，有交往对象"个体的重要性评分最高，单身和已婚或再婚个体的评分次之，离婚或丧偶后独身的个体评分最低。尤其在"亲密爱人"和"爱情甜蜜"这两个条目上，区分情况非常明显，有亲密关系的"未婚，有交往对象"个体和已婚或再婚个体的重要性评分均较高，而没有亲密关系的单身和离婚或丧偶后独身个体的评分较低。这从一方面说明，在重要性评分上可以反映个体的选择，正是因为个体不认为亲密关系重要，所以才保持了单身或独身的状态；另一方面也可能解释为，单身或独身的个体因为自己未拥有"亲密关系"而否定其重要性。

　　工作状态是一个比较复合型的影响变量，一方面可以体现个体的年龄（如全日制学生的年龄偏小，离退休个体的年龄偏大），另一方面还可以体现个体的收入水平（如无工作个体的收入一般情况下会低于在职工作的个体）。所以对工作状态变量的考察，应该视其为分类变量而不是连续变量。从结果来看，不同工作状态个体对于美好生活需要各个方面的重要性评分存在显著差异。整体来说，全日制学生在国家社会、家庭关系和个人物质维度上的评分均较高，这一结果和出生年代部分00后、90后评分较高的结果基本一致，同样可以用出生年代解释的还有，离退休在家或重新应聘个体的重要性评分较低这个结果与60前个体评分较低的结果一致。而在个人物质维度上，一直无工作或不打算找工作个体的重要性评分较低、从事临时性工作或自由职业个体的重要性评分中等、在职工作个体的重要性评分较高这一结果，也与个人月收入部分收入越高需要重要性越高的结论一致。在工作状态中，本次调查加入了"家庭主妇/主夫"这个选项，而这部分个体在国家社会维度的重要性评分较高、家庭关系维度的重要性评分最高、个人物质维度的重要性评分较低的结果也体现了该群体重视家庭的特点。

第三节　美好生活需要满足的个体路径和社会路径

　　需要这个概念一直是西方社会政策的核心，无论是证明社会政策的合理性还是批评社会政策的不合理性，都是围绕着需要的，这一主题也就自然成为社会治理的核心。中国政府也把需要作为政府工作和社会发展的重心，党的十九大报告指出，"我国社会主要矛盾已经转化为人民日益增长的美好生活需要和不平衡不充分的发展之间的矛盾"，这一论断对于中国社会的发展无疑具有极大的意义，因为"社会进步的政策可以增加需要的满足"，如多亚尔、高夫（2008）所言，"'社会进步'的合理性依赖一种信念，即社会组织模式比其他模式更适合于满足人的需要"。美好生活需要是一种特定的需要，但理解这一需要还是要从一般的需要理论出发。需要是许多学科共同关注的主题，但不同学科讨论需要的视角和出发点是不同的，虽然都使用"需要"（需求）这个词，但基本的意义存在很大的差异，在主观需要和客观需要、基本需要和高层级需要、个体需要和社会需要上存在根本的区别，这些方面也是我们理解需要，进而理解美好生活需要的关键。

一 理解需要的三个视角

（一）主观需要和客观需要

主观性和客观性是理解需要概念的重要视角。心理学中需要（need）的基础是生物性的，被理解为一种驱力（drive），需要就是个体寻求消除驱力造成紧张而达到平衡状态，需要可以激发和降低动机，需要因生理和心理的匮乏而产生紧张，形成驱力，推动个体寻求目标以获得需要的满足，需要满足后，紧张减弱或消除，动机降低，以后再产生新的需要、新的动机，因此，心理学中基于生理基础的需要是客观的。但在现代心理学中需要已经不限于生理意义，而是心理上的匮乏状态，广义上是作为动机（motivation）的同义词的。马斯洛在整合当时的心理学理论和研究的基础上提出一个整合的动机理论，就是著名的需要层次理论（the Hierarchy of Needs Theory），生理需要、安全需要、归属和爱的需要、自尊需要和自我实现的需要分属不同层次，前一个层次的需要满足后更高层次的需要才能产生影响，越是低层次的需要程度越强。

正统经济学怀疑需要的客观性，生产者和消费者之间的需要基本上被理解为偏好（preference）和需求（demand），福利经济学强调自身利益，狭义的理解就是想要（wants）。英国功利主义哲学家边沁关心物质对主观幸福感的影响，他的这一思想后来逐渐演变为用富裕程度和收入高低来衡量想要的满足程度。这也是之后经济学需要的基本含义，如从公共选择理论来看个人需要只是消费者面对价格的一种选择策略。

马克思主义社会学认为需要是客观的，所有人都有共同的需要，这些需要得不到满足，将会对个人造成无法容忍的伤害。但马克思用"异化"批评资本主义制度无法满足人类最基本的需要，赫伯特·马尔库塞从马克思的异化论和弗洛伊德的本能理论出发，认为资本主义刺激了追求更多物质产品的"虚假需要"，而反映人们本能的"真实需要"却无法得到满足。资本主义提升了总体的财富水平，越来越多的人得以获取想要的东西，但物品获得的满足程度降低了。涂尔干也有类似的观点，认为人们的欲望和需要如果不加控制，拥有的越多，欲望也越多，满足感刺激了新需要，就会陷入无尽的追逐，永远无法获得幸福，这里讨论的需要更多是主观的。

主观需要和客观需要有时候是一致的，有时候是有明确差异的，主观需要（wants）是有意图的，客观需要（need）不依赖于意图，或者人根本就没有意识到，有时候个人认为是需要（need），其实是想要（wants），就像糖尿病患者想要糖，自认为这是需要，而糖的摄入对糖尿病患者的健康是不利的，真正需要的是胰岛素。有学者论述了主观需要和客观需要之间的矛盾，"你可以需要你想要的东西，想要或者不想要你需要的东西。你不能始终不需要避免严重伤害所必需的东西——无论你可能想要什么"，口渴了你需要也想要喝水，这是主观需要和客观需要一致的情况。你需要锻炼身体，但你不想锻炼，这就是主观需要与客观需要的不一致。主观需要和客观需要的厘清有助于解决需要满足的问题，决定着社会政策中需要满足的策略，那种消费主义的主观需要（demand 或 wants）并非社会优先满足的。同时，客观需要的提出也为进一步分析基本需要（basic needs）奠定了基础。

（二）基本需要和高层级需要

基本需要和非基本需要是理解需要的另一个重要视角。在马斯洛的需要层次理论中基本需要就是处于需要底层的，需要程度最强的是生理需要，生理需要得不到满足，其他需要或者消失或者退居幕后，个体的机体会受这类需要的主宰。

马斯洛的需要层次理论的影响不仅在心理学界，对于社会学、经济学和社会政策也有着深远的影响，但是，马斯洛的需要层次理论有其局限性。在心理学的发展史上作为人本主义心理学，它使得我们对"人类美好生活"的内容有了新的认识，人本主义心理学认为达到健康人格的基本途径就是人的基本需要的满足。但是，健康人格的实现与社会制度和经济制度之间的关系如何，马斯洛的需要层次理论并没有明确的答案，这是一个"不完整的理论"。默里（Murray，2013）回顾了马斯洛的作品，认为他对人类幸福的必要条件有一个简明扼要的总结。如果人们无法获得足够的食物和住所，或者身体受到伤害，或者被剥夺了与他人建立亲密关系的机会，或者不被承认以及自信遭到伤害，或者无法充分实现自身潜能，那么，这样的社会条件应当遭到谴责，因为其抑制了人类幸福的可能性。默里指出，如果马斯洛提出的五种需要都能够被满足，那么就很难再认为，是外界条件阻碍了个人对幸福的追求和获得。一种社会制度只能做到这么多，剩下的必须由人们自己做，默里在这里讨论了需要满足与政府治理的关系。

多亚尔和高夫（2008）认为马斯洛的需要层次理论中动机的时间顺序存在错误，分类也有相互冲突的地方，更主要的是他们不同意需要是动机和驱力，而认为应该是一种普遍化目标。多亚尔和高夫把普遍化目标的需要与避免严重伤害相关联，认为理解人的需要取决于客观性和普遍性，客观性指的是独立于个人偏好，普遍性则是指需要不能满足的话，对任何人的伤害都是一样的。因此，他们除了同意把为了生存（健康）的生理需要作为基本需要外，认为自主也是一种基本需要，因为一个人的自主受到损害，也就是他的行为能力受到某种方式的制约，会导致其暂时性严重缺乏行为能力。健康和自主在一定程度上得到满足，人们才能有效参与他们的生活，实现有价值的目标。

围绕着基本需要，发展社会学有着激烈的争论，社会学领域基本需要的思想来源于拉丁美洲的理论家，是在1976年国际劳工组织世界就业大会上正式提出的，主要目的是否定罗马俱乐部关于增长极限的悲观报告。国际劳工组织提出发展中国家人民的五项基本人类需要是食物、衣服、住房、教育和公共交通。基本需要理论区分了宏观经济增长和微观的生活必需品，把发展的争论从狭隘的经济领域中脱离出来，以第三世界贫困者的需要为导向，拓宽了发展的视野。有关基本需要的争论核心是，需要指的不仅是普适所有人的客观需要，还是因文化而异的各种需要。前者主要针对生理层面，而后者则认为人们的基本需要不仅包括生存所需，也包括社区生活参与。

心理学中需要和动机是同义词，心理学对动机的分类有很多角度，有的分为生物性动机和社会性动机，有的分为生理性动机和心理性动机，与之相一致，需要也分为各种类型的心理需要。Deci 和 Ryan（2000）认为动机研究中的需要有两种基本观点，一种观点是以赫尔的驱力理论为代表的，从生理角度对需要进行评价，这种观点认为需要是内在的；另一种是以默里的人格理论为代表的，从心理角度对需要进行评价，这种观点认为需要是后天获得的。Deci 和 Ryan 对这两种观点进行了综合，认为个体的行为是由内在性、普遍性与中心性的心理需要所推动的，每个个体身上都存在发展的需要，这种需要是先天的，本质上是心理性的，是人类的基本心理需要。他们进一步发展出基本心理需要的理论（Basic Psychological Needs Theory），认为人有三种基本心理需要，分别是自主需要（autonomy）、能力需要（competence）和关系需要（relatedness）。自主需要也就是自我决定的需要，是个体对于从事的活动拥有自主选择感，不受他人控制的需要。能力需要与班杜拉的自我效能感（self-efficacy）的意义相似，指个体对所从事的活动感到能胜任的需要。关系需要是个体对来自周围环境或他人的关爱、理解、支持、体验和归属感的需要。

德威克（Dweck，2017）指出，几十年来心理学家提出了无数的心理需要，但很难区分哪些是真正独特的需要，哪些是最基本的需要。他认为基本需要是不能化约为其他需要的，他提出两条筛选标准：一是对于需要目标的达成具有长期、重要和普遍影响；二是对于实现需要的目标、幸福感和心理发展至关重要。他的基本需要分析策略基于发展心理学，从婴儿早期与特定需要相关信息入手，考察婴儿早期与这些需要的关系，找到那些影响婴幼儿期健康成长的需要。根据这两条标准和分析策略，他提出了三种基本需要，分别是可预测性需要（need for predictability）、能力需要（need for competence）和接纳需要（need for acceptance）。Dweck（2017）认为婴儿从出生开始很快就产生这些需要，他们必须知道这个世界是如何运作的，了解事物之间、事件之间的关系是如何的，这就是可预测性需要；他们必须学会面对这个世界如何行动，这就是能力需要；他们必须知道在产生需要或遇到困难的时候，人们是否会对他们做出反应，以及他们如何才能让人们反应，这就是接纳需要。德威克在这三种基本需要的基础上提出了四种复合需要，包括由三种基本需要两两组合衍生出来的复合需要，要求比基本需要更复杂的心智模型、更强的元认知技能、更强的自我意识和将自己与标准比较的能力。这三种复合需要分别是，由接纳需要和可预测性需要复合的信任需要（need for trust），由可预测性需要和能力需要复合的控制需要（need for control），由能力需要和接纳需要复合的自尊/地位需要（need for esteem/status）。在所有心理需要的交汇点上，产生自我一致性需要（need for self-coherence）。自我一致性需要具有特殊的地位，它是所有需要的"枢纽"，所有与需要相关的目标的结果可以反馈给自我一致性，通过监控自我一致性，可以密切关注自我的幸福感（见图6-10）。

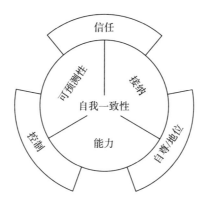

图6-10　德威克的基本需要和复合需要
资料来源：Dweck，2017。

除了基本需要外，需要的众多理论中讨论更多的是非基本需要，无论是需要的层级还是复合需要。基本需要理论提出的贡献是提醒社会关注每个人最基本的权利，优先满足这些基本需要才能使社会更好发展。但是，基本需要理论中也关注比基本需要更高的那些需要，在中国进入全面建成小康社会新阶段，这一需要的问题就更为突出。

（三）个体需要和社会需要

个体客观的基本需要是个人发展过程中必须满足的。基本需要理论对于发展理论和国际社会发展政策的制定产生了重要影响，需要的含义从人类的基本生活需要扩展到清洁的生存环境，以及对传统文化的理解，这些上升为社会发展政策的理论基础是个体的基本需要。

心理学中的基本需要是个体生物性的生存需要到个体心理需要。Dweck（2017）发现，弗洛伊德、霍妮、阿德勒、罗杰斯、弗兰克等的传统人格理论是围绕着需要建立的，但现代人格理论中的需要缺失了，众多的需要理论都是孤立地解释现象，他认为应该回到经典心理学理论那里，将需要、动机、人格和社会发展整合起来进行思考。Deci 和 Ryan（2000）把需要、动机、社会发展和幸福感关联起来，提出了自我决定理论（Self-Determination Theory，SDT）。这一理论认为，人是积极的有机体，先天具有心理成长和发展的潜能，自我决定的潜能可以引导人们从事感兴趣的、有益于能力发展的行为，这种对自我决定的追求就构成了人类行为的内在动机。这些需要的满足促进人们的幸福感提升和社会发展，因此是人们内在的生活目标。基本需要不仅仅是心理发展的基本条件，同时也是社会必须提供给人们以促进人格成长和心理发展的基本养料，阻碍这些需要的满足会导致消极的心理后果。Deci 和 Ryan（2000）指出，只有一种方法可以促进人们的健康发展，那就是重视个人成长、自主、良好的友谊和社会服务，不断努力追求内源性目标。所谓"好的生活"就是个体为其个人成长、独立、与他人深厚的友谊和社会服务努力的过程。

无论是自我决定理论还是德威克的动机、人格和发展整合理论（Unified Theory of Motivation，Personality，and Development），都是从个体基本的生理、心理需要出发，整合了需要、动机、目标等因素，并考虑到环境因素对人格的影响，以及对个体发展、个体幸福追求的影响。这种整合了发展心理学、人格心理学和社会心理学的宏观研究方式对于全面、深入理解需要及其满足具有重要意义。但是，在从个体的生理需要、心理需要逐渐推演到个体幸福、个体发展过程中，虽然它们也提到社会发展是个体发展必不可少的条件，但是，并没有把个体需要与社会需要关联起来。以个体组成的社会，满足个体需要的过程也是满足社会需要的过程，因为，个体需要最终不可避免地要与社会就需要如何得到满足的共同目标和信念联系在一起。心理学只关注个体的发展、个体的社会性发展，而没有把社会发展作为研究的内容，因此缺乏一种从社会发展角度观照个体发展的研究视角。社会的繁荣和发展必须满足一些前提条件，这些条件与社会目标相关联，这也就是社会需要（society needs）。多亚尔和高夫认为这样的社会需要有四个方面：第一，任何社会都必须满足生产足够的满足物以确保最低水平的生存和健康需要，以及文化意义的服务；第二，社会必须保证一个适当的繁衍水平和儿童社会化水平；第三，社会必须保证生产和繁衍所必需的技能和价值观能够在足够份额的人口之间传播；第四，必须建立某种权力制度以保证遵守规则，简单地说，这四个方面分别是生产、繁衍、文化传播和公共权力。

二　美好生活需要的结构

（一）美好生活需要的政策理念

"不断满足人民日益增长的美好生活需要，不断促进社会公平正义，形成有效的社会治理、良好的社会秩序，使人民获得感、幸福感、安全感更加充实、更有保障、更可持续"（习近平，2017b），这是美好生活需要理念的比较全面的表述，这一表述包含了丰富的内容，阐明了需要满足的社会环境和途径，强调美好生活需要的满足要依靠社会正义的促进、有效的社会治理和良好的社会秩序，而美好生活需要满足的目的是使人民的获得感、幸福感、安全感更加充实和可持续。也就是说，表现为个体生活质量提高的美好生活需要满足，要以社会质量的提高为基础。本研究关注的问题是：民众如何理解美好生活需要？民众对美好生活需要的理解存在怎样的结构？美好生活需要政策理念与民众对美好生活的想象是否一致？民众对美好生活需要的想象是个人生活质量的提升还是社会质量的提升？民众美好生活需要满足的逻辑是什么？

（二）美好生活需要的结构

1. 研究方法

为了了解民众对美好生活需要的理解和民众理解的美好生活需要的内涵与结构，本研究采用了词汇联想和词汇分类的研究范式，考虑到人们对于"美好生活需要"的理解可能侧重于"美好生活"或"需要"，因此研究中要求被调查者对"美好生活"和"美好生活需要"分别进行了词汇联想和词汇分类。在词汇联想研究中采用自由联想技术，以最低的干扰、最大的自由度呈现自己心目中的美好生活内涵。研究过程中，要求被试围绕"美好生活"或"美好生活需要"充分展开联想，然后在空格中依次写出至少五个词语；另外要被调查者写出他们认为最能揭示"美好生活"或"美好生活需要"概念内涵（内容）的至少五个词语。共有4242位被调查者参与自由联想任务，累计报告词频数为15373，得到有效词语1932个。本次研究收集数据时间为2018年9月11~25日，数据收集平台为问卷宝App。收集词语后，使用R语言的jieba包进行分词，去掉所有数字和英文及长度小于2，词频为前120的词语，合并同义词，删除提示词"美好生活"或"美好生活需要"，删除无意义词，合并自由联想和内容内涵两种指导语下各排名前100的词，分别得到"美好生活"词语 120 个，"美好生活需要"词语 119 个。

在词汇分类研究中，选取在词汇联想研究中关于"美好生活"和"美好生活需要"的高频词作为研究材料，要求两所大学的 382 名大学生进行词汇分类，分类不限类别数、不限每类词数。研究过程中，要求分类者首先将第一个词写在第一类，然后阅读下一个词，如果认为这个词和前面已有类别的词相似，则将该词划分到已有的分类框内；如果认为这个词与之前所有词都不相似，则分类至新的分类框内，最后重复上述步骤直至所有词划分完毕。收集词语后，使用 Python 语言制作共词频率矩阵，并根据等价系数（the equivalency index）的方法转换为词之间的相关矩阵，然后在 UCINET 软件中以关系强度大于 0.05 为标准过滤后，进行社会网络分析中的子群分析。研究结果显示，"美好生活"与"美好生活需要"词汇联想和词汇分类所得到的结果非常一致，以下只报告"美好生活需要"的文本分析结果。

2. 美好生活需要的结构

图 6-11 为共词矩阵的子群分析结果。子群分析的结果中，每个方块点为一个词语，其大小表示该词语与其他词语划为一类的次数的总和，方块越大表示和其他词语的关系越紧密，同一颜色的方块点表示被分为同一子群。每条线表示词语与词语之间的关系，位置越近表示被分在一类的次数越多。有一些词语与其他词语相对疏远，没有被包括在主体网络中，而是散落在四周。从子群分析的结果中可以看出，关于"美好生活需要"的词语分为四类，左上角聚集的是描述"美好生活需要"中"美好生活"的词语，如"幸福""高兴""满足"等；右上角聚集的是表示国家与社会环境的词语，如"法治""和平""富强"等；右下角和最上边的横线聚集的是表示个人物质需要的词语，如"有车""有房""富有"等；左下角聚集的是家庭与人际关系相关的词语，如"家庭""父母""亲情"等。

为了分析不同子群的特点和差异，将每个类别的词语被提及的频次进行了统计，将同类别所有词语被提及的频次相加作为累计频次，除以参与词汇联想研究的被试数，得到提及率，以这一指标表示平均每人提及该类别的次数。"美好生活需要"相关词的频次及提及率如表 6-14 所示。

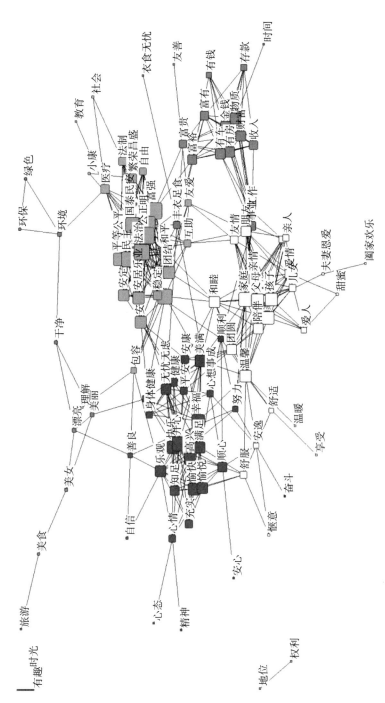

图 6 – 11　"美好生活需要"的共词矩阵子群分析结果

表6-14 "美好生活需要"词汇频次和提及率

子群	词汇	累计频次	提及率 （N=4028）
美好生活描述	美好、幸福、快乐、美满、开心、高兴、无忧无虑、愉快、愉悦； 安康、平安、健康、身体健康； 顺利、心想事成、顺心； 努力、奋斗； 乐观、自信、善良、安心、充实、知足、满足、心情、心态、精神	4122	1.023
国家与社会环境需要	自由、平等、公平、公正、民主、文明； 富强、小康、稳定、安定、安全； 法治、医疗、法制、教育、社会； 和平、国泰民安、繁荣昌盛； 和谐、友爱、互助、包容、友善、团结、理解、安居乐业	1431	0.355
个人物质需要	丰衣足食、衣食无忧、美食； 环境、干净、环保、绿色； 工作、事业； 金钱、富裕、富足、财富、富有、有钱、收入、存款； 物质、有房、有车； 美丽、美女、漂亮； 旅游； 时间	1418	0.352
家庭与人际关系需要	家庭、家人、孩子、父母、亲人、爱人、儿女； 阖家欢乐、团圆、亲情、爱情、夫妻恩爱、和睦、陪伴、温馨、甜蜜； 友情、朋友； 生活、舒适、舒服、安逸、温暖、享受、惬意	1078	0.268

民众美好生活需要的词汇分析显示美好生活需要的结构分为四个子群，如表6-14所示，第一个子群是美好生活描述。从美好生活描述的词看美好生活是以个体基本需要为基础的，描述个体基本需要的词语包括三个方面：一是健康需要；二是安全需要，出现的词语包括"安康"、"平安"、"健康"和"身体健康"；三是自主需要，包含的词语有"努力"和"奋斗"。美好生活的核心内容是生活目标，美好生活的目标就是幸福，围绕着幸福的词语包括"快乐"、"美满"、"开心"、"高兴"、"无忧无虑"、"愉快"和"愉悦"等描述幸福感的常用词语。另一个方面是美好生活实现的可能性和难度，基本词语是"顺利"、"心想事成"和"顺心"，这也和目

前人们讨论的获得感有密切关系。美好生活描述的另一个方面词是心理需要，是与心情、心态和精神相关的词，包括"乐观"、"自信"和"善良"这些积极的心态，也包括"安心"、"充实"、"知足"和"满足"等，反映了中国传统的知足常乐的价值观。

在"美好生活需要"词汇联想中，提及率排在第二位的是关于国家与社会环境需要的词，平均每个人提及0.355次。描述的词语分为五类，第一类是对良好社会的描述，侧重于价值层面，包括"自由"、"平等"、"公平"、"公正"、"民主"和"文明"；第二类是从物质和环境层面对良好社会的描述，包括"富强"、"小康"、"稳定"、"安定"和"安全"；第三类是描述社会治理的主要方面，包括"法治"、"医疗"、"法制"、"教育"和"社会"；第四类是对国家状况的描述，包括"和平"、"国泰民安"和"繁荣昌盛"；第五类是对社会成员良好关系和状态的描述，包括"和谐"、"友爱"、"互助"、"包容"、"友善"、"团结"、"理解"和"安居乐业"。

提及率排在第三位的是关于个人物质需要的词，平均每个人提及0.352次。描述的词语分为八种类型，第一类是衣食相关的，包括"丰衣足食"、"衣食无忧"和"美食"；第二类是环境相关的，包括"环境"、"干净"、"环保"和"绿色"；第三类是"工作"和"事业"；第四类是经济相关的，包括"金钱"、"富裕"、"富足"、"财富"、"富有"、"有钱"、"收入"和"存款"；第五类是物质相关的，包括"物质""有房""有车"；第六类是美好相关的，包括"美丽"、"美女"和"漂亮"；第七类是"旅游"；第八类是"时间"。

提及率排在第四位的是关于家庭与人际关系需要的词，平均每个人提及0.268次。描述的词语包括四种类型，第一类是家庭关系相关的，包括"家庭"、"家人"、"孩子"、"父母"、"亲人"、"爱人"和"儿女"；第二类是家庭关系和亲情相关的，包括"阖家欢乐"、"团圆"、"亲情"、"爱情"、"夫妻恩爱"、"和睦"、"陪伴"、"温馨"和"甜蜜"；第三类是友情关系相关的，包括"友情"和"朋友"；第四类是家庭生活状况描述，包括"生活"、"舒适"、"舒服"、"安逸"、"温暖"、"享受"和"惬意"。

三　美好生活需要满足的路径

（一）需要的提升路径

美好生活需要不同于传统的基本需要表述，基本需要的发展理念是保证社会的底线公平。基本需要理论包括四个方面的含义：一是唤起人们对穷国中最穷者的关心；二是把基本需要确定为人们对食物、水、健康及更高层次的教育、工作和政治参与的需要；三是为第三世界国家确立发展目标，建立规范化的标准，使发展可以得到测量；四是认为第三世界国家应该对其内部的经济、社会和政治结构进行改革。在中国全面建成小康社会的新阶段，人们的生活条件得到了很大的改善，社会整体的富裕程度极大地提高，社会阶层结构发生了变化，不同阶层的需要出现了明显的差异化，这就要求制定社会发展战略的时候要考虑到多数人的需要，考虑到人们需要的升级，把人们更高层级需要的满足作为社会治理的目标。换一个角度来看，基本需要的内涵应该适应时代的变化，有所调整。但美好生活需要代表的需要满足的升级要考虑到社会资源的有限性，因为社会无法满足每个人全部的主观需要，个体需要满足的同时要考虑到社会需要的满足，也就是社会的基本需要的满足。

心理学的基本需要理论从个体发展的角度来考虑人的基本需要的满足，但没有从社会发展的角度来讨论个人发展的条件，美好生活需要理念的提出使得这一问题有了新的视角，必须综合考虑社会发展如何为个人发展创造条件，从个体基本需要出发，既要满足个体化的需要，也要满足社会多数成员基本的客观需要，最大限度地满足社会成员的差异化需要。

通过对基本需要与高层级需要、个体需要与社会需要的讨论我们可以把基本需要的提升分为个体与社会和基本需要与高层级需要两个维度来分析，如图6-12所示，从个体基本需要出发，需要的提升路径有三个方向，一是从个体基本需要到个体高层级需要的提升，二是从个体基本需要到社会基本需要的提升，三是从个体基本需要到社会高层级需要的提升，这也是难度更大的提升。从个体基本需要向个体高层级需要的提升表现为个体生活质量的提高，从个体基本需要向社会基本需要的提升表现为社会质量的提高，而从个体基本需要向社会高层级需要的提升则同时体现为个体生活质量和社会质量的提高。由上面的讨论知道，需要还有一个主观和客观的维度，个体基本需要的提升是受客观条件制约的，但一般来说，从个体基本需要向个体高层级需要提升中首先满足的应该是客观需要，同样，从个体基本需要向社会基本需要提升中首先满足的也是客观需要，只有当社会发展到一定程度时才能逐渐满足社会成员的主观需要。

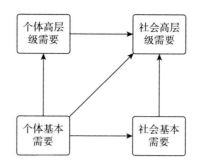

图 6-12　需要提升的路径

（二）美好生活需要满足的双路径

每个人都对美好生活有所向往，每个人对于美好生活的想象又是不同的，因此不仅要了解个体对美好生活的期望，更要了解全社会对美好生活需要的理解和想象，了解社会成员美好生活需要的结构和共识，才可能在有限的社会资源条件下，不断满足个体和社会成员的美好生活需要。

美好生活需要结构的另外三个子群代表了个人基本需要、情感需要和社会需要，分属于个体、人际和社会三个分析层面。如果用基本需要的提升路径来分析，这三个分析层面中不同词代表的不同性质的需要可以分别纳入图 6-12 的这一分析框架，如表 6-15 所示。

表 6-15　美好生活需要词汇结构

个体高层级需要	社会高层级需要
金钱、富裕、富足、财富、富有、有钱、收入、存款； 物质、有房、有车； 工作、事业； 安居乐业； 环境、干净、环保、绿色； 美丽、美女、漂亮、美食； 旅游； 时间	和平； 国泰民安； 繁荣昌盛
个体基本需要	社会基本需要
丰衣足食、衣食无忧； 生活、舒适、舒服、安逸、温暖、享受、惬意； 家庭、家人、孩子、父母、亲人、爱人、儿女； 阖家欢乐、团圆、亲情、爱情、夫妻恩爱、和睦、陪伴、温馨、甜蜜； 友情、朋友	富强、民主、文明、和谐、自由、平等、公正、法治、友善； 公平、小康、稳定、安定、安全、医疗、法制、教育； 友爱、互助、包容、团结、理解

从表6－15可以看到，当把美好生活需要的基本描述词纳入分析需要提升的框架后，美好生活需要的满足（need-fulfilling）基本上呈现两条路径，一条是从个体基本需要到个体高层级需要的个体路径，另一条是从个体基本需要到社会基本需要的社会路径。美好生活需要描述词汇中的个体基本需要包括两个方面，一是衣食代表的生理需要，二是满足爱情、亲情和友情需要的家庭、朋友为代表的关系需要，这种关系需要在Ryan等人的理论中是属于基本需要的，但在马斯洛的需要层次理论中排在了中间的等级。美好生活需要满足的个体路径包括绿色环保的生态环境需要、经济富足的需要、有车有房的生活环境需要，以及事业和安居乐业需要、休息和休闲需要等，这些需要都是个体的客观需要。美好生活需要的描述中还包含了美丽、美女、漂亮、美食等主观需要。美好生活需要满足的社会路径包括社会的人际环境需要和社会的制度环境需要两部分，从美好生活需要描述的词汇看，人际环境需要方面包括友爱、互助、包容、团结、理解等基本词语，其余为社会的制度环境需要，这些基本词语包含了社会主义核心价值观中国家和社会层面的内容，如富强、民主、文明、和谐、自由、平等、公正、法治，还包含个人层面的友善。此外社会环境需要还包括在个体路径中没有出现的安全需要，相应的词语包括稳定、安定、安全，也出现了基本民主需要的医疗、法制和教育三个重要方面。美好生活需要满足的社会路径是以往需要理论忽视的内容，从以上的内容可以看到，美好生活需要满足的个体路径与社会路径之间有着内在的联系，美好生活需要的社会路径是个体路径的基础和保障。正如桑德斯（2005：110～111）指出，"社会制度不能使人们幸福，无论何种社会制度，所能做的只是提供一些条件，在这些条件下，个体能够追求幸福"。

通过对需要基本内涵以及不同学科的理论和研究视角的分析，可以看到美好生活需要满足的个体路径和社会路径存在内在的关联，我们用图6－13来表示这种关联的内在机制和动态过程。个人发展是个体需要不断满足的过程，首先需要满足的是个体的基本需要，基本需要满足后，个体会有不同的更高层级的需要产生，美好生活需要是不同的高层级需要。不同时期人们对美好生活的理解和定义不同，美好生活的标准就不同，美好生活需要也会不同。但是，美好生活需要的满足受限于客观社会环境，受社会发展水平的限制。也就是个人发展是由社会发展空间决定的，社会发展空间为个体发展创造条件，提供个体发展的可能性。社会发展会优先满足社会成员的基本需要，基本需要满足后才会进一步满足更高层次的需要。也就是说，社会的发展和进步是不断提升需要满足基准的过程，社会越发展越能带来更高层次的个体美好生活需要的满足。个体美好生活需要满足的终极目标是个人幸福，而个人发展与社会发展、个体幸福与社会幸福在路径上是一致的。从个体角度看，社会成员追求幸福的过程最终实现了幸福社会；从社会角度看，通过社会治理改善社会环境，为个体追求幸福创造了条件。

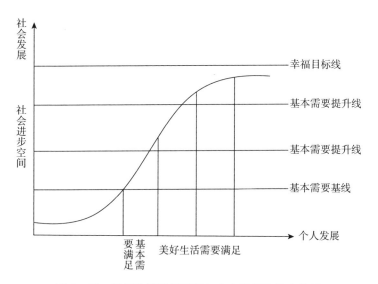

图 6-13　美好生活需要满足与个人发展和社会发展

第七章

基于 APC 模型的社会心态变迁研究

第一节　幸福感的变迁

一　模型介绍

我国正处于经济平稳发展、社会转型的关键时期，在经过三十多年经济高速增长后，我国民众的物质财富获得了极大的增长。党的十九大报告中指出，我国社会主要矛盾已经转化为人民日益增长的美好生活需要和不平衡不充分的发展之间的矛盾。构建美好生活，提高民众生活质量成为我国发展的重要目标。居民幸福感作为衡量生活质量的重要指标，是对我国几十年以来社会经济发展的综合反映，对幸福感的研究成为学术界热点。本节主要关注我国居民幸福感的变迁。

关于幸福感在时间维度上的变化，可以从时期、队列和年龄角度进行考虑，但如果仅考虑某一时间维度，必然会混入其他两个时间维度的效应。比如我们在考察不同时期幸福感时，年龄和队列效应也会混入时期效应中，由此我们得到的幸福感时期变化结果有偏误，分解出三者的单独效应成为该领域研究的难题。Fienberg 和 Mason（1978）提出了著名的年龄－时期－队列模型（APC 模型）。但由于年龄＋队列＝时期，如果将三者同时纳入模型，就会引起完全共线，导致方程无解。因此 APC 模型一直存在"识别问题"。Yang 和 Land（2006）等利用分层模型，将队列和时期作为随机效应，而年龄则作为第一层的固定变量，该模型即分层随机交叉模型

（HAPC），其解决了传统 APC 模型三个时间维度之间完全共线问题。具体来说，我们利用重复截面数据，将至少两年或以上年份作为一个队列，这样年龄便嵌套在不同调查年份和不同队列之中，三者之间的线性关系被打破。这里暗含的假定是：每个出生队列之间具有相同的队列效应。由于年龄与幸福感存在非线性关系（Yang，2008），因此我们将年龄及其平方均纳入模型之中。模型公式设定如下。

层一模型：

$$HAPPY_{ijk} = \beta_{0jk} + \beta_1 AGE_{ijk} + \beta_2 AGE_{2ijk} + \beta_3 X_{ijk} + e_{ijk}, \ e_{ijk} \sim N(0, \sigma^2) \qquad (7-1)$$

层二模型：

$$\beta_{0jk} = \gamma_0 + u_{0j} + v_{0k}, \ u_{0j} \sim N(0, \tau_u), \ v_{0k} \sim N(0, \tau_v) \qquad (7-2)$$

合并模型：

$$HAPPY_{ijk} = \gamma_0 + \beta_1 AGE_{ijk} + \beta_2 AGE_{2ijk} + \beta_3 X_{ijk} + u_{0j} + v_{0k} + e_{ijk} \qquad (7-3)$$

其中 β_{0jk} 表示第 j 个时期和第 k 个队列的幸福感平均值；$\beta_1 \sim \beta_3$ 表示层一变量的固定系数，其中 X 表示控制变量；e_{ijk} 是个体层面的随机效应，表示个体 ijk 与该组平均值的差异，假定服从均值为 0、方差为 σ^2 的正态分布；γ_0 表示总截距，是当时期和队列随机效应取均值，其余自变量取值为 0 时的总平均值，反映了我国民众幸福感的总均值；u_{0j} 为队列效应取均值时，时期 j 的随机效应，假定服从均值为 0、方差为 τ_u 的正态分布；v_{0k} 表示时期效应取均值时，队列 k 的随机效应，假定服从均值为 0、方差为 τ_u 的正态分布。

二 数据来源

本节利用中国综合社会调查（CGSS）2005 年、2006 年、2008 年、2010 年、2012 年、2013 年、2015 年 7 次调查数据，跨度为 2005～2015 年，能够较好地反映我国居民幸福感的变动趋势，由于收入变量缺失值较多，本节利用回归方法进行了 200 次多重插补，取 200 次均值进行替代，并利用历年人均可支配收入作为权重进行了调整。此外由于 18 岁以下与 90 岁以上的被调查者人数极少，为了保证模型效果稳定性，我们保留了年龄在 18～90 岁的调查样本，共获得有效样本 69632 个，出生年份从 1915 年到 1997 年。

本研究因变量为幸福感，其回答分别为"非常不幸福""比较不幸福""说不上幸福不幸福""比较幸福""非常幸福"5个选项，我们将其编码为1～5，并作为连续变量予以处理，我国居民平均幸福感得分为3.69。除了将1930年以前的出生人群划分为一个队列（人数较少），1990～1997年出生人群划分为一个队列外，我们以五年作为队列划分间隔，共得到14个队列。在分析过程中我们还引入了性别、户口、健康状况、民族、地区、受教育程度、年收入、党员身份及主观地位，此外为了考虑幸福感在时期上的变动趋势，我们还引入了每个时期的人均GDP指标。具体变量描述如表7-1所示。

表7-1　主要变量统计描述

变量	均值	最小值	最大值	标准差
幸福感	3.69	1	5	0.85
年龄（岁）	46.7	18	90	15.65
性别（男性＝1）	0.49	0	1	0.49
户口（城镇＝1）	0.49	0	1	0.49
健康状况	2.37	1	3	0.76
民族（汉族＝1）	0.92	0	1	0.26
地区（东部＝1）	0.41	0	1	0.49
工作（有＝1）	0.64	0	1	0.47
受教育年限	8.89	0	19	4.39
接受高等教育（是＝1）	0.14	0	1	0.35
年收入（元）	19141.07	0	6000000	45390.33
党员身份（是＝1）	0.11	0	1	0.31
主观地位	1.65	1	3	0.58
人均GDP（元）	4950.57	1753	8033	2285.87
出生年份		1915	1997	
时期数	7			
队列数	14			

三　结果分析

表7-2是对可能影响我国国民幸福感因素的随机交叉模型（HAPC）分析。其中模型1为基础模型，在控制时期和队列影响后，不同年龄群体

的幸福感差异显著，幸福感随着年龄增长先下降后上升，图 7 – 1 直观反映了幸福感随年龄变动情况。年轻人及老年人群体的幸福感得分最高，中年人群体得分最低。从 18 岁开始，幸福感逐渐走低，一直到 53 岁左右达到低谷，进而开始快速上升，整体上呈现"U"形结构。此外幸福感的时期和队列方差效应显著，说明幸福感存在显著的时期和队列效应。图 7 – 2 和图 7 – 3 分别刻画了幸福感在时期和队列上的变动趋势。

表 7 – 2　影响幸福感因素模型分析

	模型 1		模型 2		模型 3	
	系数	标准误	系数	标准误	系数	标准误
固定效应						
截距	3.619 ***	0.071	2.461 ***	0.060	2.012 *	0.992
年龄	– 0.027 ***	0.006	0.020 **	0.007	0.008	0.012
年龄平方	0.025 ***	0.002	0.028 ***	0.002	0.028 ***	0.002
男性			– 0.080 ***	0.006	– 0.080 ***	0.006
健康			0.214 ***	0.004	0.214 ***	0.004
城镇			– 0.031 ***	0.007	– 0.031 ***	0.007
汉族			– 0.017	0.011	– 0.017	0.011
东部地区			0.036 ***	0.006	0.036 ***	0.006
有工作			0.016 *	0.007	0.016 **	0.008
受教育年限			0.012 ***	0.001	0.012 ***	0.001
年收入			0.003 **	0.001	0.003 **	0.001
共产党员			0.107 ***	0.010	0.107 ***	0.010
主观地位			0.325 ***	0.005	0.325 ***	0.005
人均 GDP					0.183 *	0.074
队列收入均值					– 0.109	0.084
随机效应						
时期 τ	0.034 *	0.016	0.021 *	0.012	0.011 +	0.007
截距 τ	0.001 *	0.008	0.003 *	0.002	0.003 *	0.002
BIC	171312.5		163221.0		163221.3	

*** $p < 0.001$，** $p < 0.01$，* $p < 0.05$，+ $p < 0.1$。

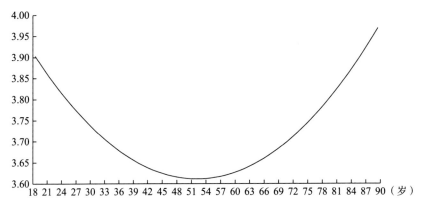

图7-1　不同年龄的幸福感得分

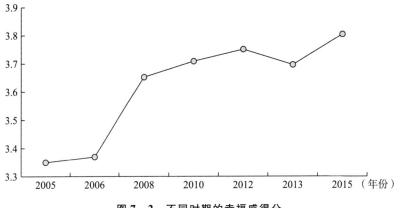

图7-2　不同时期的幸福感得分

从图7-2可以看出，除了2013年较2012年略有下降外，我国民众幸福感十年来一直呈现上升趋势。其中2006年到2008年的增长幅度最大。2005年我国民众的幸福感平均效应得分为3.349，到了2015年上升至3.804，由于经济增长与民众生活质量息息相关，民众幸福感的持续上升可能与我国十年来经济的快速增长有密切关系。

从队列趋势看，不同队列的幸福感差异十分明显，且存在两个高峰。从1910～1929年出生队列开始，幸福感一直呈现上升趋势，到1945～1949年达到第一个高峰，而后的出生队列幸福感开始下降，其中在1955～1959年、1960～1964年以及1965～1969年三个队列出生的人幸福感水平最低，而后从1970～1974年出生队列开始幸福感持续走高，到1975～1979年达到第二个小高峰，但从1980～1984年到1990～1997年出生队列幸福感一

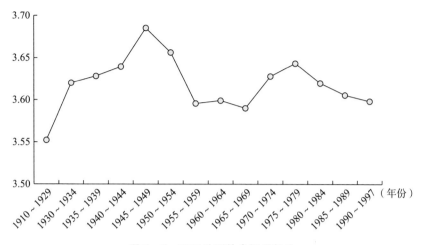

图 7 - 3　不同队列的幸福感得分

直在下降。

　　我们在分解出年龄、时期和队列效应后，发现三个时间维度上均存在幸福感的显著差异，那么究竟是哪些因素造成了时间维度上的幸福感差异呢？模型 2 进一步将调查个体的控制变量及社会经济变量纳入，以观测是否还存在明显的时间维度差异。从模型 2 看，我国男性的幸福感水平低于女性；在控制其他变量后，农村居民的幸福感要略高于城镇居民；健康状况越好，幸福感水平越高；东部地区的整体幸福感水平高于中西部地区；拥有工作的群体幸福感略高于没有工作的群体，但是由于调查中没有工作的群体有一部分是在读学生及退休群体，并非无工作或者失业群体，因此工作对幸福感的影响仍有待检验；受教育年限越长，幸福感水平越高；年收入的增加会提高居民幸福感水平；共产党员幸福感高于非党员群体；值得注意的是，主观地位对幸福感的影响最大，认为社会地位高于同龄人的被调查者平均幸福感得分比认为自己社会地位低于同龄人的群体高出 0.64，主观地位对幸福感得分的影响远大于工作及受教育年限；是否为汉族对幸福感没有显著影响。

　　在控制了个体人口学变量及社会经济变量以后，我们发现幸福感的年龄、时期及队列效应仍然显著，为了直观反映这种变动趋势，图 7 - 4 至图 7 - 6 分别描绘了幸福感在年龄、时期及队列上的变动趋势。从图 7 - 4 看，幸福感在年龄上呈现类似于"J"字形的变动趋势，从 18 岁的 2.63 呈现缓慢下降趋势，且在 44 岁左右达到低谷 2.45，而后开始缓慢上升，直到 90

岁达到最高分 3.07。高龄群体的幸福感水平较高，这有可能受到"选择生存"效应的影响，因为身体等综合状况越好的人生存时间往往越长，由此该群体的幸福感水平可能越高（Esterlin，2006），而很多年轻人尚处于求学或刚工作时期，还没有到"上有老、下有小"的阶段，社会压力较中年群体小，幸福感水平高于中年群体。

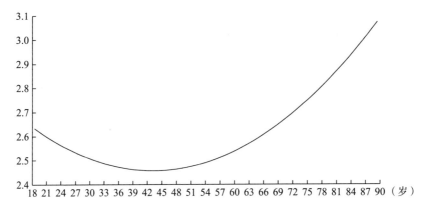

图 7 - 4   幸福感在年龄上的变动趋势

在控制了一系列变量后，时期效应仍然显著（时期 $\tau = 0.021^*$），但是从图 7 - 5 看，除了 2005 年得分较低外，2006 ~ 2015 年的差异波动有所减缓，增长趋势不再明显。从 2005 年到 2008 年幸福感持续上升，到 2010 年略有回落，2012 年则有所回升，而在 2013 年再次出现下降，到 2015 年有较大幅度提升。波动的减缓表示社会经济变量（工作、受教育年限、年收入等）在一定程度上造成了不同年份幸福感的差异。

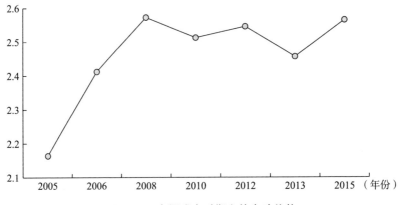

图 7 - 5   幸福感在时期上的变动趋势

图 7-6 反映了幸福感在不同队列上的波动。在加入个体特征及社会经济变量后，我们发现队列的波动趋势有所缓和，说明个体变量在一定程度上导致了幸福感的队列差异，不过队列差异总体上仍然显著（队列 τ = 0.003*）。从 1910～1929 年出生队列开始，幸福感持续缓慢上升，到 1945～1949 年出生队列幸福感水平达到顶点，而后的出生队列幸福感开始缓慢下降，到 1955～1959 年出生队列幸福感降到较低水平，且一直持续到 1975～1979 年出生队列，而后幸福感水平再一次下降，80 后、90 后的幸福感水平最低。

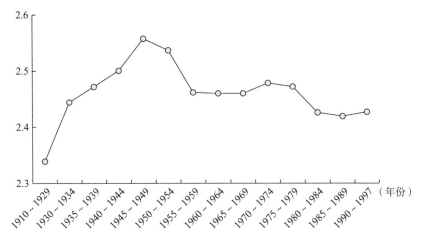

图 7-6　幸福感在队列上的变动趋势

那么究竟是什么因素导致了幸福感在队列和时期上的差异呢？我们在模型 3 中尝试引入队列和时期变量，其中在时期层面引入了 7 年的人均 GDP，在队列层面则引入了每个队列的平均收入，模型 3 结果与模型 2 差异不大（BIC 没有降低），其中幸福感的时期效应变为边际显著（时期 τ = 0.011+），这说明经济水平在很大程度上导致了幸福感在时期层面上的差异，时期上的幸福感波动是由经济发展造成的；但是队列效应仍然显著，且队列收入对于幸福感并没有显著影响，这提示我们幸福感在队列上的差异并不能通过经济因素加以有效解释，仍然需要引入其他社会因素进行解释。

除了对幸福感整体的波动趋势感兴趣之外，我们还关注了城乡、地区及不同受教育程度群体之间在时期和队列上的幸福感差异波动趋势。在分析过程中，我们发现三者在时期上均不存在显著波动趋势，为了模型简约性，我们仅对三者在队列上的波动趋势进行分析。

表7-3是不同人群的幸福感分析，首先看户籍模型，在控制了年龄、性别、健康状况、地区等变量后，我们发现城镇居民幸福感要高于农村，且在队列趋势上幸福感差异显著（0.006*），图7-7在户籍模型1的基础上直观反映了城乡幸福感在队列上的差异。城乡之间的幸福感差异呈现先缩小后扩大再缩小的队列趋势。从1910～1929年出生队列开始，城乡之间的幸福感差异在逐渐变小，到了1945～1949年出生队列，城乡之间的差异几乎消失，而在1955～1959年出生队列中，农村幸福感水平反超城镇群体。但从1965～1969年出生队列开始，城乡之间的幸福感差距再次拉大，并且一直持续到85后群体，随即在90后群体中，城乡之间的幸福感差异消失。城乡幸福感的队列差异有可能受到我国长期的二元户籍制度影响，城镇居民更多地享受到社会经济发展福利，因而拥有更高的幸福感水平，而等到90后群体上学及就业时期，二元户籍制度的影响已经大为减弱，因此户籍制度背后的社会经济发展福利差异对该群体的影响较弱。此外要注意的是，城乡差异在85后及90后出生队列的缩减主要是城镇居民幸福感下降，同时农村居民幸福感有所回升的共同结果。

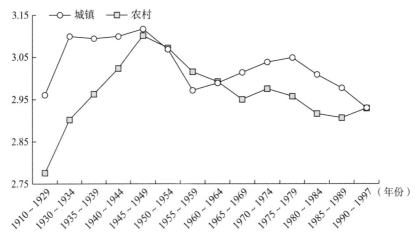

图7-7 城乡幸福感队列差异

城乡之间的幸福感队列波动差异有可能是经济因素导致的。为了验证这一观点，我们在户籍模型2中引入了主观地位及年收入变量，我们发现主观地位及年收入对于幸福感均具有正向影响，此时户籍的队列随机方差由0.006降为0.002，且在5%的水平上不再显著，说明城乡幸福感的队列差异在一定程度上是由社会地位及经济因素导致的。

随后分析地区模型，我们将地区划分为东部及中西部地区，本节亦将地区划分为东部、中部和西部地区，但发现中部地区与西部地区之间没有明显的队列差异，故为了模型的简约性，我们将地区划分为东部和中西部地区。在加入控制变量后，我们发现东部地区的幸福感水平明显高于中西部地区，且地区变量的队列随机方差效应呈现边际显著（$\tau = 0.001$，$p = 0.06$），因此探寻地区幸福感的队列波动趋势仍有一定的意义。图 7 - 8 反映了东部与中西部地区的队列趋势。我们发现地区之间的幸福感差异存在于整个队列，东部地区的幸福感水平整体上都高于中西部地区，这种差距近似于平行趋势，在 1965～1969 年以及 1975～1979 年两个出生队列上差距还有所扩大。从 80 后开始，东部与中西部地区幸福感水平的差距在缓慢缩小，到 90 后群体差距缩小到最低。

中西部地区与东部地区之间长期存在较大的经济发展差距，因此我们考虑可能是经济发展不平衡导致了幸福感的差异，为了验证这一假设，我们仍然引入主观地位及年收入变量，结果呈现在地区模型 2 中，社会地位及经济收入对幸福感的正向影响十分显著，同时地区的随机效应显著性完全消失，这说明经济因素是造成地区幸福感队列差异的重要原因。

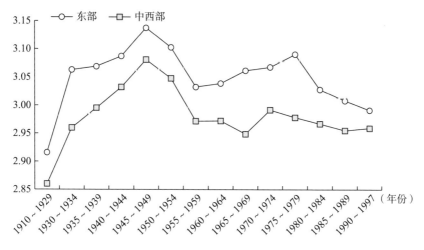

图 7 - 8　地区幸福感队列差异

在之前的讨论中，我们发现受教育年限对于幸福感具有显著正向作用，当然这是显而易见的，受教育程度越高，就越有可能占据更好的工作职位、拥有更多的经济收入和更高的社会地位。而高等教育是教育的分水岭，

表 7 - 3 不同群体幸福感 HAPC 分析

固定效应	户籍模型 1 系数	标准误	户籍模型 2 系数	标准误	地区模型 1 系数	标准误	地区模型 2 系数	标准误	教育模型 1 系数	标准误	教育模型 2 系数	标准误
截距	2.963***	0.068	2.487***	0.060	2.979***	0.065	2.492***	0.060	2.983***	0.063	2.504***	0.060
年龄	0.001***	0.011	0.004	0.009	0.009	0.008	0.009	0.007	0.014+	0.008	0.012	0.007
年龄平方	0.028***	0.003	0.026***	0.002	0.027***	0.002	0.025***	0.002	0.028***	0.002	0.026***	0.002
男性	-0.060***	0.006	-0.055***	0.006	-0.059***	0.006	-0.054***	0.006	-0.065***	0.006	-0.057***	0.006
健康	0.262***	0.004	0.029*	0.013	0.26***	0.004	0.020***	0.006	0.014***	0.007	0.004***	0.007
城镇	0.067**	0.021	0.220*	0.004	0.046***	0.006	0.219***	0.004	0.259*	0.004	0.219	0.004
汉族	-0.015	0.012	-0.011	0.011	-0.016	0.012	-0.011	0.011	-0.016	0.011	-0.011	0.011
东部地区	0.073***	0.006	0.046***	0.006	0.070***	0.011	0.043***	0.009	0.064***	0.006	0.041***	0.006
接受高等教育									0.147***	0.019	0.076***	0.014
主观地位			0.337***	0.005			0.338***	0.005			0.333***	0.005
年收入			0.006***	0.001			0.006***	0.001			0.005***	0.001
随机效应												
时期 τ	0.026*	0.015	0.022*	0.013	0.025*	0.015	0.022*	0.013	0.024*	0.014	0.021*	0.012
截距 τ	0.007*	0.004	0.004*	0.002	0.003*	0.002	0.003*	0.001	0.004*	0.002	0.003*	0.002
户籍	0.006*	0.003	0.002+	0.001								
地区					0.001+	0.001	0.001	0.001				
教育									0.003*	0.002	0.001	0.001
BIC	167357.7		163540.2		167406.6		163553.7		167207.5		163503.1	

*** $p < 0.001$，** $p < 0.01$，* $p < 0.05$，+ $p < 0.1$。

接受高等教育会极大增强人们获得社会资源的能力，因此我们对接受过高等教育群体以及没有接受过高等教育群体之间的幸福感差异同样保持兴趣。表 7-3 中教育模型即反映了两个群体幸福感的队列差异，接受过高等教育的群体幸福感得分比没有接受过高等教育的群体平均高出 0.147。如图 7-9 所示，两种教育群体之间的幸福感差异在队列上一直存在，且接受过高等教育的群体幸福感明显高于没有接受过高等教育的群体，这种差距从 1955~1969 年出生队列呈现较大差距，而从 80 后群体开始差距明显缩小，这种缩小主要是由接受过高等教育群体的幸福感下降所致，由于 80 后群体高考阶段恰为我国高等院校扩招时期，大学生数量的急剧增加加剧了高校学生的就业竞争压力，这可能是导致该群体幸福感下降的重要原因。

此外，接受过高等教育的群体容易获得更高的经济收入和社会地位，由此我们将主观地位与年收入变量引入模型加以控制。如教育模型 2 所示，此时高等教育的队列随机效应完全消失，这说明两个群体在不同出生队列上的幸福感差异在很大程度上是由是否接受过高等教育所导致的社会地位以及经济收入不同所造成的。

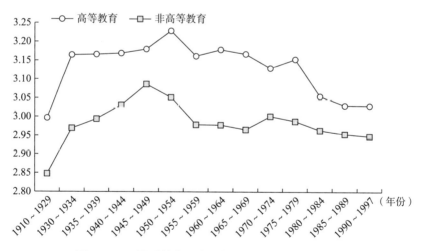

图 7-9　不同受教育程度群体之间的幸福感队列差异

我们分别分析了不同户籍、地区以及教育之间的队列差异，发现三者之间存在明显的队列差异，其中城镇户籍的大部分出生队列幸福感要高于农村户籍，而东部地区以及接受过高等教育的群体中，幸福感水平在所有队列上均高于中西部地区和没有接受过高等教育的群体。但是无论户籍、地区还是教育，在越晚的出生队列上，幸福感差距越小。在我们引入社会地位及经济收入变量后，这些显著的队列波动变得不再显著，这说明社会经济因素在一定程度上导致了这些群体队列之间波动趋势的差异性。

第二节　隐私安全感的变迁

一　文献回顾与问题提出

党的十九大报告指出，要"不断满足人民日益增长的美好生活需要，不断促进社会公平正义，形成有效的社会治理、良好的社会秩序，使人民获得感、幸福感、安全感更加充实、更有保障、更可持续"。

基于已有文献和所使用数据，我们提出本节的假设1：中国居民十多年（2006～2017年，下同）来的隐私安全感逐年下降。

要研究人们的隐私安全感变化趋势，不能忽视人口出生世代更替对社会整体主观情感结构和变迁的影响。世代/队列可以定义为在相同时间间隔内经历相同事件的个体（在某些群体定义内）的集合（Ryder，1965），而出生世代/出生队列则可以认为是出生在同一时期的群体，比如我们常说的80后、90后就是不同的出生世代，同一出生世代会经历相似的社会经验。

社会始终是处于变迁过程中的，尤其是工业革命后的当代社会，变迁速度急剧加快。卡尔·曼海姆和诺曼·莱德都认为，刚进入成年人世界的年轻人比已经在那个世界中的人更容易改变，因为年龄更大的人更坚持他们年轻时获得的看法，Ryder简言之"世代在生命的早期发展出特有的世界观定义，而这些看法似乎将持续整个成年期"，因此社会自身的变迁更容易影响年轻人的价值观。而且随着正规教育内容的变化和同龄人的社会化，每个出生世代的成员组成及特征都具有自身的独特性，反映了其独特的起源和社会历史环境（Ryder，1965），诸多因素导致了即使在同一时空下，由于不同出生世代所经历的社会过程往往迥然不同，成员之间的主观情感及社会态度本身也就可能存在差异（Mayer & Schoepflin，1989）。

当年长的出生世代被后来的年轻世代所取代时，世代"特有的世界观定义"就会发生变化，并引起社会情感、社会态度的结构性变迁。这也是孔德强调的"我们的社会过程依赖于人们的死亡"（Cimte，1974）的含义。这个动力来自"人口新陈代谢"的双过程——持续的年长世代的逝去和年轻世代的加入（菲尔鲍，2012）。不同出生世代成员所经历的客观社会环境的差异性影响了其自身的主观情感和社会价值观，人口更替使得社会结构具有独特的"世代效应"。

因此，社会群体态度和价值观的变化并不一定完全是因为每个群体成员的个人态度的转变，也有可能来源于社会总人口的出生世代更替。即使现存群体的主观情感是静止不变的，随着出生世代的后延，人口死亡和出生导致的人口更替也仍然会造成整个社会群体主观情感的结构性变化。如果世代内的变化与总体变化保持了一致性，那我们就可以推论说，社会变迁源于个人变化的净效应（时期效应）；但是如果出生世代内的成员的某种主观情感并没有随着时间而发生明显变化，我们就可以推论说，总的变化实际是由人口更替造成的（世代效应）。当然更常见的情况是总的变化来源于上述两者变化的共同作用，更重要的工作是分析两种原因对总的社会变迁各自的相对贡献。在跨度超过十年的重复截面调查数据中，往往存在很明显的人口世代更替现象，即最早世代的群体逐渐退出样本，而年轻世代则逐渐进入调查数据中，这就为我们分解人们主观态度变化中的时期与世代效应提供了数据条件。

针对隐私安全感的变化，世代更替分析方法具有更为直观的表达。本节提出以下研究假设。假设2：由于所处历史过程及社会环境的差异性，不同出生世代的居民的隐私安全感存在差异；假设3：我国居民十多年来隐私安全感的下降不单纯是个体隐私安全感下降造成的，社会成员的出生世代更替也是其原因之一。

二　数据来源与研究方法

（一）数据来源与变量

本节利用2006年、2008年、2013年、2015年和2017年五期中国社会状况综合调查（CSS）数据，构造跨度为十余年的重复调查样本。本节的因变量是我国居民的隐私安全感。其中五期数据的问卷问题为："您觉得当前社会中以下方面的安全感程度如何？——个人信息、隐私安全。"问卷的答案为1~4赋分，分别表示很不安全、不太安全、比较安全和很安全。本节主要目的是分析时期效应（个体隐私安全感的变化）和世代（世代间的隐私安全感差异）效应，因此核心自变量是调查年份和出生世代。为了保证模型的稳定性，本节剔除了样本量过少的出生世代，最终获得出生于

1937～1999 年的 34754 个样本。

本节分析中没有包含其他解释变量，这是因为影响隐私安全感的因素有可能就是造成世代隐私安全感差异的原因，加入这些变量可能会干扰世代更替作用（Firebaugh & Davis，1988）。比如收入可能会影响人们的安全感，而世代间的收入差异可能就是导致不同世代安全感差异的原因之一，因此在模型中加入收入变量会降低世代更替的总效应值。本节关注的核心是人口更替和时期发展对居民隐私安全感变化的各自作用，而无意解释发生作用的背后机制，因此后续分析中不再讨论其他影响变量。

（二）分析方法

1. 代数分解

将社会变迁分解为世代更替和世代内改变两部分，常用的有两种方法。一种是代数分解方法，另一种是基于回归的线性分解方法。考虑到我国居民的隐私安全感变化趋势，令 P 代表整体的隐私安全感平均值，P_j 代表世代 j 的平均隐私安全感水平，P_{ij} 代表世代 j 中个体 i 的隐私安全感得分。因此给定重复截面数据的隐私安全感平均得分如公式4：

$$P = \sum_i \sum_j \frac{p_{ij}}{N} = \sum_j P_j f_j \, (i = 1, 2, \cdots, n_i; j = 1, 2, \cdots, J) \qquad (7-4)$$

公式4即计算重复数据总体均值的标准计算方法。其中 f_j 表示 n_j/N，即世代 j 的样本量占总体样本量的比重。P_j 通过 f_j 进行加权，各个世代的加权平均值之和就是重复数据总样本的隐私安全感平均得分。因此 P 是 P_j 和 f_j 的函数，当 P_j 或 f_j 发生变化或者两者同时发生变化时，总体隐私安全感均值 P 便会发生变化。f_j 就是世代更替所造成的变化，而 P_j 则指的是世代内（个体）的变化。认为 P_j 的变化与个体态度变化有关，而 f_j 的变化与世代更替有关是分解社会变迁趋势的关键。

Kitagawa（1955）证实了可以用代数分解的方法将总体的变化趋势分为两个部分，一个反映均值差异，另一个是组间构成。对应到趋势分析中，组间构成代表了世代效应，而均值差异则反映了世代内个体隐私安全感的变化。令 P_1 和 P_2 分别代表时点 1 和时点 2 的隐私安全感平均得分，那么根据公式4，P 从时点 1 到时点 2 的变化为：

$$P_2 - P_1 = \sum_j P_{2j} f_{2j} - \sum_j P_{1j} f_{1j} \qquad (7-5a)$$

进一步将公式5a进行代数分解，可以变为：

$$P_2 - P_1 = \sum_j \left[\frac{f_{2j} + f_{1j}}{2} \right] (P_{2j} - P_{1j}) + \sum_j \left[\frac{P_{2j} + P_{1j}}{2} \right] (f_{2j} - f_{1j}) \tag{7-5b}$$

其中 $P_{2j} - P_{1j}$ 表示对世代 j 在时点 1 和时点 2 的样本量加权平均后的时期（个体）效应，即隐私安全感变迁总趋势中由个体隐私安全感变化引起的部分；$f_{2j} - f_{1j}$ 则表示对世代 j 在时点 1 和时点 2 的平均隐私安全感得分加权平均后的世代效应，即隐私安全感变迁总趋势中由人口更替所导致的部分。将样本中所有世代（cohort）的时期效应和世代效应分别进行加总，以此获得总体中世代和时期各自在变迁中的效应值（Gupta，1978）。

2. 线性分解

代数分解的方法简单易行，但也存在一些问题。首先，代数分解时期效应和世代效应两部分并不那么直接，是一种粗略的（crude）估计；其次，由于人口更替可能会导致一些世代退出或进入样本，代数分解会错误地将这些世代的变化全部归于世代效应，因此很容易高估世代效应（Fox & Firebaugh，1992）。因为调查年份之间的间隔是定量间隔，Firebaugh 和 David（1988）提出了另外一种可行的分解方法——基于回归的线性分解，将调查年份出生世代作为变量纳入模型，线性分解将出生年份看成连续变量使用，而不需要合并成几个世代大类，并用此方法分析了在美国白人种族歧视减弱的过程中，自身态度改变和世代更替各自的作用。设想一个成年人口的频率分布，其中 X 轴是世代/队列（出生年份）。这种分布以每年大约一年的速度向右移动，也就是说，人口的平均出生年份每年增加大约一年（如果成人的平均年龄在增加，则低于每年一年；如果平均年龄在减少，则高于每年一年）。"世代更替成分"一词是指人口分布右移趋势的部分。

线性分解第一步是利用回归来估计世代内的时期变化，这里假定世代内的斜率是线性（linear）和平行/叠加（additive）的，所以我们用以下方程来估计世代内的时期（调查年份）变化：

$$Y_{it} = b_0 + b_1 YEAR + b_2 COHORT + e \tag{7-6}$$

其中 Y_{it} 表示在第 t 次调查中第 i 个受访者的隐私安全感得分，b_1 是在控制了世代变量之后，我国居民隐私安全感在不同调查年份的变化（个体隐私安全感的变化）；b_2 是在控制了调查年份之后，我国居民隐私安全感在不同世代间的差异（世代更替作用）。

线性分解的第二步是利用公式 6 中的斜率来估计世代内的改变和世代

更替对总的隐私安全感变迁的贡献。因为 b_1 估计的是每个调查年份世代内的改变，为了估计世代内改变（时期效应）对社会变迁总的贡献，我们需要将 b_1 乘以从第一次调查到最后一次调查的间隔年数：

$$估计世代内变化贡献 = b_1(YR_t - YR_1) \qquad (7-7a)$$

其中 YR_t 是最后一次调查年份的隐私安全感均值得分，YR_1 是第一次调查年份的隐私安全感均值得分。同样为了估计世代更替的贡献，我们把 b_2 乘以从调查 1 到调查 t 内样本出生年份的均值改变：

$$估计世代间变化贡献 = b_2(C_t - C_1) \qquad (7-7b)$$

其中 C_t 是最后一年调查样本中的平均出生年份，C_1 是第一次调查样本中的平均出生年份。由于方程中误差的存在，这两部分加起来永远不会恰好等于总变化，总会略低于或略高于真实变化值，但差别不会很大。如果差别很大，则线性 – 叠加假设（Linearity-Additivity Hypothesis）就有问题，我们只能够采用代数分解而非线性分解。[①]

本节基于两种方法将隐私安全感变迁趋势分解为个体隐私安全感的变化和人口世代更替效应，首先使用代数分解结果作为参考，其次再利用线性分解方法估计世代更替和个体转变各自起到的作用。

三　分析结果

要研究世代更替对隐私安全感变迁的影响，首先要确保调查数据具有人口更替性质，即不同世代的样本在总样本中的比例会因为人口出生和死亡的影响而不断变化，且不同世代之间的隐私安全感具有差异（Firebaugh，1989）。表 7 – 4 展示了五期调查数据的出生世代变动情况。在间隔十多年的数据调查中，除了 1970 年代出生的人比例没有明显变化外，其余出生世代的比例均有变化，其中 30 后至 60 后所占的比例都显著下降，30 后在 2013 年退出了调查样本，而 80 后和 90 后所占比例则明显上升，90 后在 2013 年进入了调查样本。CSS 数据表现出了明显的人口世代更替现象，这为我们分解时期效应和世代效应提供了良好的数据条件。

---

① 方程 7a 和 7b 两部分相加等于总的社会变迁的证明请参见格伦·菲尔鲍（2012）。

表 7 - 4　CSS 2006~2017 年调查数据人口出生世代构成及变化

单位：%

出生世代	2006 年	2008 年	2013 年	2015 年	2017 年	2006~2017 年
1930	3.72	1.01				-3.72***
1940	15.92	14.22	9.57	6.31	3.76	-12.16***
1950	23.43	22.89	20.5	20.77	21.84	-1.59*
1960	27.63	28.88	24.33	24.24	24.45	-3.18***
1970	20.09	20.18	22.4	22.95	20.88	0.79
1980	9.21	12.08	15.9	16.1	15.61	6.4***
1990			7.29	9.63	13.46	13.46***

注：1930 指的是 1930~1939 年出生的群体，其余世代与之相同。*** $p < 0.001$，** $p < 0.01$，* $p < 0.05$。下同。

（一）隐私安全感总体变化趋势

调查研究结果表明十多年来我国居民隐私安全感一直在下降，这初步验证了我们的假设 1。我国居民 2006~2013 年安全感的下降速度明显较快，而后下降速度有所放缓，但整体上仍处于下降态势，这在一定程度上说明了我国隐私安全感形势的严峻性（见表 7-5）。

（二）不同出生世代的隐私安全感

我国居民隐私安全感总体上呈现下降趋势，那么不同世代之间的安全感是否存在差异？我们首先通过世代表加以分析。世代表具有特殊的含义，其中将世代作为行变量区分了基于个人改变和基于总体改变的社会变迁，行变量代表了个体安全感的真实变化，而行与行之间的差异则来源于世代差异（菲尔鲍，2012）。为了直观展示不同世代之间的差异，我们将问卷中选择非常安全和比较安全的被调查者视为认同隐私是安全的，表 7-5 展示了不同出生世代认为隐私是安全的比例。首先观察行变量，我们发现每个世代的隐私安全感均呈现下降趋势，其中 1940~1980 年代出生的群体隐私安全感下降均超过了 20%，而且这种下降趋势具有统计显著性，这就说明在十多年间个体的隐私安全感的确是在下降，时期效应发挥了重要的作用。其次再从纵向观察，我们发现越年轻的出生世代，认为隐私是安全的比例越低，而且这一情况在五期调查数据中均存在，80 后、90 后的隐私安全感明显低于之前出生的世代，而 30 后、40 后的隐私安全感则最高。加之五期重复截面数据又具有明显的世代更替现象，这提示我们隐私安全感的下降不仅仅是个人隐私安全感下降造成的，还有世代更替的影响。比如1940年代出生的群体，虽然隐私安全感从0.91下降到了0.70，但仍远高于0.50的80后、90后群体，年轻世代群体在样本中的比例不断提高，势必会拉低整体的安全感比例。

表7-5　不同出生世代的隐私安全感构成

出生世代	2006年	2008年	2013年	2015年	2017年	总变化
1930	0.91	0.83				-0.08**
1940	0.91	0.87	0.79	0.81	0.70	-0.21***
1950	0.90	0.85	0.78	0.76	0.69	-0.21***
1960	0.87	0.85	0.72	0.72	0.65	-0.22***
1970	0.85	0.81	0.65	0.64	0.57	-0.29***
1980	0.80	0.74	0.59	0.49	0.50	-0.30***
1990			0.59	0.48	0.50	-0.09***

（三）不同世代隐私安全感的均值变化

通过世代表的隐私安全感结构分解，我们得知不同世代隐私安全感存在明显差异。为了进一步探索世代间的隐私安全感差异，我们将隐私安全感换算成1~4得分，计算不同世代的平均隐私安全感得分。图7-10清晰地展示了出生年份（世代）间隐私安全感平均得分的变化。从1937年最早的出生群体开始，我国居民的隐私安全感随着出生队列的后延，一直呈现明显的线性下降趋势。[①] 图7-11则进一步展示了不同出生世代群体的隐私安全感变动情况。我们发现整体上各个出生世代群体的隐私安全感均呈现明显下降趋势。但是各个世代隐私安全感存在差异，其中越早出生的世代，其隐私安全感越高，这种世代间的隐私安全感梯度在十多年间都十分明显，80后、90后的隐私安全感在历次调查中均最低。

通过世代表分解和隐私安全感平均得分的分析，假设2得到了验证，即不同出生世代之间的隐私安全感存在差异。这再一次提示我国居民十多年来的隐私安全感总体变化至少有一部分是人口世代更替所造成的。虽然图7-10显示十多年来我国居民整体的隐私安全感一直处于下降趋势，但要确定隐私安全感整体的下降趋势有多大成分是由世代更替造成的，还需

---

① 本研究亦对5期数据子样本分别进行了分析，均得到与总体数据趋势较为一致的结论。

将总趋势加以分解。

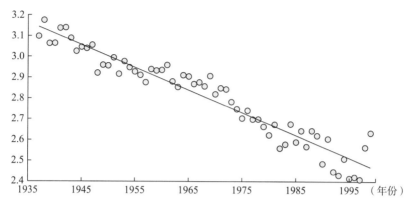

图 7 - 10　不同出生年份群体的隐私安全感

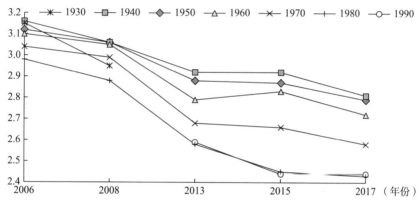

图 7 - 11　各出生世代十多年间的隐私安全感变化

（四）隐私安全感变化趋势分解

我们通过世代表和均值趋势图发现，不同世代之间的隐私安全感得分均呈现单调下降趋势，这符合线性分解的要求（线性 - 叠加假设）。我们首先使用代数分解方法，大致分解世代内变化和世代更替作用，其次对世代作用和时期作用进行线性分解。

1. 代数分解

我们以常用的 10 年为时间间隔标准将总样本进行世代划分。共得到1930、1940、1950、1960、1970、1980、1990 七个出生世代，并通过公式5b 计算所得结果如下：

$$P_{2017} - P_{2006} = \sum_j \left[\frac{f_{2006j} + f_{2017j}}{2} \right] (P_{2017j} - P_{2006j}) + \sum_j \left[\frac{P_{2006j} + P_{2017j}}{2} \right] (f_{2017j} - f_{2006j}) \quad (7-8)$$

上式中 j 表示七个世代。通过代数分解计算所得，我国居民整体隐私安全感从 2006 年到 2017 年降低了 0.47，其中个人隐私安全感降低了 0.27，而世代更替导致隐私安全感降低了 0.20。世代更替效应比重为 $-0.20/(-0.27 - 0.20) = 0.426$。也就是说，世代更替在我国居民十多年来的隐私安全感下降趋势中贡献了 42.6% 的作用。

诸如前文所述，代数分解可能存在两个问题。一是代数分解仍是比较粗略的分解估计，由代数分解可得，我国居民十多年来隐私安全感下降了 0.47，而通过 2006 年和 2017 年样本隐私安全感均值计算，十多年来我国居民隐私安全感同样下降了 0.47，代数分解在估计我国居民隐私安全感的下降总趋势时，得出的结果比较精确。不过更重要的是代数分解可能高估了世代更替作用，因为 1930 年代出生的群体在 2017 年已经退出样本，而 1990 年代的群体在 2006 年还没有进入样本，但代数分解会将世代的进入和退出所造成的变化全部归于世代效应（这其实是有问题的，因为 1930 年的世代隐私安全感得分有可能下降，但不会下降为 0），因此世代效应很有可能被高估了，我们仍需要使用线性分解方法进行更为精确的估计。

2. 线性分解

由于本研究的因变量取值为 1～4，应该选用序次回归模型。不过序次回归模型解释并不方便，因此本研究采用线性回归模型加以分析（Yang，2008），并将 Oprobit 模型的结果予以同时呈现，以验证线性模型的稳定性。我国长期的城乡二元结构，导致城镇和农村居民在职业、经济收入、社会保障以及福利等方面都存在很多差异，这些差异可能会导致不同的隐私安全感变化，因此我们也将样本分为农村和城镇两个子样本，以探索各自的变化情况。

表 7-6 呈现了基于回归模型的线性分解趋势，其中 OLS 结果与 Oprobit 模型结果保持了一致，为了利用线性分解方法，我们对 OLS 回归模型结果做进一步分析。首先看总模型，在控制了世代差异后，我国居民隐私安全感随着年份的增加而下降，这进一步验证了我们的假设 1，即十多年来我国居民隐私安全感总体上呈现下降趋势；而在控制了年份后，随着世代的后延，隐私安全感也呈现下降趋势，即越往后的出生世代，隐私安全感越低。分城乡来看，城镇和农村居民的隐私安全感变化趋势同总样本保持了一致，

不过城镇居民的隐私安全感下降要多于农村居民，世代更替效应在农村居民中的作用更大。总模型以及分样本模型都证实了不同出生年份的群体隐私安全感存在显著差异。调查年份的变动（个体隐私安全感的变化）和出生世代（世代更替效应）均在总的变化趋势中发挥了作用。但我们仍然不清楚个体隐私安全感改变与世代更替效应哪一个更重要。

表 7-6　线性分解趋势

自变量	总样本		农村		城镇	
	OLS	Oprobit	OLS	Oprobit	OLS	Oprobit
	（N = 34754）		（N = 22109）		（N = 12592）	
YEAR	− 0.037	− 0.054	− 0.036	− 0.055	− 0.051	− 0.072
COHORT	− 0.008	− 0.011	− 0.009	− 0.013	− 0.006	− 0.009
COHORT^2						
（伪）R^2	0.07	0.03	0.08	0.03	0.10	0.02
Loglike		− 38105.24		− 23059.449		− 14035.519

注：所有系数都显著，$p < 0.001$。

为了验证这一点，我们利用公式 7a 和 7b，分别计算个体改变和世代更替作用，并将结果呈现在表 7-7 中。表 7-7 显示，无论是总样本还是子样本，我们利用线性模型所计算的总的变化与隐私安全感十多年的均值变化得分非常接近，证明了线性分解在研究我国居民隐私安全感变化方面的适用性。

表 7-7　居民隐私安全感变化分解

2006 ~ 2017 年	总样本	农村	城镇
隐私安全感均值变化	− 0.47	− 0.44	− 0.59
a. 世代内变化	− 0.40	− 0.39	− 0.56
b. 世代更替	− 0.07	− 0.08	− 0.05
（a + b）/均值变化（%）	100	106	103

注：$a = b_1 YEAR \times (2017 - 2006)$；$b = b_2 COHORT \times$（平均出生年差值）。

具体来看，总样本中世代更替效应在人们隐私安全感下降过程中的贡献为 14.89%［− 0.07/（− 0.07 − 0.40）］。因此世代更替对隐私安全感的下降起到了一定作用。也就是说，出生世代越晚安全感越低，晚出生世代的样本量逐渐增加，拉低了总样本的隐私安全感水平。分城乡看，农村居民样本中的世代更替效应为 17.02%，而城镇居民的效应为 8.20%，说明城镇居民隐私安全感的下降快于农村居民，世代更替效应在农村居民的隐私安全感下降过程中作用更为明显。线性分解验证了我们的假设 3，即社会成员的出生世代更替会导致人们隐私安全感的变化。

四　总结与讨论

本节通过 CSS 2006～2017 年五期全国调查数据，从时期和世代视角对我国居民隐私安全感十多年来的变动趋势进行了分析。通过代数分解和线性分解两种方法，我们分解了居民隐私安全感趋势中个人改变和世代更替各自的相对作用，得出以下结论。

首先，我国居民十多年来的隐私安全感一直呈现下降趋势。通过 CSS 数据比较，2006～2017 年，我国居民隐私安全感得分从 3.09 下降到 2.62，且选择安全的比例从 87.32% 跌落到 60.07%。根据十多年来的数据分析，我国居民的隐私安全感状况一直在下降，这需要引起社会的警惕。

其次，我们发现隐私安全感的持续下跌主要源于人们真实安全感的下降。个人隐私安全感的下降是十多年来人们隐私安全感下降趋势的主要原因，但是世代更替也起到了重要作用。总体上看，人口的世代更替在人们隐私安全感的下跌中发挥了 15% 左右的作用。其中在农村居民中的作用更明显，达到了 17% 左右，在城镇居民中也发挥了 8% 左右的作用。

本研究存在一定的局限性。首先，限于篇幅，本研究的着重点是从方法上分解人们态度的转变和世代更替的各自作用，没有对背后作用的发生机制进行探讨。其次，世代表和代数分解均以 10 年为一个世代，我们假设世代内的群体具有同质性，但世代内的个体仍然会存在异质性，这在一定程度上损耗了研究的精确性。

本节从数学和统计角度对我国居民十多年来隐私安全感的变动趋势进行了再分析，通过分解世代更替效应，尝试对我国居民隐私安全感的变化趋势进行更为精准的把握。通过分析，我们发现人口的世代更替现象确实在我国居民隐私安全感变化过程中发挥了作用，人们十多年来的隐私安全感下降不仅仅源于人们关于隐私态度的转变，人口世代更替也是重要的因素。最后，世代更替分析只揭示了不同世代的隐私安全感差异及在总趋势中的贡献，并不能解释差异的来源，本节的研究仅是一种开始和尝试，也期待后续的研究能够进一步揭示影响人们隐私安全感的深层机制。

第三节 "均"与"寡"阶段性变动下
中国居民公平感的变迁

习近平总书记在 2017 年和 2018 年先后讲道，"放眼世界，我们面对的是百年未有之大变局"，"当前，我国处于近代以来最好的发展时期，世界处于百年未有之大变局，两者同步交织、相互激荡"。大变局往往意味着重大发展机遇，同时也面临重大挑战。如何赢得机遇实现更好的发展，如何"化危为机"，是当下中国必须解决的难题。居安思危是中国应对风险的哲学，在中华民族的历史长河中，中国人一次次化解风险，临危求变，以智慧赢得社会发展。千百年来中国人追求富裕的努力从未停止，同时，防范主观风险的意识也没有放松过。当前，在消除绝对贫困后，一个突出的问题就是如何消除不公平感。应该说共同富裕政策的提出在一定意义上是面对这一问题，但共同富裕并非"均富"，这一目标除了客观的社会经济指标外，更重要的是主观的社会心理尺度，取决于人们对"共同富裕"与"均富"差异的理解。因此，了解不同历史时期人们的公平感受及其演变规律就显得很重要，成为共同富裕目标实现在社会心理意义上的政策支点。

一 文献回顾

（一）公平感及相关概念

社会公平体现了人类共同的价值追求，是衡量社会进步的重要尺度（李迎生，2019），实现公平、正义是民众的需要，也是社会治理的目标。公平、正义是心理学、社会学、政治学等学科的重要议题，相关的概念还有平等、公正等。平等指人们享有同等的人格、基础资源、基本权利、重要能力和社会地位无差别的结果或状态，是拥有"社会基本品"的平等。按照罗尔斯的观点，公平与正义是不可分割的，公平就是按照相同的原则分配公共权利和社会资源，将平等的结果和公平的程序完美结合起来的理想状态便是社会正义（俞可平，2017）。

社会公平要求确立一套分配资源和权利的客观标准和程序（俞可平，2017），但公平感是民众对社会公平程度的主观评价。不同的学者在讨论公平感时存在差异，有的理解为对公平的感知（Messé & Watts，1983；刘欣、胡安宁，2016；郑雄飞、黄一倬，2020），有的理解为对公正的感知（胡小勇等，2016；薛洁，2007），有的理解为对平等的感知（栗治强、王毅杰，2014；李路路等，2012）。本节的公平感指的是对社会总体平等状况的感受（sense of fairness）。

（二）社会变迁与公平感

社会学家什托姆普卡认为不同的社会过程因其时代、社会事件等不同而表现为不同的社会变迁形态，从社会发展的角度可以考察其是否有发展和进步（什托姆普卡，2011），社会进步意味着社会应该表现得更加公平。一些学者认为西方社会的经济发展没有带来相应的社会进步，是一种"扭曲的发展"，典型的表现是收入和财富分配严重偏斜（米奇利，2009），而经济不平等被称为"一种危险且不断增长的不平等"（沙伊德尔，2019）。国家之间、地区之间、不同群体之间都存在不平等，除了个人财富外，受教育程度、个人权利等也体现出不平等，不平等引发了诸多社会和心理健康问题，消除不平等是全球面临的难题。改革开放以来，中国的贫富差距也在不断拉大（葛和平、吴福象，2019；吴忠民，2005；孙立平，2007）。随社会变迁而来的公平问题是社会治理不得不面对的严峻挑战，"十四五"规划中明确提出"共同富裕"是新发展阶段的目标（王灵桂，2021），共同富裕的推进将直接面对这一世界难题。"共同富裕"以经济、社会的客观指标来衡量，更重要的是受国民公平感受的影响。

几千年来中国文化有"均贫富"的平均主义心态（陆震，1996；王晓青，2013），这是中国历史上一种独特的社会正义。传统的公平观念被概括为"不患寡而患不均"（张志学，2006；周钦等，2018）。陆震（1996）认为"均贫富"是中国历史传统中很古老的平均主义思想，"均贫富"并非人人均等，而是在等级内部的"均贫富"，是建立在一定的社会等级差别之上的等级平均主义。何蓉（2014）考察了中国历史上"均"的含义与社会正义观念的关系，发现先秦时期"均"是明确的等级秩序，贵贱高低不同所得惠利、所负义务也有所不同。孔子在《论语·季氏》中曾说，"有国有家者，不患寡而患不均，不患贫而患不安。盖均无贫，和无寡，安无倾"。与孔子的思想类似，孟子思想中的"均"也并非绝对平均，而是在既定等级秩序下的整体上的合理、有度。但社会下层中一直存在实现绝对平均主义的愿望，从唐朝中后期开始，"均"在社会思想和社会运动中变得显著起来，农民运动的口号与纲领中出现了均分财富与土地的要求。历代农民起义中许多是以"均贫富"的绝对平均主义为主张唤起民众参与的，如北宋王小波的"吾疾贫富不均，今为汝均之"，明朝李自成起义喊出"等贵贱，均田免粮"的口号（张宜民，2020）。"均贫富"观念与佛教传入中原有关，佛教带来了超出人伦秩序的平等观念，促成了唐宋以后中国社会的平等思想。因缺乏权利意识的平等而表现为追求财富平均分配的理想，形成了对等级、差异的道德义愤，对等级制度的破坏冲动（何蓉，2014）。"均贫富"的含义也从关注人伦秩序、社会团结变为强调分配结果的平均主义的理想的中国特有的稳定的社会心态结构，所包含的社会心智或精神气质已经深深地植根于中国的文化与大众心态之中（何蓉，2014）。不同历史时期，根植于社会中的这种"均贫富"心态成为社会变革的动力，也成为各个时期的社会风险。不同时期的统治者和管理者都意识到"不均"的危害，在"均富"无法实现的情况下，努力避免"不均"，而"寡"成为可接受的了，于是中国历史的变革都是在"寡"的背景下去求"均"，多数时期由于社会成员多数为"寡"，"不均"就没有那么突出，社会主观危机并不凸显。

但从 20 世纪初开始，中国社会发生了一系列重大的变化，这些变化反映在"寡"与"均"的显著变化上，特别是在新中国成立后独特的发展路径使"寡"与"均"的特质发生了快速的阶段性变动。中华人民共和国成立初期，中国社会经济十分落后，人民生活极端困难（于昆，2014），广大民众仍处于"寡"的状态；新中国成立后到 1952 年底是国民经济恢复时期，首先进行了新民主主义社会建设（陈文通，2021），之后的社会主义制度推进了社会财富平均分配。直到人民公社制度下实行"平均主义"，人和人之间的地位和财富差距极大地缩小，实现了真正的"均"，即从"寡"且"不均"到生活有所改善后的"均"的状态；但是长期的平均主义分配模式阻碍了社会生产（张志学，2006），到"文化大革命"结束，人民生活水平下降，国民经济陷入崩溃的边缘（陈东林，2008），典型的"均"的状态下表现出新的危机。为了化解这种危机，中国实行改革开放、市场经济，打破了"大锅饭"制度，提倡引入竞争机制，并明确提出"让一部分人先富起来"，但长远的目标是逐渐实现共同富裕。之后，国家经济长期高速增长，一方面人民生活水平普遍提高，另一方面贫富差距也在不断拉大，呈现逐渐"不寡"但"不均"的模式。到 2020 年中国完成了消除绝对贫困的艰巨任务，标志着真正达到了"不寡"的社会状态，但"不均"依然存在。在这样的主观危机下，政府确定的未来社会的目标是推动共同富裕，通过长期努力达到"不寡"且"均"的"均富"社会形态。如图 7 - 12 所示，中华人民共和国成立前后至今，社会的发展经历了两个维度三个阶段，一个是经济维度上的"寡—寡—不寡"，一个是分配维度上的"不均—均—不均"，那么两个维度上的公平感是如何变化的？经历了几十年经济增长由"寡"到"不寡"和财富分配模式由"不均"到"均"，再到"不均"的剧烈变动后，民众的公平感知和评价发生了怎样的变化？显然，共同富裕并不是平均主义，也不是"均贫富"，公平感现状将可能影响到从传统"均贫富"理念到共同富裕理念的过渡，共同富裕的推行是否会使民众"均"的感受增强？

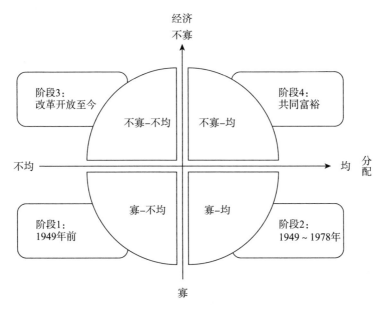

7 - 12　不同经济发展水平和财富分配模式下"寡"与"均"的阶段性

（三）公平感的研究视角和方法

国内公平感的研究始于 20 世纪 80 年代后期，并在 2000 年之后开始受到重视，最初的研究多在讨论组织管理中的公平感（张永山，1992），后逐渐转向对社会整体公平状况的评价。① 公平感的研究有宏观与微观两个视角，宏观的公平感也称为社会公平感（胡小勇等，2016；张书维，2017），是

---

① 以"公平感"为关键词在中国知网检索会发现 1600 多篇文献，始于 1988 年，但数量很少，每年一两篇，到 2002 年增加到 11 篇，之后逐年增加，到 2011 年达到了 112 篇，之后保持在每年 100 篇以上，2017 年达到了 141 篇的最高峰，检索日期为 2020 年 11 月 29 日。

对全社会范围内的资源分配状况是否公平合理的评价（Brickman et al.，1981；李炜，2016）。社会学对公平感的研究多采取宏观视角，并用大样本问卷调查的方法了解民众对社会整体公平状况的评价（李炜，2019；许琪等，2020）。微观的公平感则是个人对具体领域的公平感知，如对收入所得是否公平合理的评价（Brickman et al.，1981；李骏、吴晓刚，2012；李莹、吕光明，2019；王元腾，2019），个人获得教育（孙百才、刘云鹏，2014）、就业（田志鹏，2020）、医疗（何晓斌等，2020）、媒介使用（朱斌等，2018）等资源的机会是否公平，以及在不同情境下对结果公平和程序公平的评价（张光等，2010）。心理学更多采取微观视角，并集中在组织公平感领域（隋杨等，2012；赵书松等，2018；周浩、龙立荣，2015），倾向于在一定的实验情境下研究公平感（孙倩等，2019；吕飒飒等，2021；徐富明等，2016；张书维，2017），随着社会心理学对社会阶层问题关注的加深，也有学者开始关注宏观的社会公平对个体心理的影响（郭永玉等，2015）。

　　无论是微观还是宏观研究视角，多数是对公平感及其影响因素的静态考察，而近年来有学者开始注意到公平感变迁的问题，例如，有学者关注了公平感结构和公平感总体评价的变化，分析了 2006～2017 年的 CSS 数据，发现对社会公平的总体评价在 2013 年出现下降后又上升（李炜，2019）；还有学者根据 CGSS 2005 和 CGSS 2015 的调查分析了市场化与公平感变化之间的关系，发现民众的结果公平感在十年间有明显提升，机会公平感则出现了明显的下降（许琪等，2020）。少量研究所得到的结论存在不一致，而且也没有反映"均""寡"的现实变化对公平感的影响。

　　目前公平感的研究比较忽视历时性视角，但研究社会变迁下的公平感变化意义重大，公平感在一定程度上反映了社会的公平、平等和正义状况，其变化是对社会发展质量的检验，关系到未来社会治理策略的优化。我国经历了"均"与"寡"阶段性变化，这些不同阶段的经历将会在个人的生命历程中打下烙印，个体生命历程嵌入历史的时间和他们在生命岁月中所经历的事件之中，同时也被这些时间和事件所塑造（Elder，1974）。因此，本节引入了生命历程理论，这一理论试图找到一种将生命的个体意义与社会意义相联系的方式，而时间维度是寻找这种联结的重要方向（包蕾萍，2005）。社会变迁涉及三种时间维度：年龄、时期和世代或队列。三者虽然均为时间维度，但所代表的意义是不同的。年龄效应代表了个体的生命周期阶段，是受生理意义上的力量的影响；时期效应是由某个时期的瞬时作用引起，包括特殊历史事件、社会经济环境的改变以及科技发展等（李婷，2018）；出生队列（世代）指的是出生在相同年代的一批人，他们在相同的生命阶段经历了共同的社会变革和历史事件，社会变迁在他们身上形成了集体历史烙印，并逐渐产生缓慢的累积效应，因此同一出生队列在主观感受和价值观念上就存有某种共性。相应地，任何历史事件对生命历程的影响也依据队列所处生命阶段的不同而不同（Elder，1974），这造就了独特的"队列效应"或"世代效应"。公平感的队列差异本质上就是对社会变迁的主观反应，也代表了个体成长经验效应，包含了早期生命经验和后期连续暴露于历史和社会因素所带来的总体效应，通过队列这个时间维度可以呈现国家力量、社会变革和历史发展对个体公平感的影响。

因此，基于中国人几千年来"均贫富"的心态以及近几十年我国社会"均"和"寡"的阶段性剧烈变化，本节拟通过多期中国综合社会调查数据，从纵向视角对我国居民公平感的时代变化进行探究。考察居民公平感在年龄、时期和出生队列维度上的整体变化趋势，同时也考察这种变化趋势的群体差异，并结合宏观层面"均"和"寡"的社会变化特征试图对公平感的时代差异进行阐释。

二 数据及方法

（一）数据与样本

本研究将中国人民大学的中国综合社会调查（CGSS）2010年、2011年、2012年、2013年、2015年数据和中国社会科学院的中国社会状况综合调查（CSS）2006年、2008年、2013年、2015年、2017年数据进行合并，获得跨度为12年的重复截面数据，以考察公平感在时期维度上尽可能长的变动性。还通过队列比较的方法，使出生队列从时间维度上延展至新中国成立以来的历史过程。为了保证模型稳定性，本研究保留了18~90周岁的调查群体，在剔除缺失数据后，获得CGSS数据45042个，CSS数据41702个，共获得有效样本86744个。考虑到两份调查的抽样框不尽相同，本研究创建了一个二分类变量纳入模型以控制CGSS与CSS数据之间的差异性（陈云松、范晓光，2016）。本研究也对两份数据在2013年和2015年的公平感进行了单独描述分析，发现分布较为一致。

（二）因变量

本研究因变量是我国居民的公平感。该问题在CGSS中为"总的来说，您认为当今的社会公不公平"，在 CSS 中是"您觉得在当前社会生活中以下各方面的公平程度如何？——总体上的社会公平状况"。CGSS 的回答为 1"完全不公平"，2"比较不公平"，3"说不上公平不公平"，4"比较公平"，5"完全公平"；在 CSS 中，2006 年的选项为 1"很不公平"，2"不大公平"，3"比较公平"，4"很公平"，5"不大确定"，2008 年中 5 为"不清楚"，2013～2017 年中 5 表示"不好说"。为了计算和解释的方便，对 10 期数据进行重新编码，将"说不上公平不公平"、"不清楚"和"不好说"合并为 3①，即 1"非常不公平"、2"比较不公平"、3"一般"、4"比较公平"、5"非常公平"。

（三）自变量

由于本研究主要探讨公平感在时间维度上的变化，因此年龄、时期和出生队列是核心自变量。已有研究对年龄和公平感之间的关系存在争议，有学者认为年龄大的人更倾向于对不公平行为持正向态度（张海东、毕婧千，2014），但有学者则认为，受到计划经济时期平均主义政策的影响，"年龄较大的人认可较少的不平等，因此其公平感会低于年轻群体"（李骏、吴晓刚，2012），还有学者认为公平感同年龄的关系是非线性的，老年人和年轻人的公平感要高于中年群体（怀默霆，2009）。为了验证两者的关系，本研究使用年龄以及年龄平方作为自变量，以验证年龄同公平感是否存在非线性关系；②时期变量包括 2006 年、2008 年、2010 年、2011 年、2012 年、2013 年、2015 年、2017 年共 8 个调查年份；为了考察中国社会从新中国成立初期的"寡"到社会主义建设中对"寡"的改善，再到改革开放后逐渐实现"不寡"的历史阶段，本研究用队列分析来覆盖历史时期。除了 1931 年之前出生以及 1995 年以后出生的样本量较少，因此各自合并成一个出生队列之外，其余每 3 年合并为一个出生队列，共获得 23 个出生队列。每 3 年作为一个队列既保证了模型可识别性，也尽可能呈现不同出生队列的变

---

① 关于李克特 5 点量表，只有当调查对象按照预期将中间点理解为真正中性含义时，中间点存在才有实质性意义，CGSS 五次调查中使用的中间点为"说不上公平不公平"，我们咨询过调查员，受访者会将其作为中间含义，中间点具有实质性意义。在 CSS 调查中，受访者在不确定时会倾向于选择不清楚、不好说或者不确定（Chyung et al.，2017），但在分析中删除不清楚、不好说和不确定三个选项与保留选项的结果无异，因而本研究保留了所有个案。

② 有研究表明收入和公平感是一种非线性关系（Alves & Rossi，1978），本研究也分别使用了年龄的开方和 3 次方进行拟合，发现纳入年龄及其平方项拟合效果最佳。

异特征。

为了尽可能排除其他因素对时间效应的影响，本研究还纳入了个体层面能够体现"寡"的程度的家庭年收入及其平方项变量，① 除了客观的社会地位外，主观阶层地位也纳入模型中。此外，为了寻找影响公平感的宏观因素，将一些公认的能够反映"均"和"寡"的宏观指标，比如人均 GDP、基尼系数、队列平均收入和队列平均受教育年限也纳入模型之中，实行市场经济后财富分配差距拉大，市场化指数是体现"不均"的重要指标，队列出生人口规模大小意味着同龄人竞争的激烈程度，也可能造成"不均"，因此这两个指标也纳入模型。② 常规控制变量包括户籍性质、性别、婚姻、受教育年限、是否工作、是否为党员以及地区。具体变量描述统计结果如表 7 - 8 所示。

表 7 - 8　使用变量描述统计

变量	M	SD	最小值	最大值
公平感	3.22	1.06	1	5
年龄（岁）	47.37	14.79	18	90
性别（男性 = 1）	0.48	0.50	0	1
婚姻（已婚 = 1）	0.83	0.38	0	1
是否为党员（党员 = 1）	0.11	0.31	0	1
受教育年限	8.57	4.51	0	19
高等教育（接受 = 1）	0.14	0.35	0	1
户籍性质（城镇 = 1）	0.41	0.49	0	1
是否工作（是 = 1）	0.67	0.47	0	1
地区（东部 = 1）	0.41	0.49	0	1
家庭收入（元）	51795	131160	0	9999992
主观阶层地位（低阶层 = 1）	1.53	0.61	1	3
市场化指数	6.73	1.68	- 0.30	10.92
基尼系数	0.47	0.01	0.46	0.49

① 本研究没有采纳个人收入变量，一是因为我国居民主要以家庭为单位，家庭收入能够更好地体现对个人的影响，二是在 CSS 2006 年调查中缺少个人收入的问题。本研究也对个人收入与公平感的关系进行了验证，与家庭收入结论一致。

② 人均 GDP、基尼系数和队列出生人口规模数据来源于国家统计局官方网站和历年《中国人口统计年鉴》，人均 GDP 以 1978 年为基期，并通过 CPI 进行调整；市场化指数参见王小鲁等（2019）。

续表

变量	M	SD	最小值	最大值
人均 GDP（元）	32632	7360	16738	43739
队列出生人口规模（千万）	5.76	1.65	1.73	8.07
队列平均受教育年限	8.57	1.95	4.18	12.88
队列平均收入（元）	51795	14106	28860	83295
队列			1909～1931	1995～1999
时期			2006	2017
数据（CGSS＝1）	0.52	0.50	0	1

（四）使用方法

由于年龄、时期和队列具有不同的内涵，因此本研究将考察公平感在年龄、时期和出生队列维度上的变化趋势，同时考察趋势变化的群体差异。然而，对公平感等主观心态变化的描述，三种时间效应是糅杂在一起的，在分析某种时间维度变化时，必然会混入其他两种时间效应。由于年龄、时期、队列存在完全线性关系（时期＝年龄＋队列），模型设计矩阵为非满秩奇异矩阵，矩阵（X'X）不可逆，因此无法求得模型参数唯一解，即年龄－时期－队列（APC）模型存在"不可识别"难题（Fienberg & Mason，1978）。如果只考虑两种效应，其暗含的假定是剩余的时间效应没有影响，这种假设将导致模型设定有误，最终结果有偏。为了解决 APC 模型"不可识别"问题，近年来研究者们提出了一系列估计方法，其中分层随机交义模型（HAPC）较好地解决了三者共线问题（Yang，2008）。HAPC 模型实质上是分层模型，该模型将出生年份进行队列分组，保证每个队列至少有两个及以上的出生年份，这样年龄就可以被嵌套在出生队列和调查年份中，该方法将调查年份和队列作为第二层变量，而年龄作为第一层变量，三者的共线关系被打破，模型"可识别"。在分层模型中，不同年份和出生队列的随机效应即代表了公平感在时期和队列上的波动趋势。具体模型设定如下。

层一模型：

$$EQUAL_{ijk} = \beta_{0jk} + \beta_1 AGE_{ijk} + \beta_2 AGE_{ijk}^2 + \beta_3 X_{ijk} + e_{ijk}, \ e_{ijk} \sim N(0, \sigma^2) \quad (7-9)$$

层二模型：

$$\beta_{0jk} = \gamma_0 + u_{0j} + v_{0k} + u_{mj} + v_{nk}, \ u_{0j} \sim N(0, \tau_u), \ v_{0k} \sim N(0, \tau_v) \quad (7-10)$$

合并模型：

$$EQUAL_{ijk} = \gamma_0 + \beta_1 AGE_{ijk} + \beta_2 AGE_{ijk}^2 + \beta_3 X_{ijk} + u_{mj} + v_{nk} + u_{0j} + v_{0k} + e_{ijk} \qquad (7-11)$$

其中 β_{0jk} 表示第 j 个时期和第 k 个队列公平感的平均得分；β_1 为年龄系数，β_2 为年龄平方系数，β_3 表示层一其他自变量的固定系数，X 表示自变量，u_{mj} 和 v_{nk} 分别表示时期上的宏观变量（如市场化指数）和队列上的宏观变量（如队列出生人口规模）；e_{ijk} 是个体层面的随机误差，表示个体 ijk 与所在组平均值的差异，假定服从均值为 0、方差为 σ^2 的正态分布；γ_0 代表总截距，表示当时期和队列随机效应取均值，其余自变量为 0 时的总平均值，反映了公平感的总体平均得分；u_{0j} 为队列效应取均值时，时期 j 的随机效应，假定服从均值为 0、方差为 τ_u 的正态分布；v_{0k} 表示时期效应取均值时，队列 k 的随机效应，假定服从均值为 0、方差为 τ_v 的正态分布。$u_0 + \gamma_0$ 即公平感在时期上的总体变动趋势，而 $v_0 + \gamma_0$ 则代表了公平感在队列上的总体变动趋势。

本研究的因变量公平感是定序变量，分值越高代表公平感越强。对应的是序次 Probit 或 Logit 分层回归模型，但线性分层模型的解释更具有直观性（Ferrer-i-Carbonell & Frijters, 2004）。在分析过程中，线性模型结果同 Logit 模型结果近似，考虑到序次模型结果解释比较复杂，依照统计简约性原则，本研究采用线性分层模型进行分析（见表 7 – 9）。

表 7 – 9　模型 2 序次 Logit 回归模型结果

	估计系数	标准误	t 值	p
固定效应				
年龄	0.124	0.008	14.06	< 0.001
年龄平方	0.043	0.004	9.73	< 0.001
男性	0.036	0.013	2.68	0.007
已婚	− 0.044	0.019	− 2.25	0.024
党员	0.118	0.022	5.20	< 0.001
有工作	0.131	0.015	8.32	< 0.001
受教育年限	− 0.017	0.002	− 8.68	< 0.001
城镇居民	− 0.247	0.016	− 15.27	< 0.001
东部地区	− 0.166	0.013	− 12.09	< 0.001
家庭收入	0.071	0.016	4.36	< 0.001
家庭收入平方	− 0.004	0.001	− 4.63	< 0.001

	估计系数	标准误	t 值	p
低阶层	-0.685	0.029	-23.59	<0.001
中阶层	-0.198	0.028	-6.86	<0.001
CGSS	-0.542	0.019	-27.63	<0.001
截距项 1	-2.541	0.111	-22.88	<0.001
截距项 2	0.885	0.110	8.03	<0.001
截距项 3	1.481	0.110	13.43	<0.001
截距项 4	3.578	0.111	32.19	<0.001
随机效应				
时期方差	0.198	0.053	3.68	<0.001
队列方差	0.003	0.002	1.77	0.038

（五）分析策略

本研究在控制了个体层面的人口学和社会经济变量对公平感的影响后，利用 HAPC 模型以期能够获得年龄、时期和队列三个时间维度对公平感的纯粹效应，并在分析过程中逐步引入市场化指数、队列出生人口规模等时期和队列层面可以量化的指标，以验证公平感变迁是否受到这些宏观因素的影响，当这些因素无法消除公平感在时间维度上的差异时，则进一步基于新中国成立以来"均寡"变化的历史事实，借以推断"均寡"社会变迁对主观公平感知的影响。

此外，由于所处社会位置和拥有的社会地位不同，即使是同年代的不同群体在面临社会财富变动时，其面临的机遇和财富获得也会存在很大差异，比如相对于没有接受过高等教育的群体而言，在改革开放后接受过高等教育的群体在财富获得方面就更具有优势。从生命历程视角看，这些差异会影响到群体后续的生命结果，并有可能表现为公平感知的群体差异性。在我国，城乡差异以及接受高等教育的区别一直是影响居民财富分配和获得的重要因素，因而本研究在探讨了居民公平感的总体变化趋势后，进一步利用 HAPC 模型从城乡和是否接受高等教育两个方面讨论公平感的群体性差异，借以探索"均寡"社会变迁的历史事实对不同群体产生的效应差别。

三　分析结果

（一）总体趋势

分层随机交叉模型结果如表 7 - 10 所示。模型 1 为基准模型，纳入了年龄、年龄平方、性别、婚姻、是否为党员、受教育年限、户籍性质、是否工作以及地区等基本变量，并将时期和队列作为随机效应放入第二层。年龄及其平方项对公平感的影响都是显著的，这表明公平感与年龄之间存在非线性关系，而时期和出生队列的随机方差也同样显著（$\tau_v = 0.009$，$p = 0.034$；$\tau_u = 0.002$，$p = 0.019$），说明居民公平感存在显著的时期和队列差异。为了更好呈现公平感在年龄、时期和队列上的波动趋势，本研究以图的形式进行展示。

表 7 – 10　HAPC 模型分析结果

自变量	模型 1	模型 2	模型 3	城乡模型	教育模型
固定效应					
层一变量					
截距	3.361***	3.537***	3.073	3.355***	3.279***
年龄	0.068***	0.068***	0.031	0.083***	0.070***
年龄平方	0.028***	0.023***	0.025***	0.024***	0.025***
男性	−0.003	0.015*	0.015*	0.004	0.011***
已婚	0.003	−0.022*	−0.021*	0.015	0.023
党员	0.093***	0.062***	0.060***	0.080***	0.044***
有工作	0.084***	0.067***	−0.009***		
受教育年限	−0.006***	−0.009***	−0.134***		
东部地区	−0.083***	−0.091***	−0.056***		
城镇居民	−0.137***	−0.136***	0.067***	−0.187**	
高等教育群体					−0.118**
家庭收入		0.040***	0.036***		
家庭收入平方		−0.003***	−0.002***		
主观阶层地位					
低阶层		−0.355***	−0.353***		
中阶层		−0.091***	−0.089***		
CGSS	−0.245***	−0.266***	−0.263***	−0.246***	−0.263***
层二变量					
市场化指数			−0.016***		
基尼系数			1.327		
人均 GDP			0.175		
队列出生人口规模			−0.003		

续表

自变量	模型 1	模型 2	模型 3	城乡模型	教育模型
队列平均受教育年限			- 0.008		
队列平均收入			- 0.167 [+]		
随机效应					
时期方差					
截距	0.009 [*]	0.009 [*]	0.014 [+]	0.005 [*]	0.007 [*]
城乡				0.009 [*]	
教育					0.007 [+]
队列方差					
截距	0.002 [*]	0.001 [*]	0.001 [*]	0.004 [*]	0.002 [*]
城乡				0.010 [**]	
教育					0.009 [*]
BIC	251928.3	250480.8	250481.7	251900.3	252726.6

*** $p < 0.001$，** $p < 0.01$，* $p < 0.05$，+ $p < 0.1$。

图 7 - 13 是在控制了个体因素及时期和队列的干扰效应后，公平感在年龄上的变化趋势。年龄与公平感是一种非线性关系，居民公平感随着年龄的增长呈现类似"J"形结构。从 18 岁开始，居民的公平感在缓慢下降，到了 40 岁左右下降到最低点，随后又开始缓慢上升；图 7 - 14 是在控制了队列和年龄影响后，公平感的时期波动走势。从 2006 年到 2008 年公平感呈现上升趋势，且在 2008 年达到顶峰，不过在 2010 年又出现了明显下降，虽然 2011 年公平感有所回升，但在 2012～2013 年连续两年持续下滑，随后在 2015 年和 2017 年，公平感逐渐回升，到 2017 年恢复到近似 2008 年的水平。

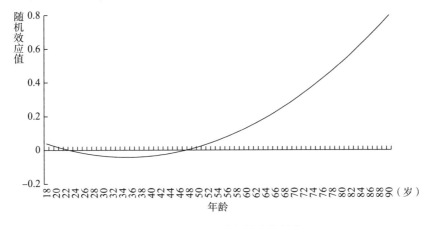

图 7 - 13　公平感的年龄变化效应

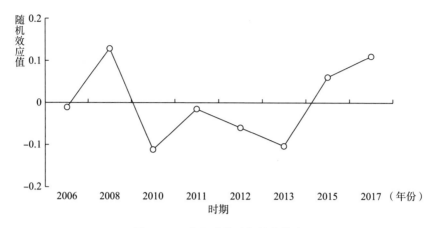

图 7 - 14　公平感的时期趋势效应

图 7 - 15 展示了在控制年龄和时期效应后，不同出生队列的公平感差异。1931 年之前出生的群体公平感最低，之后出生的队列公平感逐渐升高，且 1932 ~ 1943 年出生群体的公平感保持了相对平稳性；随后在 1944 ~ 1946 年出生队列中出现第一个高峰；1947 ~ 1949 年出生队列又有所下降，虽然在 1950 ~ 1952 年出生队列中有所回升，但随后开始持续下降，直到 1959 ~ 1961 年下降到第一个低谷；1962 ~ 1964 年出生队列有一个明显的反弹，出现第二个高峰；随后出生队列虽有小幅度波动，但整体上呈现下跌趋势，直到 1983 ~ 1985 年出生的群体跌到低谷，随后公平感开始缓慢回升；值得注意的是，"95 后"的公平感较前边的出生队列呈现陡然上升趋势。

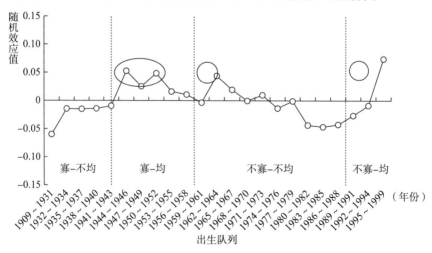

图 7 - 15　公平感的队列趋势效应

表 7 - 10 还呈现了个体因素对公平感的影响（模型 2）。家庭收入与公平感之间存在倒"U"形关系，在家庭收入超过约 786 元后即出现了拐点，随着家庭收入的增长，公平感呈现下降趋势。而样本中家庭收入低于 786 元的群体不到总体的 1%，因此公平感随着客观经济地位的提升反而出现下降；主观阶层地位与公平感之间存在明显的正向关系，主观阶层地位越高，公平感就越强，这与相对比较理论的观点一致；在控制变量中，婚姻对公平感没有显著影响；党员公平感更高；受教育年限越长，公平感反而越低；农村居民公平感高于城镇居民；有工作的群体公平感更高。

（二）群体差异反映在公平感队列上的变动趋势

中国社会的不同阶段在"均"与"不均"上表现出群体差异，进而可能影响公平感的变化，本研究进一步分析了不同群体在时期和队列上的"均"和"不均"与公平感之间的关系。尽管城乡差异和接受高等教育在时期上的随机效应具有显著性，表明公平感在时期上存在一定的群体差异，但鉴于时期效应对全体成员影响的一致性，不同群体在时期上的变化趋势与总体趋势保持了较高的一致性，未能表现出明显的变化差异。因此本研究重点分析队列变化趋势的群体差异。

1. 城乡公平感的队列变化

表 7 - 10 中的城乡模型考察了城乡居民公平感在出生队列上的随机波动。图 7 - 16 表明，农村居民的公平感整体上高于城镇居民。在 1964 年之

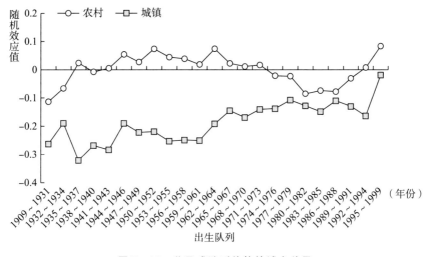

图 7 - 16　公平感队列趋势的城乡差异

前的出生队列中，农村居民的公平感一直保持着较高的稳定状态，而且城乡居民之间的公平感差异也比较大；但从1962~1964年出生队列之后，这种分化开始缩减，农村居民公平感在缓慢下降，而城镇居民的公平感则缓慢上升；从90后开始，城镇居民的公平感有所下降，但农村居民的公平感则持续回升；无论是城镇居民还是农村居民，95后的公平感都呈现上升趋势。

2. 不同受教育群体公平感的队列变动

图7-17表明，接受过高等教育的居民公平感要低于未接受过高等教育的居民，而且接受过高等教育的群体的队列波动更明显。1949年之前出生并接受过高等教育的群体公平感较低；随着出生队列的后延，没有接受过高等教育的群体的公平感有下降迹象，而接受过高等教育的群体的公平感则波动上升；到整个80后，公平感差异几乎消失，不过接受过高等教育的80后，其公平感较之前的出生队列并没有保持继续上升，甚至1983~1985年出生的队列还出现了陡然下跌；在随后的出生队列中，接受过高等教育群体的公平感又恢复到之前队列的水平。

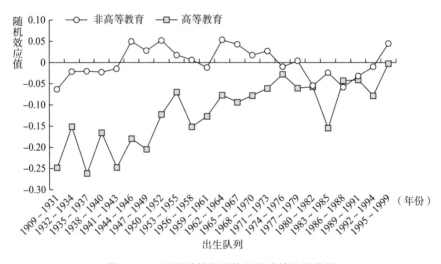

图7-17 不同受教育群体公平感的队列差异

四 讨论

（一）公平感的年龄和时期效应

通过HAPC模型分析可以获得居民公平感在年龄、时期和队列上的变化。年龄效应与个体生命周期有关，在控制了时期和队列效应后，并不会受社会财富多寡和分配均与不均的影响。年龄与公平感是一种非线性关系，居民公平感随着年龄的增长呈现类似"J"形结构，中年群体比年轻群体和老年群体的公平感更低，这与怀默霆（2009）的研究结论一致。

在时期上，从 2006 年到 2017 年的十多年间，我国社会都处于前述的"不寡且不均"阶段，2006～2008 年公平感呈现上升，2010 年出现下降，2011 年有所回升，2012～2013 年连续两年下滑，2015 年和 2017 年渐回升到接近 2008 年的水平。为了考察这段时期"不均"对公平感的影响，模型 3 引入市场化指数、基尼系数以及人均 GDP 等宏观变量，基尼系数和人均 GDP 没有统计显著性，市场化指数与公平感显著负相关（$\beta = -0.016$，$p < 0.001$），且时期效应也变成了边际显著（$\beta = 0.014$，$p = 0.059$），市场化程度加深导致贫富差距拉大，公平感下降。我国经济在 2006～2008 年及以前连续多年快速增长，促进了就业和收入的增加，迅速脱"寡"的效应在一定程度上使"不均"的问题没有凸显，也可能是因为中国人本身对不平等有很高的容忍度（Xie & Zhou，2014），公平感出现了上升。2008 年后全球性经济危机出现，GDP 增速回落，经济发展速度放缓、就业难度增加、贫富差距拉大以及房价飙升等一系列社会问题使"不均"的问题显现，公平感下降。2015 年以后中央对于社会保障建设的力度不断加大，有效促进了社会公平，可能是公平感出现回升的重要原因。

（二）"均""寡"阶段性变迁与公平感的队列差异

本研究首先在队列分析中引入了每个出生队列的出生人口规模、平均收入和平均受教育年限这些指标以试图解释公平感的队列差异。出生人口规模大会造成同龄人挤压效应，队列成员在接受教育、职业选择和地位获得等方面面临更大的竞争压力，资源的有限性导致规模较大的出生队列资源分配更容易出现"寡且不均"，可能造成公平感下降。由于改革开放前实行计划经济，农民被束缚在土地上，城镇居民则实行工作分配，缺少竞争机制，使得人口规模的挤压效应不显著。实行市场经济以后，就业竞争环境使同期群效应开始显现[①]，在 70 后之前的出生队列，人口规模变动与公平感的变化趋势并无明显的联系，但是从 70 后开始，人口出生规模与公平感的变化呈现了明显的相反趋势，如图 7-18 所示。此外，队列平均收入越高公平

---

① 在只分析 1974 年以后的出生队列时，队列出生人口规模与公平感呈现负相关（$\beta = -0.042$，$p = 0.012$）。

感反而越低，不过队列平均受教育年限没有显著效应。

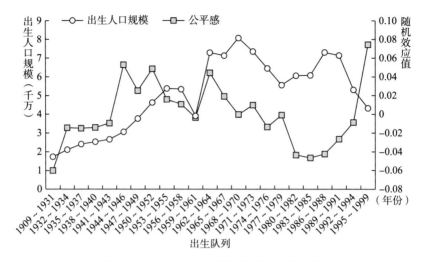

图 7 - 18　出生人口规模与公平感变化趋势

在加入了队列层面变量后，公平感的队列效应依然显著。从生命历程的范式角度讲，队列效应（或称世代效应）反映了每个出生队列独特的生命历程，而生命早期的社会环境尤其能够影响个体发展和价值观形成（李春玲，2020），代际社会学就特别强调每个队列生命早期的社会经验对其价值观形成产生的重要影响。因此本研究尝试结合各出生队列在生命早期遭遇的社会"寡""均"变化的经历对公平感的队列差异予以分析。由图 7 - 18 可以看到几个明显的分界点，1909～1931 年队列公平感极低，1932～1943 年队列虽高于前一队列，但整体都比较低，1943 年及以前出生的队列在对公平有所体验的成人早期正处于新中国成立前后到"大跃进"时期，这些队列的成人初期是经济水平较差的时期，也就是"寡"的时期，小时候和成年初期"寡且不均"的生活经历可能影响其一生的公平感知。

1944～1946 年队列公平感高于之前的出生队列，1947～1949 年队列略低于前一个队列，但 1950～1952 年队列也接近 1944～1946 年队列，我们把这三个队列看作队列的第一个高点，这个时期出生的人成人初期正处于新中国成立后经济恢复发展、实行人民公社和单位制度时期，也就是"寡且均"的时期。在这个历史阶段，单位制度和人民公社为代表的社会制度提倡大公无私的集体主义精神，集体主义文化强调将自己视为整体的一部分（Triandis，2001），人们通过群体来追求自身利益（Yamagishi，1988），与社会支持网络联系紧密（Huppert et al.，2019），生命早期"均贫富"的社会经验使这代人公平感较高。

但 1953 年以后的出生队列公平感是比较低的，且 1959~1961 年队列的公平感最低，这些队列在他们成人时期恰好处于改革开放初期，正面临从"寡且均"向"不寡且不均"的转折点，在婚育、择业等人生关键期遭遇日益"不均"的社会现实，生命早期的这些经历导致他们公平感整体偏低；不过 1962~1964 年队列的公平感是很高的，这个高点的队列在成人初期同样处于 80 年代初的市场经济初期，这与我们预期的公平感与"均寡"现实变动的关系有一定出入。

之后队列的公平感低于 1962~1964 年出生队列，80 后的公平感明显低于其他出生队列。而且低公平感覆盖了整个 80 后以及 90 后队列的初期，他们的公平感甚至低于 1949 年前的出生队列，这些队列成年初期进入了贫富差距拉大的时期，也就是"不寡且不均"的典型时期。市场经济的兴起使公社和单位安全网的社会保障作用大幅削弱。市场经济虽然带来了高效率的经济速度，但也强烈冲击了在改革开放后步入劳动力市场的 80 后和 90 后，就业竞争加剧，教育和医疗成本提升，特别是房价上涨给他们带来更大的生存压力。收入不平等大大降低了人们的自我阶层定位（陈云松、范晓光，2016），机会公平感出现了显著下降（陈云松等，2019）。同时，这一时期集体主义在不断衰落（蔡华俭等，2020；黄梓航等，2018），个体主义不断上升，而个体主义文化价值更注重公平（Huppert et al.，2019），因此趋向个体主义文化的 80 后、90 后对社会不公的敏感性更强。面对"不均"的社会现状，尽管绝对"寡"的贫困问题被逐渐消除，"不均"的社会现实与传统文化中"均贫富"理念的距离导致他们的公平感偏低，但值得注意的是，95 后公平感是所有队列中最高的，该队列的成人初期是 2015 年前后，正是国家重视社会保障，强调分配公平，开始推动实现"不寡且均"的时期。当然调查中的 95 后大部分仍在求学，并未完全踏入社会，95 后的公平感效应仍需后续数据观察。

以上不同队列之间的公平感存在明显的阶段性，经历过从"寡且不均"进入"寡且均"变化的队列的公平感较高，但随后出生队列的公平感便降低了，这意味着"寡且均"并没有解决公平问题，"不患寡而患不均"的命题是不成立的；改革开放提高了民众生活水平，在生命早期经历这段变化的队列的公平感也出现了高点，但其后出生队列的公平感依然较低。生命早期遭遇典型"不寡且不均"社会事实的队列的不公平感甚至超过了经历"寡且均"时期的队列，这意味着"不均"对公平感的影响要大于"寡"，这样似乎是"既患寡也患不均"，只是"寡"与"均"二者对公平感的影响权重会有差异；之后出生队列较高的公平感似乎说明，在"不寡"基础上对"均"的追求具有更明显的效果。

（三）公平感变化的群体差异

本研究在数据部分同时探索了城乡和接受高等教育的公平感队列差异。在城乡的队列差异中，1935 年以后出生的农民恰逢新中国成立初期无偿获得土地和生产资料，在生命早期享受到社会资源重新变"均"的政策对他们的公平感产生了持久的正向作用。在改革开放后，家庭联产承包责任制使生活得到改善，之后农村剩余劳动力开始进入城市，多种因素影响下农民收入增加，由"寡"逐渐到"不寡"，但家庭联产承包责任制也拉开了农村贫富差距，即变得"不均"，同时进城农民也可以直观感受到城乡差距，在这个时期步入社会的 60 后、70 后以及 80 后农民更能够体会到社会的贫富差距，公平感低于之前的队列。城市居民的公平感虽然一直低于农民，但后续出生队列的公平感是变高的，城镇居民是改革开放中财富积累的受益者。从教育的队列变动趋势看，新中国成立初期接受过高等教育的群体公平感更低，但 1950 年及以后出生队列的公平感逐渐变高。市场经济使得接受过高等教育的群体在社会财富分配中优势凸显，尽管社会逐渐走向"不均"，但在"寡"逐步得到解决的过程中，财富向这些接受过高等教育的群体倾斜，他们是改革开放的受益者，因而 50 后、60 后和 70 后接受过高等教育的群体的公平感较高。但 80 后的公平感比较低，这可能与"高校扩招"后就业竞争压力加大、财富分配不再占优有关。未接受过高等教育群体的公平感保持了与总体队列近似的变化趋势。

（四）社会变迁、生命历程与公平感

需要明确的是，很多宏观因素并不容易被测量，本研究也只是选用了人均 GDP、市场化指数、出生人口规模等几个可以量化的指标。本研究主要借鉴了生命历程视角，尝试结合新中国成立以来中国社会财富分配的"均"与"寡"变迁过程为公平感的时间变化提供一种解释思路。然而个体不会只受到社会财富"均寡"一种事实的影响，一系列历史事件和社会政策都会对生命结果产生长期影响，这在个体生命早期经验中尤为突出。比如1940 年之前出生的队列，不仅面临"均""寡"的问题，而且这些新中国成

立前出生的队列在儿时和青年阶段也经历了动荡的战争年代，这直接影响了他们接受教育、组建家庭、婚育以及工作，生命角色转变的延迟、机会丧失经历导致的累积劣势有可能降低他们的公平感知；再比如在 1959～1961 年出生的队列恰逢三年困难时期，这种不幸经历同样会干扰其后续的发展，加重了该队列的不公平感；而 1962～1964 年队列出生时则错开了三年困难时期，而且其成年步入社会时"文革"也结束了，社会再次趋于稳定，虽然该队列在成人初期同样面临逐渐"不寡且不均"的变化，但其公平感较高；再比如"文革"等政治运动和"上山下乡"政策对新中国成立前出生的高级知识分子的负面影响更大（Meng & Gregory，2002），这些历史事件改变了知识分子的人生轨迹和发展机遇，也降低了他们的公平感。生命历程中的社会政策和历史事件都能够对个体生命结果产生结构性影响，这些就可能体现在对公平的主观感知上。

本研究使用 HAPC 模型对中国居民公平感的年龄、时期和队列变化趋势予以分析，HAPC 模型能够对年龄、时期和队列三个时间维度各自的纯净效应进行剥离，有助于精确把握宏观社会因素对个体生命结果产生的影响。本研究基于中国社会几十年来独有的"均""寡"变迁事实，为中国居民公平感的时代变化提供了一种解释思路。本研究大致得到如下结论：①公平感的提高包含两条路径，通过经济增长达到"不寡"或富裕，通过财富分配制度实现"均"，这两条路径不能单独实现社会公平的提高；②不同历史时期所表现出的"寡"与"均"的特征对公平感的变化产生了明显的影响，"寡"和"均"这两个经济增长变量和财富分配变量共同影响着公平感；③"不患寡而患不均"在一定条件下是适用的，但仅靠提高"均"不能解决公平问题，图 7-12 中从阶段 1 到阶段 2，也就是从"寡且不均"阶段到"寡且均"阶段是我国社会主义分配制度的尝试，从"不均"到"均"的社会变革初期确实提高了民众的公平感，但很快就开始下降；④依靠经济增长解决"不寡"的问题，是提高社会公平感的基础，但如果没有适当的分配制度相配合，公平感甚至会更低，从阶段 2 到阶段 3，由经济不发达到经济快速增长，民众生活状况极大改善，同时贫富差距不断扩大，初期公平感出现提高，但随着贫富差距的扩大，不公平问题甚至更加突出；⑤在摆脱绝对贫困后财富分配制度对公平感的提高效益极其明显，近些年共同富裕政策实施明显快速提高了社会公平感。这是中国独特发展道路中社会治理经验的总结，也是这一研究对未来中国共同富裕政策实施的启示。

从 1949 年前后到现在，中国经历了社会制度的巨变、社会经济政策的大调整，仿佛经历了一个"寡"与"均"的社会实验，可以看到"寡"与"均"两个因素对公平感的影响。中国人几千年来信奉的"不患寡而患不均"并不是无条件的，"均"并不能化解历史积淀的"均贫富"社会心态危机，"既患寡也要患不均"，这需要新的变革，需要中国人的智慧来实现共同富裕，达到"富"与"均"的均衡。

参考文献

阿列克斯·英克尔斯、戴维·H. 史密斯，1992，《从传统人到现代人——六个发展中国家中的个人变化》，顾昕译，中国人民大学出版社。

艾历克斯·英格尔斯，2012，《国民性：心理－社会的视角》，王今一译，社会科学文献出版社。

包蕾萍，2005，《生命历程理论的时间观探析》，《社会学研究》第 4 期。

包晓，2008，《论政府应急管理中的社会心理干预机制》，《河南广播电视大学学报》第 2 期。

保罗·斯洛维奇，2007，《风险的感知》，赵延东等译，北京出版社。

鲍宗豪，2008，《论马克思主义的社会需求理论》，《马克思主义研究》第 9 期。

本刊编辑部，2015，《中共中央关于制定国民经济和社会发展第十三个五年规划的建议》，《当代贵州》第 42 期。

彼得·华莱士·普雷斯顿，2011，《发展理论导论》，李小云、齐顾波、徐秀丽译，社会科学文献出版社。

彼得·桑德斯，2005，《资本主义——一项社会审视》，张浩译，吉林人民出版社。

彼得·什托姆普卡，2011，《社会变迁的社会学》，林聚任等译，北京大学出版社。

毕宏音，2010，《基层维稳新探索——天津唐口街"群众诉求调处四级网格"结构功能分析》，《社会工作》（下半月）第 4 期。

蔡华俭、黄梓航、林莉、张明杨、王潇欧、朱慧珺、谢怡萍、杨盈、杨紫嫣、敬一鸣，2020，《半个多世纪来中国人的心理与行为变化——心理学视野下的研究》，《心理科学进展》第 10 期。

蔡元培，1980，《蔡元培教育文选》，人民教育出版社。

曹大宇，2009，《阶层分化、社会地位与主观幸福感的实证考量》，《统计与决策》第 10 期。

曹现强，2017，《获得感的时代内涵与国外经验借鉴》，《人民论坛·学术前沿》第2期。

柴玲、包智明，2010，《当代中国社会的"差序格局"》，《云南民族大学学报》（哲学社会科学版）第2期。

陈纯仁、王迪，2013，《"美好生活"的解读及其实现》，《邵阳学院学报》（社会科学版）第2期。

陈道明，2010，《当代社会心理危机及其干预》，《学术交流》第2期。

陈东林，2008，《"文化大革命"时期国民经济状况研究述评》，《当代中国史研究》第2期。

陈光金，2013，《不仅有"相对剥夺"，还有"生存焦虑"——中国主观认同阶层分布十年变迁的实证分析（2001—2011）》，《黑龙江社会科学》第5期。

陈亮，2016，《走向网络化治理：社会治理的发展进路及困境破解》，博士学位论文，吉林大学。

陈满琪，2019，《不同分级城市压力感对主观幸福感的影响》，载王俊秀主编《中国社会心态研究报告（2019）》，社会科学文献出版社。

陈顺洪，2014，《中国基层社会治理体制创新研究》，硕士学位论文，湘潭大学。

陈涛、王兰平，2015，《环境抗争中的怨恨心理研究》，《中国地质大学学报》（社会科学版）第2期。

陈文通，2021，《中国共产党领导的三次革命》（上），《中国浦东干部学院学报》第3期。

陈午晴，2006，《汇合与融合：社会心态的两种个体超越方式》，《社会心理研究》第1期。

陈旭辉、柯惠新，2013，《网民意见表达影响因素研究——基于议题属性和网民社会心理的双重视角》，《现代传播（中国传媒大学学报）》第3期。

陈雪峰，2018，《社会心理服务体系建设的研究与实践》，《中国科学院院刊》第3期。

陈云松、范晓光，2016，《阶层自我定位、收入不平等和主观流动感知（2003—2013）》，《中国社会科学》第12期。

陈云松、贺光烨、句国栋，2019，《无关的流动感知：中国社会"阶层固化"了吗？》，《社会学评论》第6期。

陈运遂，2007，《失地农民的社会心理对社会稳定的影响及对策》，《农村经济》第5期。

陈哲熙、林凯，2013，《从十八大看国民"幸福感"》，《学理论》第15期。

陈志霞，1999，《分化与整合：当代社会心理学发展的双重选择》，《华中理工大学学报》（社会科学版）第4期。

陈志霞、王新燕、徐晓林，2014，《从网络舆情重大事件看公众社会心理诉求——对 2007－2012 年 120 起网络舆情重大事件的内容分析》，《情报杂志》第 2 期。

成伯清，2016，《心态秩序危机与结构正义：一种社会学的探索》，《福建论坛》（人文社会科学版）第 11 期。

戴健林，2006，《论公共危机管理中的社会心理调控》，《华南师范大学学报》（社会科学版）第 3 期。

戴维·E. 罗哈尔、梅利莎·A. 米尔凯、杰弗里·W. 卢卡斯，2015，《社会心理学》（原书第三版），郑全全、张锦、王晓梅等译，机械工业出版社。

戴维·P. 霍顿，2013，《政治心理学：情境、个人与案例》，尹继武、林民旺译，中央编译出版社。

丁水木，1996，《社会心态研究的理论意义及其启示》，《上海社会科学院学术季刊》第 1 期。

丁元竹，2013，《如何更新当前的治理模式——从"社会管理"到"社会治理"的必然趋势》，《北京日报》12 月 2 日，第 18 版。

董洪杰、谭旭运、豆雪姣、王俊秀，2019，《中国人获得感的结构研究》，《心理学探新》第 5 期。

董瑛，2017，《增进人民群众对反腐倡廉的"获得感"研究——新形势下反腐倡廉建设新理念新布局》，《理论与改革》第 1 期。

杜丹，2017，《中国特色心理学智库建设对社会发展的影响》，《管理观察》第 25 期。

范和生、唐惠敏，2015，《论转型期中国社会心理的重构》，《吉首大学学报》（社会科学版）第 1 期。

方文，2008，《转型心理学：以群体资格为中心》，《中国社会科学》第 4 期。

菲利普·津巴多、罗伯特·约翰逊、薇薇安·麦卡恩，2016，《津巴多普通心理学》，钱静、黄珏苹译，中国人民大学出版社。

费孝通，2003，《试谈扩展社会学的传统界限》，《北京大学学报》第 3 期。

费孝通，2008，《乡土中国》，人民出版社。

冯伯麟，1995，《市场经济条件下的社会心态研究》，《社会学研究》第 2 期。

冯仕政，2011，《中国社会转型期的阶级认同与社会稳定——基于中国综合调查的实证研究》，《黑龙江社会科学》第 3 期。

冯耀明、潘峰，2005，《低收入群体的政治心态与政治安定调研设计》，《理论探索》第 4 期。

符明秋、闫娟娟，2014，《失地农民社会心理问题研究现状述评》，《西南科技大学高教研究》第 2 期。

傅红春，2008，《满足与幸福的经济学》，上海人民出版社。

傅小兰，2017，《加强社会心理服务体系建设》，《人民论坛》第 S2 期。

高桂梅，2019，《马斯洛"需要层次理论"视角下"美好生活需要"刍议》，《大理大学学报》第 3 期。

高静文、赵璇，2010，《民族心理与边疆社会稳定》，《中南民族大学学报》（人文社会科学版）第 1 期。

高文珺，2016，《社会心态研究综述与研究展望》，载中国社会科学院社会学研究所编《中国社会学年鉴（2011~2014）》，中国社会科学出版社。

高文珺，2017，《城市居民主观社会阶层特点分析——基于 CASS-Matview 社会心态调查数据》，载王俊秀主编《中国社会心态研究报告（2017）》，社会科学文献出版社。

高文珺，2019，《个体和社会维度的社会公平感研究》，载王俊秀主编《中国社会心态研究报告（2019）》，社会科学文献出版社。

高文珺，2020，《社会公平感现状及影响因素研究》，《广西师范大学学报》（哲学社会科学版）第 5 期。

高燕、李扬，2017，《创新教学机制提升大学生对高校"形势与政策"课的获得感》，《思想理论教育导刊》第 11 期。

格伦·菲尔鲍，2012，《分析重复调查数据》，叶华译，格致出版社。

葛和平、吴福象，2019，《中国贫富差距扩大化的演化脉络与机制分析》，《现代经济探讨》第 5 期。

葛鲁嘉，1995，《社会心理学的社会应用与社会发展》，《吉林大学社会科学学报》第 2 期。

龚丽媛、朱玉婵，2020，《收入对农村居民幸福感的影响——基于 CGSS 2013 数据的实证分析》，《中国集体经济》第 13 期。

古江，1986，《试论改革与社会心理环境》，《安徽师范大学学报》（哲学社会科学版）第 4 期。

管仕廷，2010，《我国群体性矛盾高发的社会心理因素分析》，《湖北行政学院学报》第 1 期。

郭亚帆，2003，《内蒙古城乡居民基本社会心态调查与分析》，《统计与信息论坛》第 3 期。

郭永玉、杨沈龙、李静、胡小勇，2015，《社会阶层心理学视角下的公平研究》，《心理科学进展》第 8 期。

韩一凡，2017，《日常生活视域下的思想政治教育获得感研究》，《学校党建与思想教育》第 13 期。

何蓉，2014，《中国历史上的"均"与社会正义观》，《社会学研究》第 5 期。

何小芹、曾韵熹、叶一舵，2017，《贫困大学生相对获得感的现状调查分析》，《锦州医科大学学报》（社会科学版）第 3 期。

何晓斌、柳建坤、张云亮，2020，《医生信任的城乡差异及其形成机制——基于公平感视角的实证分析》，《西安交通大学学报》（社会科学版）第 6 期。

何云峰、李静、冯显诚，2003，《中国人的心态历程》，北京科学出版社。

贺白余，2007，《网络流行词与社会心理关系研究》，《消费导刊》第 6 期。

贺定超，2018，《构建新时代应急管理协调机制研究》，《劳动保护》第 8 期。

洪岩璧，2017，《再分配与幸福感阶层差异的变迁（2005—2013）》，《社会》第 2 期。

侯非，2013，《社会组织参与社会治理路径研究》，硕士学位论文，西南大学。

侯燕，2017，《心理契约：大学青年教师职业获得感生成路向探论》，《江苏高教》第 9 期。

胡红生，2001，《试论社会心态调控的基本目标及其实现途径》，《甘肃理论学刊》第 1 期。

胡宏兵、高娜娜，2019，《教育程度与居民幸福感：直接效应与中介效应》，《教育研究》第 11 期。

胡小勇、郭永玉、李静、杨沈龙，2016，《社会公平感对不同阶层目标达成的影响及其过程》，《心理学报》第 3 期。

怀默霆，2009，《中国民众如何看待当前的社会不平等》，《社会学研究》第 1 期。

黄靖生、黄隆生，2000，《民族和国家凝聚力的社会心理探析》，《广西民族学院学报》（哲学社会科学版）第 2 期。

黄匡时，2008，《社会融合的心理建构理论研究》，《社会心理科学》第 6 期。

黄新华、刘长青，2016，《大都市区同城化建设中的社会治理一体化——内在逻辑与实现机制》，《领导之友》第 6 期。

黄雪娜、崔淼，2010，《转型期"农转居"居民社会心理处境的实证研究》，《深圳大学学报》（人文社会科学版）第 3 期。

黄艳敏、张文娟、赵娟霞，2017，《实际获得、公平认知与居民获得感》，《现代经济探讨》第 11 期。

黄奕柱，2007，《转型期社会心理失衡及其矫正排解》，《厦门理工学院学报》第 3 期。

黄梓航、敬一鸣、喻丰、古若雷、周欣悦、张建新、蔡华俭，2018，《个人主义上升，集体主义式微？——全球文化变迁与民众心理变化》，《心理科学进展》第 11 期。

吉姆·斯达纽斯、费利西娅·普拉图，2010，《社会支配论》，刘爽、罗涛译，中国人民大学出版社。

贾林祥，2010，《社会偏见：制约和谐社会构建的社会心理因素》，《陕西师范大学学报》（哲学社会科学版）第 3 期。

贾林祥，2011，《社会认同：和谐社会构建的社会心理保障》，《徐州师范大学学报》（哲学社会科学版）第 4 期。

蒋玲，2019，《"人民日益增长的美好生活需要"的历史演进及内在逻辑》，《河北青年管理干部学院学报》第 2 期。

揭扬，1997，《转型期的社会心态问题及其有效疏导》，《中共浙江省委党校学报》第 5 期。

康来云，2016，《获得感：人民幸福的核心坐标》，《学习论坛》第 12 期。

寇纪淞、荣荣，2010，《社会问题报道与受众心理引导》，《天津师范大学学报》（社会科学版）第 4 期。

来红州，2018，《新形势下应急工作的变与不变》，《中国减灾》第 17 期。

莱恩·多亚尔、伊恩·高夫，2008，《人的需要理论》，汪淳波、张宝莹译，商务印书馆。

蓝志勇，2016，《论社会治理体系创新的战略路径》，《国家行政学院学报》第 1 期。

乐正，1988a，《清末上海通商与社会心态变异》，《文史哲》第 6 期。

乐正，1988b，《认知空间的扩展与近代心态的演变——晚清同光之际上海人社会心态发展的若干考察》，《上海社会科学院学术季刊》第 3 期。

李斌、张贵生，2018，《居住空间与公共服务差异化：城市居民公共服务获得感研究》，《理论学刊》第 1 期。

李布，2000，《对转型期社会心态问题的探讨》，《桂海论丛》第 1 期。

李超、倪鹏飞、万海远，2015，《中国住房需求持续高涨之谜：基于人口结构视角》，《经济研究》第 5 期。

李春玲，2014，《教育不平等的年代变化趋势——对城乡教育机会不平等的再考察》，《社会学研究》第 2 期。

李春玲，2016，《中国中产阶级的不安全感和焦虑心态》，《文化纵横》第 4 期。

李春玲，2020，《代际社会学：理解中国新生代价值观念和行为模式的独特视角》，《中国青年研究》第 11 期。

李丹主编，1994，《儿童发展心理学》，华东师范大学出版社。

李静、郭永玉，2008，《物质主义及其相关研究》，《心理科学进展》第 4 期。

李静、何云峰、冯显诚，2003，《论社会心态的本质、表现形式及其作用》，《华东理工大学学报》（社会科学版）第 4 期。

李骏、吴晓刚，2012，《收入不平等与公平分配对转型时期中国城镇居民公平观的一项实证分析》，《中国社会科学》第 3 期。

李立国，2013，《创新社会治理体制》，《求是》第 24 期。

李利平、王岩，2016，《坚持共享发展：提高全民获得感的对策》，《人民论坛》第 30 期。

李路路、唐丽娜、秦广强，2012，《"患不均，更患不公"——转型期的"公平感"与"冲突感"》，《中国人民大学学报》第 4 期。

李培超，1995，《社会转型与道德冲突》，《长沙水电师院社会科学学报》第 1 期。

李培林，2014，《社会治理与社会体制改革》，《国家行政学院学报》第 4 期。

李培林、田丰，2011，《中国新生代农民工：社会态度和行为选择》，《社会》第 3 期。

李沛良，1993，《论中国式社会学研究的关联概念与命题》，载北京大学社会学与人类学所编《东亚社会研究》，北京大学出版社。

李强，2003，《社会分层与社会发展》，《中国特色社会主义研究》第 1 期。

李强，2008，《改革开放 30 年来中国社会分层结构的变迁》，《北京社会科学》第 5 期。

李巧霞，2015，《城乡基层社会治理碎片化问题与对策研究》，硕士学位论文，华中师范大学。

李蓉蓉，2005，《山西人的社会心态与山西经济发展》，《生产力研究》第 3 期。

李盛梅，2016，《党的十八大以来我国社会治理研究综述》，《中共乐山市委党校学报》第 1 期。

李婷，2018，《哪一代人更幸福？——年龄、时期和队列分析视角下中国居民主观幸福感的变迁》，《人口与经济》第 1 期。

李伟民，1997，《改革开放时期中国民众社会心理的嬗变（1978～1995 年）》，《中山大学学报》（社会科学版）第 2 期。

李炜，2016，《近十年来中国公众社会公平评价的特征分析》，《山东大学学报》（哲学社会科学版）第 6 期。

李炜，2019，《社会公平感：结构与变动趋势（2006～2017 年）》，《华中科技大学学报》（社会科学版）第 6 期。

李晓明、袁晶、宗慧文，2014，《简析心理学研究在公共政策制定中的应用》，《新闻传播》第 4 期。

李迎生，2019，《中国社会政策改革创新的价值基础——社会公平与社会政策》，《社会科学》第 3 期。

李莹，2001，《天津市青年社会心态的调查与分析》，《当代青年研究》第 2 期。

李莹、吕光明，2019，《收入公平感、流动性预期与再分配偏好——来自 CGSS 2013 的经验证据》，《财贸经济》第 4 期。

李原，2014a，《青年在职者的物质主义价值观及其影响》，《青年研究》第 6 期。

李原，2014b，《物质主义价值观调查报告——给予黑龙江居民的调查数据》，载王俊秀、杨宜音主编《中国社会心态研究报告（2014）》，社会科学文献出版社。

李原，2014c，《物质主义价值观与幸福感和人际信任的关系研究》，《华中师范大学学报》第 6 期。

李原，2014d，《压力性生活事件对在职者主观幸福感的影响：中庸思维的调节作用》，《中国社会心理评论》第 2 期。

李原，2017，《不同目标追求对幸福感的影响》，《青年研究》第 6 期。

李原、李朝霞，2012，《物质主义价值观的内在心理机制探讨》，《哈尔滨工业大学学报》第 6 期。

李原、李朝霞，2013，《物质主义价值观的心理机制及其测量》，载杨宜音、王俊秀等编著《当代中国社会心态研究》，社会科学文献出版社。

理查德·格里格、菲利普·津巴多，2014，《心理学与生活》，王垒等译，人民邮电出版社。

栗继祖主编，2007，《安全心理学》，中国劳动社会保障出版社。

栗治强、王毅杰，2014，《转型期中国民众公平感的影响因素分析》，《学术论坛》第 8 期。

梁宏，2011，《生命历程视角下的"流动"与"留守"——第二代农民工特征的对比分析》，《人口研究》第 4 期。

梁启超，1999，《梁启超全集》（第 7 卷），北京出版社。

梁漱溟，1990a，《中国文化要义》，载《梁漱溟全集》（第 3 卷），山东人民出版社。

梁漱溟，1990b，《梁漱溟全集》（第 5 卷），山东人民出版社。

梁土坤，2018，《环境因素、政策效应与低收入家庭经济获得感——基于 2016 年全国低收入家庭经济调查数据的实证分析》，《现代经济探讨》第 9 期。

梁晓青，2018，《转型期城市中产阶层焦虑对其消费行为的影响》，《西安交通大学学报》（社会科学版）第 2 期。

梁樱，2013，《心理健康的社会学视角——心理健康社会学综述》，《社会学研究》第 2 期。

林崇德，2000，《序一》，载陈文新《儿童社会性发展》，北京师范大学出版社。

林怀艺、张鑫伟，2016，《论共享》，《东南学术》第 4 期。

林平，1988，《国内近年鲁迅研究的社会心态》，《南方文坛》第 6 期。

林晓珊，2005，《"边缘群体"的社会心理与社会歧视探析》，《福建师大福清分校学报》第 2 期。

刘长江、郝芳，2015，《不对称社会困境中的决策：行为的双重模式》，《心理科学进展》第1期。

刘晨阳、应小萍，2016，《"以牙还牙"还是依法惩处？报复正义的代际差异实验研究》，《青年研究》第4期。

刘富胜、赵久烟，2017，《增强大学生思想政治理论课获得感要坚持"四个结合"》，《思想理论教育导刊》第6期。

刘凯、许珍芳，2006，《社会心理认知与构建和谐社会》，《中共天津市委党校学报》第3期。

刘力，2006，《社会形态与社会心态——评杨宜音的〈个体与宏观社会的心理关系：社会心态概念的界定〉》，《社会心理研究》第1期。

刘能，2004，《怨恨解释、动员结构和理性选择——有关中国都市地区集体行动发生可能性的分析》，《开放时代》第4期。

刘同山、孔祥智，2015，《经济状况、社会阶层与居民幸福感——基于CGSS 2010的实证分析》，《中国农业大学学报》（社会科学版）第5期。

刘霁雯，2005，《当前我国农民的社会心态初探》，《武汉科技学院学报》第6期。

刘小鸽、司海平、庞嘉伟，2018，《地区代际流动与居民幸福：基于代际教育流动性的考察》，《世界经济》第9期。

刘晓柳、王俊秀，2019，《民众心理健康调查》，载王俊秀主编《中国社会心态研究报告（2019）》，社会科学文献出版社。

刘欣，2007，《中国城市的阶层结构与中产阶层的定位》，《社会学研究》第6期。

刘欣、胡安宁，2016，《中国公众的收入公平感：一种新制度主义社会学的解释》，《社会杂志》第4期。

刘燕，2004，《转型时期社会心态的主要趋势及调适目标》，《求索》第6期。

刘扬，2002，《转型时期的社会心态与价值观调节》，《江西社会科学》第6期。

刘勇，2017，《微信与当代中国主流价值观话语的传播》，《教学与研究》第3期。

刘援朝、林刚，1999，《社会转型时期社会心理问题及适应》，《社会心理科学》第3期。

龙书芹，2010，《企业员工的工作满意度及其影响因素分析》，《统计与决策》第12期。

龙宣萍，2000，《论研究社会心态问题的意义与方法》，《贵州大学学报》（社会科学版）第4期。

娄成武、张平，2013，《中国政治稳定性的社会心理基础透视》，《理论与改革》第1期。

娄伶俐，2010，《主观幸福感的经济学理论与实证研究》，上海世纪出版集团。

鲁元平、张克中，2010，《经济增长、亲贫式支出与国民幸福——基于中国幸福数据的实证研究》，《经济学家》第11期。

陆学艺，2002，《当代中国社会十大阶层分析》，《学习与实践》第3期。

陆学艺，2003，《当代中国社会阶层的分化与流动》，《江苏社会科学》第4期。

陆学艺，2008，《关于社会建设的理论和实践》，《国家行政学院学报》第2期。

陆震，1996，《中国传统社会心态》，浙江人民出版社。

吕飒飒、孙欣、沈林林、武雨晴、赵纾、王霏、汪祚军，2021，《群体共同经历影响不公平感知》，《心理学报》第7期。

吕小康，2019，《社会心理服务提升人民获得感幸福感安全感》，《光明日报》1月18日，第11版。

吕小康、黄妍，2018，《如何测量"获得感"？——以中国社会状况综合调查（CSS）数据为例》，《西北师大学报》（社会科学版）第5期。

吕小康、汪新建，2018a，《从"社会心理服务体系"到"公共心理服务体系"》，《心理技术与应用》第10期。

吕小康、汪新建，2018b，《中国社会心理服务体系的建设构想》，《心理科学》第5期。

罗纳德·英格尔哈特，2013a，《现代化与后现代化》，严挺译，社会科学文献出版社。

罗纳德·英格尔哈特，2013b，《发达工业社会的文化转型》，张秀琴译，社会科学文献出版社。

罗纳德·英格尔哈特，2013c，《中国尚未进入后物质主义价值观阶段》，《人民论坛》第27期。

罗清旭、杨鑫辉，2001，《心理学研究与公共政策的制定》，《心理学动态》第1期。

骆正林，2011，《转型期中国公众社会心理的演变》，《兰州学刊》第10期。

马布尔·别列津，2005，《情感与经济》，载斯梅尔瑟、斯维德伯格主编《经济社会学手册》，罗教讲、张永宏等译，华夏出版社。

马传松、朱挢，2012，《阶层固化、社会流动与社会稳定》，《重庆社会科学》第1期。

马广海，2008，《论社会心态：概念辨析及其操作化》，《社会科学》第10期。

马建中，2003，《论现阶段影响我国政治稳定的社会心理问题》，《政治学研究》第3期。

马克·安尼尔斯基，2010，《幸福经济学：创造真实财富》，林琼等译，社会科学文献出版社。

马克·格兰诺维特，2019，《社会与经济：信任、权力与制度》，罗家德、王水雄译，中信出版社。

《马克思恩格斯全集》第一卷，1995，中共中央马克思恩格斯列宁斯大林著作编译局编译，人民出版社。

《马克思恩格斯全集》第三卷，1960，中共中央马克思恩格斯列宁斯大林著作编译局编译，人民出版社。

马克斯·韦伯，2010，《经济与社会》（第一卷），阎克文译，上海人民出版社。

马斯洛，1987，《动机与人格》，许金声等译，华夏出版社。

迈克尔·A. 豪格、多米尼克·阿布拉姆斯，2011，《社会认同过程》，高明华译，中国人民大学出版社。

迈克尔·K. 林德尔、卡拉·普拉特、罗纳德·W. 佩里，2016，《公共危机与应急管理概论》，王宏伟译，中国人民大学出版社。

莫斯科维奇，2011，《社会表征》，管健等译，中国人民大学出版社。

牟宗三，2007，《中国哲学的特质》，上海古籍出版社。

倪洪兰，2000，《略论当代中国的社会心理变迁》，《苏州大学学报》第1期。

潘峰，2006，《低收入群体的政治心态类型研究》，《求索》第6期。

潘光旦，1941，《大学一解》，《清华学报》第1期。

潘鸣啸，2005，《上山下乡运动再评价》，《社会学研究》第5期。

彭凯平、刘钰、曹春梅、张伟，2011，《虚拟社会心理学：现实，探索及意义》，《心理科学进展》第4期。

皮埃尔·布迪厄，1999，《实践与反思——反思社会学导引》，李猛、李康译，中央编译出版社。

皮埃尔·布迪厄、华康德，1998，《实践与反思：反思社会学导引》，李猛、李康译，中央编译出版社。

乔纳森·H. 特纳，2009，《人类情感：社会学的理论》，孙俊才、文军译，东方出版社。

乔纳森·特纳、简·斯戴兹，2007，《情感社会学》，孙俊才、文军译，上海人民出版社。

秦国文，2016，《改革要致力于提高群众获得感》，《新湘评论》第1期。

仇立平，2006，《回到马克思：对中国社会分层研究的反思》，《社会》第4期。

任德军，1999，《转型期国民文化心态的嬗变》，《中国国情国力》第4期。

闫丙金、陈奕，2011，《收入、社会阶层认同与主观幸福感：城乡二元社会结构的实证》，全国博士生学术论坛暨宏观经济青年学者论坛。

沙莲香，1992，《中国民族性》，中国人民大学出版社。

沙伊德尔，2019，《不平等社会——从石器时代到21世纪，人类如何应对不平等》，颜鹏飞译，中信出版社。

邵道生，1995，《转型社会国民心态探析》，《哲学动态》第1期。

邵静野，2014，《中国社会治理协同机制建设研究》，博士学位论文，吉林大学。

邵雅利，2019，《新时代人民主观获得感的指标构建与影响因素分析》，《新疆社会科学》第4期。

"社会心态研究"课题组，1994，《转型时期的上海市民社会心态调查和对策研究》，《社会学研究》第3期。

沈颢、卡玛·尤拉，2011，《国民幸福：一个国家发展的指标体系》，北京大学出版社。

沈建波，2014，《社会心态视域中的主流意识形态认同》，《湖北大学学报》（哲学社会科学版）第1期。

沈杰，2005，《中国社会转型时期青年社会心理》，《北京青年政治学院学报》第3期。

沈晓辉，2008，《社会建设与人的全面发展》，《湖南社会科学》第1期。

石磊，2018，《民主与幸福感——解析中国的民主幸福感现象》，《青年研究》第3期。

石路，2006，《民族地区建立突发公共事件应急响应机制探析》，《贵州民族研究》第2期。

石庆新、傅安洲，2017，《获得感、政治信任与政党认同的关系研究——基于湖北省6所部属高校大学生的调查数据》，《中南民族大学学报》（人文社会科学版）第1期。

时勘，2003，《危机突发事件的社会心理预警研究》，《北京社会科学》第6期。

司月秀，2008，《国民幸福指数的研究价值及对策分析》，《北方工业大学学报》第6期。

斯坦利·杰文斯，2012，《政治经济学理论》，郭大力译，商务印书馆。

隋杨、王辉、岳旖旎、L. Fred，2012，《变革型领导对员工绩效和满意度的影响：心理资本的中介作用及程序公平的调节作用》，《心理学报》第9期。

孙百才、刘云鹏，2014，《中国地区间与性别间的教育公平测度：2002～2012年——基于人口受教育年限的基尼系数分析》，《清华大学教育研究》第3期。

孙立平，2007，《我国贫富差距不断拉大的特征与原因》，《新远见》第3期。

孙良顺，2016，《社会经济地位、社会保障、生态环境与城乡居民幸福感——基于CGSS（2013）数据的实证分析》，《湖南科技大学学报》（社会科学版）第6期。

孙倩、龙长权、王修欣、刘永芳，2019，《公平或是利益？权力对分配公平感的影响》，《心理学报》第 8 期。

孙涛，2015，《从社会管理到社会治理》，《金陵科技学院学报》（社会科学版）第 4 期。

孙远太，2015，《城市居民社会地位对其获得感的影响分析——基于 6 省市的调查》，《调研世界》第 9 期。

孙中山，1986，《孙中山全集》（第 9 卷），中华书局。

谭旭运、豆雪姣、武朋卓，2019，《获得感与美好生活需要的关系研究》，载王俊秀主编《中国社会心态研究报告（2019）》，社会科学文献出版社。

谭旭运、张若玉、董洪杰、王俊秀，2018，《青年人获得感现状及其影响因素》，《中国青年研究》第 10 期。

唐钧，2015，《社会治理的四个特征》，《北京日报》3 月 3 日。

唐钧，2017，《在参与与共享中让人民有更多获得感》，《人民论坛·学术前沿》第 2 期。

田旭明，2018，《"让人民群众有更多获得感"的理论意涵与现实意蕴》，《马克思主义研究》第 4 期。

田志鹏，2020，《少数民族教育获得与就业公平感的分析——基于 2017 年和 2019 年中国社会状况综合调查数据》，《民族教育研究》第 5 期。

童正容、翟玮玮，2008，《论社会转型期的心理失衡与和谐社会心理构建》，《经济与社会发展》第 3 期。

汪来喜，2017，《我国农民获得感的内涵及理论意义探究》，《经济研究导刊》第 3 期。

汪亭友，2016，《"民生意识"：让人民有更多获得感》，《党建》第 9 期。

王春光、李炜，2002，《当代中国社会阶层的主观性建构和客观实在》，《江苏社会科学》第 4 期。

王春燕，2014，《社会治理与社会管理有三大区别》，《中国社会科学报》3 月 21 日，第 6 版。

王芳、刘力、许燕、蒋奖、孙晓敏，2011，《社会心理学：探索人与社会的互动推动社会的和谐与可持续发展》，《中国科学院院刊》第 11 期。

王芳、刘力、许燕、蒋奖、孙晓敏，2012，《聚焦重大社会现实问题的社会心理学研究》，《中国科学院院刊》第 S1 期。

王甫勤，2011，《"上山下乡"与知识青年的阶层分化及生活幸福感研究》，《南京社会科学》第 2 期。

王红漫，2017，《是什么降低了民众的医保"获得感"》，《人民论坛》第 9 期。

王华杰、薛忠义，2015，《社会治理现代化：内涵、问题与出路》，《中州学刊》第

4 期。

王会，2006，《社会心理调适与构建社会主义和谐社会》，《湖南行政学院学报》第
4 期。

王健、郭靓，2015，《幸福悖论、公共支出与国民幸福》，《商业经济研究》第
10 期。

王俊秀，2007，《监控社会与个人隐私》，天津人民出版社。

王俊秀，2008a，《面对风险：公众安全感研究》，《社会》第 4 期。

王俊秀，2008b，《社会心态研究综述》，载中国社会科学院社会学研究所编《中国
社会学年鉴（2003～2006）》，社会科学文献出版社。

王俊秀，2011a，《关注人民的尊严和幸福，促进社会的公正与和谐——2010～2011
年中国社会心态研究总报告》，载王俊秀、杨宜音主编《2011 年中国社会心态研究报
告》，社会科学文献出版社。

王俊秀，2011b，《OECD 的幸福指数及对我国的借鉴意义》，《民主与科学》第
6 期。

王俊秀，2013a，《社会心态的结构和指标体系》，《社会科学战线》第 2 期。

王俊秀，2013b，《中国大陆居民食品安全满意度及其影响因素》，《中国饮食文化》
第 51 期。

王俊秀，2013c，《关注社会情绪，促进社会认同，凝聚社会共识：2012－2013 年
中国社会心态研究报告》，载王俊秀、杨宜音主编《中国社会心态研究报告（2012～
2013）》，社会科学文献出版社。

王俊秀，2014a，《社会心态：转型社会的社会心理研究》，《社会学研究》第 1 期。

王俊秀，2014b，《社会心态理论：一种宏观社会心理学范式》，社会科学文献出
版社。

王俊秀，2014c，《社会心态研究视角下的社会凝聚力》，《光明日报》4 月 2 日，第
16 版。

王俊秀，2014d，《当前社会价值观的特点与社会共享价值观的重建》，载王俊秀、
杨宜音主编《中国社会心态研究报告（2014）》，社会科学文献出版社。

王俊秀，2014e，《社会心态变化与社会治理体制创新》，载李培林主编《中国社会
巨变和治理》，中国社会科学出版社。

王俊秀，2015a，《社会心理建设是创新社会治理的基础》，《光明日报》9 月 7 日，
第 11 版。

王俊秀，2015b，《从社会心态培育到社会心理建设》，《北京工业大学学报》（社会
科学版）第 4 期。

王俊秀，2015c，《推动社会心理建设，化解风险和不确定性》，载王俊秀、杨宜音

主编《中国社会心态研究报告（2015）》，社会科学文献出版社。

王俊秀，2015d，《特大型城市风险治理的关键：提高风险认知水平》，《探索与争鸣》第 3 期。

王俊秀，2016，《社会时间、社会发展与社会心态——迈向一种发展的社会心理学》，《福建论坛》（人文社会科学版）第 11 期。

王俊秀，2017a，《中国社会心态研究 30 年：回顾与展望》，《郑州大学学报》（哲学社会科学版）第 4 期。

王俊秀，2017b，《居民需求满足与社会预期》，《江苏社会科学》第 1 期。

王俊秀，2018a，《安全感、获得感与幸福感的提升路径》，载王俊秀主编《中国社会心态研究报告（2018）》，社会科学文献出版社。

王俊秀，2018b，《社会心理学如何响应社会心理服务体系建设》，《心理技术与应用》第 10 期。

王俊秀，2018c，《不同主观社会阶层的社会心态》，《江苏社会科学》第 1 期。

王俊秀，2019，《从心理健康到幸福社会：社会心理服务体系建设的路径》，《光明日报》1 月 18 日，第 11 版。

王俊秀，2020a，《信息、信任、信心：疫情防控下社会心态的核心影响因素》，《光明日报》2 月 7 日，第 11 版。

王俊秀，2020b，《数字社会中的隐私重塑——以"人脸识别"为例》，《探索与争鸣》第 2 期。

王俊秀，2020c，《多重整合的社会心理服务体系：政策逻辑、建构策略与基本内核》，《心理科学进展》第 1 期。

王俊秀、刘晓柳，2019，《现状、变化和相互关系：安全感、获得感与幸福感及其提升路径》，《江苏社会科学》第 1 期。

王俊秀、杨宜音主编，2014，《中国社会心态研究报告（2014）》，社会科学文献出版社。

王俊秀、杨宜音主编，2015，《中国社会心态研究报告（2015）》，社会科学文献出版社。

王俊秀、张舒，2019，《隐私与个人信息保护调查报告》，载王俊秀主编《中国社会心态研究报告（2019）》，社会科学文献出版社。

王开庆、王毅杰，2012，《组织公平、社会支持与农民工心理授权研究——基于 10 省的问卷调查》，《西北人口》第 6 期。

王可，2015，《我国城市基层社会治理创新研究》，博士学位论文，内蒙古大学。

王丽萍、方然，2010，《参与还是不参与：中国公民政治参与的社会心理分析——基于一项调查的考察与分析》，《政治学研究》第 2 期。

王灵桂，2021，《实现共同富裕：新发展阶段的崭新目标》，《江淮论坛》第 4 期。

王沛沛，2016，《当代青年群体的社会态度及影响因素》，《青年研究》第 5 期。

王浦劬，2014，《国家治理、政府治理和社会治理的含义及其相互关系》，《国家行政学院学报》第 3 期。

王浦劬、季程远，2018，《新时代国家治理的良政基准与善治标尺——人民获得感的意蕴和量度》，《中国行政管理》第 1 期。

王芹、白学军、李士一，2015，《情绪背景和社会预期对社会经济决策行为的影响》，《心理与行为研究》第 2 期。

王庆功、张宗亮、王林松，2012，《社会心理冲突：群体性事件形成的社会心理根源》，《山东社会科学》第 10 期。

王曲元，2009，《中国少数民族地区居民生活质量与主观幸福感研究》，博士学位论文，中央民族大学。

王思斌，2018，《获得感结构及贫弱群体获得感的优先满足》，《中国社会工作》第 13 期。

王向东，2006，《社会转型期农民心理探析》，《苏州市职业大学学报》第 2 期。

王小鲁、樊纲、胡李鹏，2019，《中国分省份市场化指数报告（2018）》，社会科学文献出版社。

王晓丹，2002，《中国知识分子社会心态嬗变对近代思潮的影响》，《云南民族学院学报》（哲学社会科学版）第 4 期。

王晓青，2013，《传统文化中的公正思想及其现代价值转换》，《河北大学学报》（哲学社会科学版）第 2 期。

王艳艳，2015，《当前社会治理存在问题与体制创新》，《甘肃理论学刊》第 8 期。

王元腾，2019，《参照群体、相对位置与微观分配公平感——都市户籍移民与流动人口的比较分析》，《社会》第 5 期。

王子蕲、包婧元，2018，《高校基层工会提升青年教师"获得感"的实践及困境》，《工会理论研究》第 1 期。

威廉·杜瓦斯，2011，《社会心理学的解释水平》，赵蜜、刘保中译，中国人民大学出版社。

韦茂荣，1994，《论心理学与社会发展》，《四川师范大学学报》（社会科学版）第 2 期。

韦庆旺、孙健敏，2013，《对环保行为的心理学解读——规范焦点理论述评》，《心理科学进展》第 4 期。

温忠麟，2014，《中介效应分析：方法和模型发展》，《心理科学进展》第 5 期。

文宏、刘志鹏，2018，《人民获得感的时序比较——基于中国城乡社会治理数据的实证分析》，《社会科学》第 3 期。

文雯，2015，《中国居民收入分配的公平认知与诉求》，《财经研究》第 11 期。

乌尔里希·贝克，2004，《风险社会》，何博闻译，译林出版社。

吴飞，2011，《从丧服制度看"差序格局"——对一个经典概念的再反思》，《开放时代》第 1 期。

吴菲，2016，《更富裕是否意味着更幸福？基于横截面时间序列数据的分析（2003—2013）》，《社会》第 4 期。

吴青熹、陈云松，2015，《主观阶层如何影响自评健康——基于八年全国调查数据的研究》，《南京社会科学》第 7 期。

吴施楠，1999，《腐败：我国公众社会心理衰落的主要影响因素》，《延边大学学报》（哲学社会科学版）第 1 期。

吴亦伦，2020，《资产拥有、身心健康对老年人主观幸福感影响的探究——基于 2010 年 CGSS 数据》，《佳木斯职业学院学报》第 5 期。

吴莹、杨宜音，2013，《社会心态形成过程中社会与个人的"互构性"——社会心理学中"共识"理论对社会心态研究的启示》，《社会科学战线》第 2 期。

吴忠民，2005，《中国社会公正的现状与趋势》，《江海学刊》第 2 期。

武小川，2014，《论公众参与社会治理的法治化》，博士学位论文，武汉大学。

习近平，2017a，《决胜全面建成小康社会　夺取新时代中国特色社会主义伟大胜利——在中国共产党第十九次全国代表大会上的报告》，人民出版社。

习近平，2017b，《习近平谈治国理政》（第 2 卷），外文出版社。

夏学銮，2015，《转型期的社会心理失衡与调适》，《中国党政干部论坛》第 5 期。

项军，2019，《客观"获得"与主观"获得感"——基于地位获得与社会流动的视角》，《社会发展研究》第 2 期。

肖富群，2002，《腐败行为的社会心理分析》，《社会心理科学》第 3 期。

肖汉仕，2010，《维护居民精神健康的社会心理支持机制建构》，《湖南师范大学社会科学学报》第 1 期。

肖瑛，2014，《差序格局与中国社会的现代转型》，《探索与争鸣》第 6 期。

谢炜，2014，《转型期乡域社会心理特征与社会管理创新的路径选择》，《华东师范大学学报》（哲学社会科学版）第 1 期。

谢耘耕、刘锐、刘怡、高云微、郑广嘉、李明哲，2014，《网络社会治理研究综述》，《新媒体与社会》第 4 期。

辛自强，2017，《改变现实的心理学：必要的方法论变革》，《心理技术与应用》第 4 期。

辛自强，2018a，《社会心理服务体系建设的定位与思路》，《心理技术与应用》第

5 期。

辛自强，2018b，《社会心理服务不等同"治病救人"》，《北京观察》第 9 期。

辛自强，2019，《加强社会心理服务体系建设是社会治理之需》，《光明日报》1 月 18 日，第 11 版。

邢占军，2011，《我国居民收入与幸福感关系的研究》，《社会学研究》第 1 期。

邢占军、牛千，2017，《获得感：供需视阈下共享发展的新标杆》，《理论导刊》第 5 期。

徐富明、史燕伟、李欧、张慧、李燕，2016，《民众收入不公平感的机制与对策——基于参照依赖和损失规避双视角》，《心理科学进展》第 5 期。

徐璐，2003，《论社会转型时期执法者心态变迁及其对执法活动的影响》，《政法论丛》第 5 期。

徐猛，2014，《社会治理现代化的科学内涵、价值取向及实现路径》，《学术探索》第 5 期。

许纪霖，2015，《现代中国的家国天下与自我认同》，《复旦学报》（社会科学版）第 5 期。

许琪、贺光烨、胡洁，2020，《市场化与中国民众社会公平感的变迁：2005—2015》，《社会》第 3 期。

许章润，2015，《论"家国天下"——对于这一伟大古典汉语修辞义理内涵的文化政治学阐发》，《学术月刊》第 10 期。

许志红，2013，《网络集群行为的社会心理机制分析》，《学术论坛》第 2 期。

薛洪，2012，《重视将社会心态的培育纳入社会建设的视野》，《唯实》第 1 期。

薛洁，2007，《关注公民公平感——我国部分公民公平感调查报告》，《吉林大学社会科学学报》第 5 期。

闫杰，2009，《和谐社会视野下的病态社会心理分析》，《重庆文理学院学报》（社会科学版）第 6 期。

晏予，1990，《人格心理学中的需求理论研究》，《心理学探新》第 1 期。

杨诚德，2006，《转变农民心态：农民教育的理性思考》，《继续教育研究》第 2 期。

杨家宁，2011，《新社会阶层研究述评》，《广东省社会主义学院学报》第 3 期。

杨军，2012，《我国社会心理变化与主流意识形态认同》，《前沿》第 4 期。

杨坤艳、余昭琼、王洪礼，2011，《影响敬业精神的社会心理因素探析》，《贵州师范大学学报》（自然科学版）第 6 期。

杨莉萍、D. D. 珀金斯，2012，《中国大陆社区心理学发展的现状、困难与机遇》，《华东师范大学学报》（教育科学版）第 3 期。

杨慊、程巍、贺文洁、韩布新、杨昭宁，2016，《追求意义能带来幸福吗？》，《心理科学进展》第 9 期。

杨善华、侯红蕊，1999，《血缘、姻缘、亲情与利益——现阶段中国农村社会中"差序格局"的"理性化"趋势》，《宁夏社会科学》第 6 期。

杨伟才，2006a，《和谐社会构建与社会心理优化》，《福建工程学院学报》第 2 期。

杨伟才，2006b，《社会心理优化：社会排斥到社会融合的桥梁》，《福建农林大学学报》（哲学社会科学版）第 6 期。

杨宜音，1998，《社会心理领域的价值观研究述要》，《中国社会科学》第 2 期。

杨宜音，2006，《个体与宏观社会的心理关系：社会心态概念的界定》，《社会心理研究》第 1 期（后修改发表于《社会学研究》第 4 期）。

杨宜音，2012，《社会心态形成的心理机制及其效应》，《哈尔滨工业大学学报》（社会科学版）第 6 期。

杨宜音，2013，《社会心态的形成机制及心理效应》，载杨宜音、王俊秀等《当代中国社会心态研究》，社会科学文献出版社。

杨宜音、王俊秀等，2013，《当代中国社会心态研究》，社会科学文献出版社。

杨宜音、王俊秀，2015，《"十三五"时期社会心态与舆论引导研究》，载李培林、蔡昉主编《2020：走向全面小康社会》，社会科学文献出版社。

杨莹、寇彧，2015，《亲社会互动中的幸福感：自主性的作用》，《心理科学进展》第 7 期。

杨玉芳、郭永玉，2017，《心理学在社会治理中的作用》，《中国科学院院刊》第 2 期。

杨在平、潘峰，2004，《低收入群体政治心态与政治安定研究情况分析》，《理论探索》第 6 期。

姚维，2003a，《新疆维吾尔族群众宗教心态分析》，《新疆师范大学学报》（哲学社会科学版）第 3 期。

姚维，2003b，《新疆维吾尔民族文化心态走向分析》，《新疆师范大学学报》（哲学社会科学版）第 2 期。

姚维，2004，《新疆少数民族女性社会心态调查研究》，《新疆社会科学》第 3 期。

叶南客、陈如、饶红、许益军、董淑芬，2008，《幸福感、幸福取向：和谐社会的主体动力、终极目标与深层战略——以南京为例》，《南京社会科学》第 1 期。

叶小文，1989，《变革社会中的社会心理：转换、失调与调适》，《中国社会科学》第 5 期。

叶胥、谢迟、毛中根，2018，《中国居民民生获得感与民生满意度：测度及差异分析》，《数量经济技术经济研究》第 10 期。

叶政，2008，《社会心理调控：和谐社会意识形态建设的重要之维》，《中共山西省委党校学报》第 4 期。

殷卫滨，2010，《民族间社会心理差异对我国社会稳定结构的影响与对策》，《中央社会主义学院学报》第 1 期。

于昆，2014，《变迁与重构：新中国成立初期社会心态研究（1949—1956）》，中国社会科学出版社。

余红伟、沈珺、李丹丹，2016，《中等收入阶层幸福感测度及影响因素研究》，《中国人口·资源与环境》第 11 期。

俞国良、谢天，2015，《社会转型：中国社会心理学研究的"实验靶场"》，《河北学刊》第 2 期。

俞建辉，2016，《推进共青团供给侧改革，让青年更有获得感》，《中国共青团》第 6 期。

俞可平，2002，《全球治理引论》，《马克思主义与现实》第 1 期。

俞可平，2014，《推进国家治理体系和治理能力现代化》，《前线》第 1 期。

俞可平，2017，《重新思考平等、公平和正义》，《学术月刊》第 4 期。

郁有凯，2019，《新时代"美好生活需要"内涵三维论析》，《北京教育学院学报》第 1 期。

约瑟夫·E. 斯蒂格利茨、阿马蒂亚·森、让－保罗·菲图西，2010，《对我们生活的误测：为什么 GDP 增长不等于社会进步》，阮江平、王海昉译，新华出版社。

岳丽霞、欧国强，2006，《灾害发生时影响居民心理承受能力的社会心理因素分析》，《灾害学》第 2 期。

岳泉，2007，《信息传播的新媒介及其影响分析》，《情报科学》第 5 期。

翟学伟，2009，《再论"差序格局"的贡献、局限与理论遗产》，《中国社会科学》第 3 期。

詹姆斯·M. 布坎南，2017，《公共物品的需求与供给》，马珺译，上海人民出版社。

詹姆斯·米奇利，2009，《社会发展：社会福利视角下的发展观》，苗正民译，格致出版社。

张爱莲、张金华，2005，《大学生就业心态调查与分析》，《青少年研究》第 4 期。

张春兴，1994，《现代心理学——现代人研究自身问题的科学》，上海人民出版社。

张二芳，1996，《社会心态的研究及其意义》，《理论探索》第 1 期。

张二芳，2000，《倡导健康的社会心态　迎接新世纪的挑战》，《中共山西省委党校学报》第 2 期。

张凤阳，2014，《转型背景下的社会怨恨》，《学海》第 2 期。

张光、R. W. Jennifer、于淼，2010，《中国农民的公平观念：基于村委会选举调查的实证研究》，《社会学研究》第 1 期。

张海东、毕婧千，2014，《城市居民疏离感问题研究——以 2010 年上海调查为例》，《社会学研究》第 4 期。

张海钟、姜永志，2010，《和谐社会建设视野的中国区域文化心理差异研究》，《理论研究》第 3 期。

张湖东，2009，《转型社会中的中产阶层：社会心理与情绪——基于近五年广州社情民意研究中心民调数据的分析》，《广东行政学院学报》第 1 期。

张骥、吴智育，2011，《论社会心理沟通机制建设与社会主义核心价值体系对多样化社会思潮的有效引领》，《当代世界与社会主义》第 6 期。

张均华、梁剑玲，2016，《初中生幸福感来源结构及问卷编制》，《心理技术与应用》第 8 期。

张侃，2008，《国外开展灾后心理援助工作的一些做法》，《求是》第 16 期。

张鹏，2016，《增强青年四种体验提升青年团内获得感》，《中国共青团》第 6 期。

张品，2016，《"获得感"的理论内涵及当代价值》，《河南理工大学学报》（社会科学版）第 4 期。

张琴，2009，《心理学学科分支体系与其文献分类研究》，《晋图学刊》第 6 期。

张清娥，2015，《社会治理中的心理疏导问题探析》，《求实》第 5 期。

张书维，2017，《社会公平感、机构信任度与公共合作意向》，《心理学报》第 6 期。

张曙光，2019，《社会心理学中的人：两种基本人观模型的认识论基础及其演替》，《西南民族大学学报》（人文社会科学版）第 1 期。

张维平，2006，《突发公共事件社会心理干预机制的构建》，《中共南京市委党校南京市行政学院学报》第 3 期。

张学志、才国伟，2011，《收入、价值观与居民幸福感——来自广东成人调查数据的经验证据》，《管理世界》第 9 期。

张岩、魏玖长、戚巍，2011，《突发事件社会心理影响模式与治理机制研究——基于虚拟风险体验与风险社会放大理论的整合分析》，《中国应急管理》第 3 期。

张岩、魏玖长、戚巍，2012，《突发事件状态下公众信息获取的渠道偏好研究》，《情报科学》第 4 期。

张宜民，2020，《历代民变口号诉求对社会秩序重建的启示》，《山东农业工程学院学报》第 9 期。

张翼，2011，《中国社会阶层结构变动趋势研究》，《中国特色社会主义研究》第 3 期。

张永山，1992，《我国国有企业职工的公平感结构及成因分析》，《经济学动态》第3期。

张宇，2002，《当代中国转型时期社会心理失调与调适》，《内蒙古大学学报》（人文社会科学版）第4期。

张云武，2015，《不同职业阶层的幸福感、获得路径及演变趋势——基于浙江省五个地区的实证分析》，《浙江社会科学》第8期。

张志学，2006，《中国人的分配正义观》，《中国社会心理学评论》第2期。

章辉美、何芳芳，2007，《论社会结构变迁中"差序格局"的解构》，《湖南师范大学社会科学学报》第4期。

章剑锋，2012，《政治学视阈下社会主义核心价值体系大众化的社会心理基础研究》，《中国青年研究》第2期。

赵涟漪，2014，《我国政府社会治理存在的问题及对策》，《河南社会科学》第9期。

赵书松、张一杰、赵君，2018，《第三方组织公平：研究视角、内容与设计》，《心理科学进展》第12期。

赵卫华，2018，《消费视角下城乡居民获得感研究》，《北京工业大学学报》（社会科学版）第4期。

赵玉华、王梅苏，2016，《"让人民群众有更多获得感"：全面深化改革的试金石》，《中共山西省委党校学报》第3期。

赵志立，2009，《网络传播学导论》，四川人民出版社。

赵中源，2011，《"弱势"心理蔓延：社会管理创新需要面对的新课题》，《马克思主义与现实》第5期。

郑仓元，1996，《转型时期社会心态变化的主要趋势》，《中共浙江省委党校学报》第3期。

郑风田，2017，《获得感是社会发展最优衡量标准——兼评其与幸福感、包容性发展的区别与联系》，《人民论坛·学术前沿》第2期。

郑风田、陈思宇，2017，《获得感是社会发展最优衡量标准——兼评其与幸福感、包容性发展的区别与联系》，《学术前沿》第2期。

郑杭生、杨敏，2010，《社会互构论：世界眼光下的中国特色社会学理论的新探索——当代中国"个人与社会关系研究"》，中国人民大学出版社。

郑玲、徐宜芳等，2002，《贵阳市民社会心态调查分析研究》，《贵州统计》第11期。

郑玲、李英，2002，《从一次社会调查看当今贵阳市民的某些社会心态》，《贵阳金筑大学学报》第2期。

郑蕊、周洁、陈雪峰、傅小兰，2012，《推进社会管理创新》，《中国科学院院刊》第 1 期。

郑雄飞、黄一倬，2020，《社会公平感知对农村养老保险参与行为的影响——基于中国综合社会调查（CGSS）的实证研究》，《社会保障研究》第 5 期。

钟建华，2012，《社会心理在精神文明建设中的作用》，《求索》第 1 期。

周海涛、张墨涵、罗炜，2016，《我国民办高校学生获得感的调查与分析》，《高等教育研究》第 9 期。

周浩、龙立荣，2015，《参照对象信息对分配公平感的影响：攀比效应与虚荣效应》，《华东师范大学学报》（教育科学版）第 2 期。

周良书，2017，《惩治"蚁贪"，让人民更有获得感》，《人民论坛》第 13 期。

周钦、秦雪征、刘国恩，2018，《不患寡而患不均——相对生活水平对居民心理健康的影响》，《经济理论与经济管理》第 9 期。

周绍杰、王洪川、苏杨，2015，《中国人如何能有更高水平的幸福感——基于中国民生指数调查》，《管理世界》第 6 期。

周盛，2018，《大数据时代改革获得感的解析与显性化策略》，《浙江学刊》第 5 期。

周婷，2006，《大学生郁闷心理分析》，《山西高等学校社会科学学报》第 7 期。

周小刚、李丽清，2013，《新生代农民工社会心理健康的影响因素与干预策略》，《社会科学辑刊》第 2 期。

周晓虹，2014，《转型时代的社会心态与中国体验——兼与〈社会心态：转型社会的社会心理研究〉一文商榷》，《社会学研究》第 4 期。

周瑛、胡玉平、常秀芹、李晓萍，2004，《抗"非典"期间我院学生心态及社会行为调查报告》，《唐山师范学院学报》第 1 期。

朱斌、苗大雷、李路路，2018，《网络媒介与主观公平感：悖论及解释》，《中国人民大学学报》第 6 期。

朱迪，2013，《品味的辩护：理解当代中国消费者的一条路径》，《广东社会科学》第 3 期。

朱景文，2014，《社会治理体系的法制化：趋势、问题和反思》，《社会学评论》第 6 期。

朱斯琴，2014，《科技创新的社会心理探析》，《科学管理研究》第 4 期。

朱小玲，1996，《孙中山国民心理建设思想初探》，《南京师大学报》（社会科学版）第 1 期。

朱新秤、邝翠清，2010，《当代大学生的社会心态与观念——北京、武汉、广州三地的调查与思考》，《青年探索》第 4 期。

朱耀华，2013，《突发事件中媒介联动策略研究》，《理论与改革》第 6 期。

朱志萍，2000，《首届"社会转型与社会心态"学术研讨会综述》，《哲学动态》第5期。

左方，1987，《收入差距和社会心态》，《经济理论与经济管理》第1期。

Adler, N. E., Epel, E. S., Castellazzo, G., & Ickovics, J. R. 2000. "Relationship of Subjective and Objective Social Status with Psychological and Physiological Functioning: Preliminary Data in Healthy, White Women." *Health Psychology* 19 (6): 586 – 592.

Adler, N. E. & Stewart, J. 2007. "The MacArthur Scale of Subjective Social Status." MacArthur Research Network on SES & Health. Retrieved May 26, 2019, from http://www. macses. ucsf. edu/research/psychosocial/subjective. php.

Allport, F. H. 1924. *Social Psychology*. Boston: Houghton-Mifflin.

Allport, G. W. 1968, "The Historical Background of Modern Social Psychology." In G. Lindzey, E. Aronson (eds.), *The Handbook of Social Psychology*. MA: Addison-Wesley.

Alves, W. M. & Rossi, H. R. 1978. "Who Should Get What? Fairness Judgments of Distribution of Earnings." *American Journal of Sociology* 84 (3): 541 – 564.

Andrews, F. M. & Withey, S. B. 1976. "Developing Measures of Perceived Life Quality: Results from Several National Surveys." *Social Indicators Research* Series 26.

Bader, V. 2012. "Moral, Ethical, and Realist Dilemmas of Transnational Governance of Migration." *American Behavioral Scientist* 56 (56): 1165 – 1182.

Bastian, B., Kuppens, P., De Roover, K., & Diener, E. 2014. "Is Valuing Positive Emotion Associated With Life Satisfaction?" *Emotion* 14 (4): 639 – 645.

Bian, Y. 2002. "Chinese Social Stratification and Social Mobility." *Annual Review of Sociology* 28: 91 – 116.

Boyack, K. W., Klavans, R., & Borner, K. 2005. "Mapping the Backbone of Science." *Scientometrics* 64 (3): 351 – 374.

Bradburn, N. M. 1969. *The Structure of Psychological Well-being*. Chicago: Aldine.

Brickman, P., Folger, R., Goode, E., & Schul, Y. 1981. "Microjustice and Macrojustice." In M. J. Lerner & S. C. Lerner (eds.), *The Justice Motive in Social Behavior: Adapting to Times of Scarcity and Change*, pp. 173 – 202. New York: Plenum.

Burr, V. 2002. *The Person in Social Psychology*. London: Psychology Press.

Cacioppo, J. 2007. "Psychology Is a Hub Science." *APS Observer* 20.

Campbell, A. 1976, "Subjective Measures of Well-being." *American Psychologist* 31 (2): 117 – 124.

Chyung, S. Y., Roberts, K., Swanson, I., & Hankinson, A. 2017. "Evidence-Based Survey Design: The Use of a Midpoint on the Likert Scale." *Performance Improvement* 56

(10): 15 – 23.

Cimte, A. 1974. *The Positive Philosophy*. New York: Social Physics.

Clogg, C. C. 1995. "Latent Class Models." In G. Arminger, C. C. Clogg, & M. E. Sobel (eds.), *Handbook of Statisticle Modeling for the Social and Behavioral Science*, pp. 311 – 359. New York: Plenum Press.

Cobbe, J. H. 1976. "Employment Growth and Basic Needs: A One-World Problem." *The Journal of Modern African Studies* 14 (4): 713 – 715.

Deci, E. L. & Ryan, R. M. 2000. "The 'What' and 'Why' of Goal Pursuits: Human Needs and the Self Determination of Behavior." *Psychological Inquiry* 11 (4): 227 – 268.

Delgado, M. R., Frank, R. H., & Phelps, E. A. 2005. "Perceptions of Moral Character Modulate the Neural Systems of Reward During the Trust Game." *Nature Neuroscience* 8 (11): 1611.

Demakakos, P., Nazroo, J., Breeze, E., & Marmot, M. 2008. "Socioeconomic Status and Health: The Role of Subjective Social Status." *Social Science & Medicine* 67 (2): 330 – 340.

Diener, E., Emmons, R. A., Larsen, R. J., & Griffin, S. 1985. "The Satisfaction with Life Scale." *Journal of Personality Assessment* 49 (1): 71 – 75.

Diener, E. & Fujita, F. 1997. "Social Comparisons and Subjective Well-Being." In B. P. Buunk and F. X. Gibbons (eds.), *Health, Coping, and Well-Being: Perspectives from Social Comparison Theory*, pp. 329 – 357, Mahwah, NJ: Lawrence Erlbaum Associates.

Di Tella, R., Haisken-De New, J., & Macculloch, R. 2010. "Happiness Adaptation to Income and to Status in an Individual Panel." *Journal of Economic Behavior & Organization* 76 (3): 834 – 852.

Dodds, P. S., Muhamad, R., & Watts, D. J. 2003. "An Experimental Study of Search in Global Social Networks." *Science* 301 (5634): 827 – 829.

Dweck, C. S. 2017. "From Needs to Goals and Representations: Foundations for a Unified Theory of Motivation, Personality, and Development." *Psychological Review* 124 (6): 689.

Easterlin, R. A. 1974. "Does Economic Growth Improve the Human Lot? Some Empirical Evidence." In Paul A. David & Melvin W. *Reder, Nations & Households in Economic Growth*, pp. 89 – 125. New York & London: Academic Press.

Easterlin, R. A., McVey, L. A., Switek, M., Sawangfa, O., & Zweig, J. S. 2010. "The Happiness-Income Paradox Revisited." *Proceedings of the National Academy of Sciences* 107 (52): 22463 – 22468.

Elder, G. H. 1974. *Children of the Great Depression: Social Change in Life Experience*.

Chicago: University of Chicago Press.

Esterlin, M. 2006. "Comparative Analysis of Community Based Health Improvement Initi-atives." https://apha. confex. com/apha/134am/techprogram/paper _ 140120. htm (Doctoral dissertation, Drexel University, School of Public Health).

Ferrer-i-Carbonell, A. & Frijters, P. 2004. "How Important Is Methodology for the Esti-mates of the Determinants of Happiness?" *The Economic Journal* 114 (8): 641 –659.

Fienberg, S. E. & Mason, W. M. 1978. "Identification and Estimation of Age-Period-Co-hort Models in the Analysis of Discrete Archival Data. " In K. F. Schuessler (ed.), *Sociologi-cal Methodology*, pp. 1 – 67. San Francisco: Jossey-Bass.

Firebaugh, G. 1989. "Methods For Estimating Cohort Replacement Effects. " *Sociological Methodology* 19: 243 –262.

Firebaugh, G. & Davis, K. E. 1988. "Trends in Antiblack Prejudice, 1972 – 1984: Re-gion and Cohort Effects. " *American Journal of Sociology* 94 (2): 251 –272.

Fox, M. F. & Firebaugh, G. 1992. "Confidence in science: The Gender Gap. " *Social Science Quarterly* 73 (1): 101 –113.

Fryer, J. & Elliot, A. 2008. "Self-regulation of Achievement Goal Pursuit. " In D. H. Schunk & B. J. Zimmerman (eds.), *Motivation and Self-regulated Learning: Theory, Re-search and Applications*, pp. 53 – 76. New York: Routledge.

Gable, P. & Harmon-Jones, E. 2010. "The Motivational Dimensional Model of Affect: Im-plications for Breadth of Attention, Memory, and Cognitive Categorization. " *Cognition and Emotion* 24 (2): 322 –337.

Graham, C. 2005. "The Economics of Happiness: Insights on Globalization from a Novel Approach. " *World Economics* 6 (3): 41 –55.

Gupta, P. D. 1978. "A General Method of Decomposing a Difference Between Two Rates into Several Components. " *Demography* 15 (1): 99 – 112.

Herzberg, F. 1966. *Work and the Nature of Man*. Cleveland, OH: World Publishing Com-pany.

Hull, C. L. 1943. *Principles of behavior: An Introduction to Behavior Theory*. Oxford, UK: Appleton-Century.

Huo, Y. J. 2003. "Procedural Justice and Social Regulation Across Group Boundaries: Does Subgroup Identity Undermine Relationship-Based Governance?" *Personality & Social Psy-chology Bulletin* 29 (3): 336 – 348.

Huppert, E. , Cowell, J. M. , Cheng, Y. , Contreras-Ibáñez, C. , Gomez-Sicard, N. , Gonzalez-Gadea, M. L. , ...Decety, J. 2019. "The Development of Children's Preferences for

Equality and Equity Across 13 Individualistic and Collectivist Cultures." *Developmental Science* 22 (2): Article e12729.

Jackman, M. R. & Jackman, R. W. 1973. "An Interpretation of the Relation Between Objective and Subjective Social Status." *American Sociological Review* 38 (5): 569 – 582.

Kasser, T. & Ryan, R. M. 1996. "Further Examining the American Dream: Differential Correlates of Intrinsic and Extrinsic Goals." *Personality and Social Psychology Bulletin* 22 (3): 280 – 287.

Keyes, C. L. M. 1998. "Social Well-being." *Social Psychology Quarterly* 61 (2).

Kitagawa, E. M. 1955. "Components of a Difference Between Two Rates." *Journal of the American Statistical Association* 50 (272): 1168 – 1194.

Knight, J., Song, L., & Gunatilaka, R. 2009. "Subjective Well-Being and Its Determinants in Rural China." *China Economic Review* 20 (4): 635 – 649.

Lemos, A., Wulf, G., Lewthwaite, R., & Chiviacowsky, S. 2017. "Autonomy Support Enhances Performance Expectancies, Positive Affect, and Motor Learning." *Psychology of Sport and Exercise*: 28 – 34.

Lewin, K. 1951. *Field Theory in Social Science*. New York: Harper.

Maslow, A. H. 1943. "A Theory of Human Motivation." *Psychological Review* 50 (4): 370.

Maslow, A. H. 1954. *Motivation and Personality*. New York: Harper & Row.

Mayer, K. U. & Schoepflin, U. 1989. "The State and the Life Cohort." *Annual Review Sociology* 15: 187 – 209.

McLelland, D. 1967. *The Achieving Society*. New York: The Free Press.

Meng, X. & Gregory, G. 2002. "The Impact of Interrupted Education on Subsequent Educational Attainment: A Cost of the Chinese Cultural Revolution." *Economic Development and Cultural Change* 50 (4): 935 – 959.

Messé, L. A. & Watts, B. L. 1983. "Complex Nature of the Sense of Fairness: Internal Standards and Social Comparison as Bases for Reward Evaluations." *Journal of Personality and Social Psychology* 45 (1): 84 – 93.

Mols, F. & Haslam, S. A. 2008. "Understanding EU Attitudes in Multi-Level Governance Contexts: A Social Identity Perspective." *West European Politics* 31 (3): 442 – 463.

Murray, C. A. 2013. *In Pursuit: Of Happiness and Good Government*. Indianapolis: Liberty Fund.

O'Brien, E. & Kassirer, S. 2019. "People Are Slow to Adapt to the Warm Glow of Giving." *Psychological Science* 30 (2): 193 – 204.

Peterson, C. , Park, N. , & Seligman, M. E. P. 2005. "Orientations to Happiness and Life Satisfaction: The Full Life Versus the Empty Life." *Journal of Happiness Studies* 6 (1): 25 – 41.

Ross, C. E. & Van Willigen, M. 1997. "Education and the Subjective Quality of Life." *Journal of Health and Social Behavior* 38 (3): 275 – 297.

Ross, L. & Nisbett, R. E. 2011. *The Person and the Situation: Perspectives of Social Psychology.* London: Pinter & Martin Ltd.

Ryan, R. M. & Deci, E. L. 2000. "Self-Determination Theory and the Facilitation of Intrinsic Motivation, Social Development, and Well-Being." *American Psychologist* 55 (1): 68 – 78.

Ryder, R. A. 1965. "A Method for Estimating the Potential Fish Production of North-temperate Lakes." *Transactions of the American Fisheries Society* 94 (3): 214 – 218.

Ryff, C. D. & Keyes, C. L. M. 1995. "The Structure of Psychological Well-being Revisited." *Journal of Personality and Social Psychology* 69 (4): 719 – 727.

Seligman, Martin E. P. 2002. *Authentic Happiness: Using the New Positive Psychology to Realize Your Potential for Lasting Fulfillment.* Florence, MA: Free Press.

Seligman, M. E. & Csikszentmihalyi, M. 2000. "Positive Psychology: An Introduction." *American Psychologist* 55 (1): 5 – 14.

Sinha, H. & Suar, D. 2003. "Forest and People: Understanding the Institutional Governance, Social Identity and People's Participation in Indian Forest Management." *Journal of Rural Development-Hyderabad* 22 (4): 425 – 454.

Triandis, H. C. 2001. "Individualism-Collectivism and Personality." *Journal of Personality* 69 (6): 907 – 924.

Tsang, S. , Burnett, M. , Hills, P. , & Welford, R. 2009. "Trust, Public Participation and Environmental Governance in Hong Kong." *Environmental Policy & Governance* 19 (2): 99 – 114.

Vail, J. 1999. "Insecure Times Conceptualising Insecurity and Security." In Vail, J. , Wheelock, J. , and Hill, M. (eds), *Insecure Times: Living with Insecurity in Contemporary Society.* New York: Routledge.

Xie, Y. & Zhou, X. 2014. "Income Inequality in Today's China." *Proceedings of the National Academy of Sciences of the United States of America* 111 (19): 6928 – 6933.

Yamagishi, T. 1988. "Exit from the Group as an Individualistic Solution to the Free Rider Problem in the United States and Japan." *Journal of Experimental Social Psychology* 24 (6): 530 – 542.

Yang, Y. 2008. "Social Inequalities in Happiness in the United States, 1972 to 2004: An

Age-period-cohort Analysis. " *American Sociological Review* 73 (2): 204 – 226.

Yang, Y. & Land, K. C. 2006. "A Mixed Model's Approach to the Age-Period-Cohort A-nalysis of Repeated Cross-Section Surveys, with an Application to Data on Trends in Verbal Test Scores. " *Sociological Methodology* 36 (1): 75 – 97.

Yang, Y. J. & Chiu, C. Y. 2009. "Mapping the Structure and Dynamics of Psychological Knowledge: Forty Years of APA Journal Citations (1970 – 2009). " *Review of General Psychology* 13 (4): 349 – 356.

图书在版编目（CIP）数据

社会心理建设：社会心态培育的路径 / 王俊秀等著
. -- 北京：社会科学文献出版社，2023.7
（社会心理建设丛书 / 王俊秀主编）
ISBN 978 - 7 - 5228 - 2259 - 4

Ⅰ.①社… Ⅱ.①王… Ⅲ.①社会心理学 - 研究
Ⅳ.①C912.6 - 0

中国国家版本馆 CIP 数据核字（2023）第 144750 号

社会心理建设丛书
社会心理建设：社会心态培育的路径

丛书主编 / 王俊秀
著　　者 / 王俊秀 等

出 版 人 / 冀祥德
责任编辑 / 杨桂凤
文稿编辑 / 张真真
责任印制 / 王京美

出　　版 / 社会科学文献出版社·群学出版分社（010）59367002
　　　　　地址：北京市北三环中路甲 29 号院华龙大厦　邮编：100029
　　　　　网址：www.ssap.com.cn
发　　行 / 社会科学文献出版社（010）59367028
印　　装 / 三河市尚艺印装有限公司

规　　格 / 开　本：787mm × 1092mm　1/16
　　　　　印　张：18　字　数：303 千字
版　　次 / 2023 年 7 月第 1 版　2023 年 7 月第 1 次印刷
书　　号 / ISBN 978 - 7 - 5228 - 2259 - 4
定　　价 / 128.00 元

读者服务电话：4008918866

▲▲ 版权所有 翻印必究